北

德 国

巴斯托涅

阿尔朗日

维安登

XX
2

XX
1

叙尔

瓦伦多夫

普斯

廷塔涅

博伦多尔夫

XX
10

当

马特朗日

埃希特纳赫

卢 森 堡

阿特尔特

胖维勒斯

XX
DLC

阿尔隆

卢森堡

地

迪帕

XX
DLC

地图上的坦克大战
从第一次世界大战到"沙漠风暴"

ATLAS OF TANK WARFARE
FROM 1916 TO THE PRESENT DAY

[英] 斯蒂芬·哈特（Stephen Hart）主编   徐玉辉 译

上海三联书店

目 录
Contents

第 1 部分

第 *3* 部分

第 4 部分

第 5 部分

地图说明

军事单位类型

⊠ 步兵

◣ 装甲兵

⌣ 空降兵

◉ 伞兵

⊙ 炮兵

军事单位大小

XXXXX 集团军群

XXXX 集团军

XXX 军

XX 师

X 旅

III 团

II 营

I 连

军事行动

→ 进攻

⇢ 撤退

✈ 飞机

✸ 爆炸

⊕ 机场

地理标志

建筑

城市地区

路

运河

边界

桥梁或通道

铁路

河流

季节性河流

沼泽 / 湿地

岩石和沙滩

林地

第1部分

引言
INTRODUCTION

坦克于1916年首度投入实战，当时这些装备着致命枪炮火力的大型装甲兵器对处于守势的德军部队造成了极大的恐慌，并就此彻底改变了陆战的作战形态。而在一个世代之后，德国人不仅掌握了这项新技术，还在1940年发动的"闪电战"中展现了装甲部队的巨大破坏力，距离赢得这场战争几乎只有一步之遥。

本书将全面详述从第一次大战到当今时代坦克的诞生以及发展历程。

人类历史中的绝大多数大规模坦克战都发生于第二次世界大战期间，例如在1942年11月的"天王星"行动期间，苏军就利用坦克部队奇袭了尚在斯大林格勒的德军第6集团军。而整场战争中规模最大的装甲战则莫过于1943年爆发的库尔斯克会战，在7月12日，数以百计的双方坦克在俄罗斯西南部名不见经传的小村庄普罗霍罗夫卡附近展开了"火星撞地球"式的坦克大决战。

虽然在冷战期间，对峙双方都在不遗余力地发展自身的装甲力量，但在这一时期最大规模的装甲对决却发生于中东，其中又以1967年爆发的"六日战争"为甚。在这场战争当中，以色列国防军的"百夫长"（以军将该型坦克称为"肖特"）坦克大胆地渗透埃及军队防线，并对阿拉伯联军发动了致命的伏击，几乎将联军消灭殆尽。在1991年的海湾战争期间，美军第7军所装备的坦克在"沙漠风暴"行动期间发动了一记迅捷快速、不可阻挡的"左勾拳"攻势，截住了萨达姆·侯赛因的伊拉克军队的退路。

在20世纪期间，配备内燃机的装甲战斗车辆的出现与发展逐步改变了常规地面战争的面貌。装备的革新也使得全新的机动化部队得以出现，如装甲、机械化和摩托化师旅等新型编制应运而生。这类机动部队通常配备有数以百计的全履带、半履带或是轮式装甲车辆，装备类型包括坦克、装甲车、侦察车、半履带人员输送车和运输车辆等。新型部队使得各国陆军具备了发动战略规模的机动作战，并让部队具备快速机动的能力，相比传统的骑兵和步兵部队，机动化部队在各类地形上的推进速度都是其数倍之多。装甲战争的时代就此到来，交战双方都能够利用其快速机动的装甲部队直接

◀◀

"机动与火力"

早期的装甲部队经常因为配属的炮兵支援而被拖慢机动速度。随着技术的发展，如图中的M109A6"帕拉丁"型一样的自行火炮已经能够伴随快速推进的装甲部队，在前进过程中全程提供火力支援。

突破，或是包抄、渗透敌军的防御，随后以迅雷不及掩耳之势深入敌方纵深地域，快速击败敌军。简而言之，从1916年坦克出现开始，装甲部队在名为战争的"角斗场"上开始了巨兽之间的较量，双方的指挥技艺、装甲装备以及驾驭这些钢铁巨兽的士兵都为了己方的生死存亡而展开厮杀。

第一次世界大战

在第一次世界大战期间，交战双方都对于投入坦克打破西线堑壕战的僵局进行了尝试。其中最为瞩目的莫过于索姆河会战后期的装甲攻势、1917年11月的康布雷战役以及1918年8月8日的亚眠会战。虽然在1918年战争结束后西欧各国开始了大规模的解除武装，但欧陆各国军队依然在继续探索坦克这一新式兵器所拥有的作战能力。在这一时期，装甲作战理论也得到了进一步发展，英国的J.F.C富勒所著的《计划1919》（*Plan* 1919）和德国的海因茨·古德里安所著的《注意——坦克！》（*Achtung-Panzer!*）都是这些学术成果中的佼佼者。德国"闪电战"理论与苏联的"大纵深作战"学说也是在两场世界大战期间发展起来的。此外各国陆军还不约而同地尝试性地组建了试验性部队以论证装甲部队的编制，其中，英国的"试验机械化部队"是世界上第一支实现了全装甲化的旅级部队，并在20世纪20年代后期进行了大量的论证演习。在1939到1942年期间，德国运用了"闪电战"战术，其装甲部队长驱直入，征服了欧洲大陆上的大多数国家。在这段时期内双方也爆发了激烈的装甲对决——例如1939年的波兰战役、1940年5月的色当战役、"巴巴罗萨"行动——德国于1941年6月入侵苏联、斯大林格勒围城战等，双方装甲部队的交战不胜枚举。随着战争的继续，西方盟军和苏军逐渐扭转了战争局势，同盟国装甲部队逐步展开反攻，并于1945年初将敌军逐回了第三帝国境内。这段时期内的坦克大战因频繁密集而闻名，仅苏军方面就包括了围歼德军第6集团军、1943年7月的库尔斯克会战、1944年夏的"巴格拉季昂"战役；而盟军方面则以1944年中期的"市场花园"行动为翘楚。1945年5月，同盟国装甲部队终于击败了希特勒统治下的德国，将欧洲从纳粹主义的肆虐中拯救出来。

大战之后

▶▶

成熟的武器系统

第二次世界大战期间装甲车辆技术获得了巨大的发展。坦克装甲车辆由此成为了征服或是解放的象征，以及达成征服与解放的工具。

不过在1945年后，和平依旧未能降临这个世界，装甲部队依然因为国与国之间的政治冲突鏖战至21世纪。例如外敌环伺的以色列从1948年5月至1982年期间就陷入了为了维系国家生存而不得不进行的殊死战斗中，并在1967年和1973年分别经历了"六日战争"和"赎罪日战争"。此外，西方国家的装甲部队还在朝鲜半岛、法属中南半岛以及越南与敌对国家的装甲力量展开交战。在1990至1991年期间，以美国为首的多国

联军运用装甲部队将占领科威特的伊拉克军队击退。在2003年，由美国和其他几个国家组成的联军再次攻入伊拉克并推翻了萨达姆·侯赛因所领导的阿拉伯复兴党政权。而即便是西方国家军队在伊拉克（2003—2008年）和阿富汗（2001—2021年）进行的"反叛乱"作战中，装甲车辆依然扮演着关键的角色。尽管军事评论家们不止一次地宣判了坦克的死刑，但各类装甲车辆所具备的，运送步兵在厚重装甲保护下快速通过战场的能力和致命的强大火力依然让先进的装甲战斗车辆在未来的各类军事行动中扮演关键角色。

▼
机动堡垒

德国的第一种坦克——A7V坦克是一个巨大且行动迟缓巨大活靶。该型车只有很少的数量得以建成，且在实战中表现并不令人满意。

装甲车辆的早期发展

EARLY DEVELOPMENT

　　早在第一次世界大战爆发前，装甲战斗车辆的概念就已经出现，但直到战争的需求展露，对于装甲战斗车辆的研究才得以真正展开。在1914年战争爆发前，各国军界普遍认为下一场战争依然会有以骑兵、步兵和炮兵组成的部队以传统的作战形式展开，而在此类部队编制结构下并不需要那种"笨重、不可靠且造型古怪"的"自行式

霍尔特拖拉机

霍尔特农用拖拉机成为了从炮兵牵引车到坦克原型车在内多种军用车辆的基础。

装甲枪炮平台"。

而坦克所需的必要技术和理念早在19世纪末期便已经出现和成熟。蒸汽式履带式拖拉机于19世纪后期开始投入实用，这种机械车辆甚至在当时就能够承载为海军制造的重型火炮武器。同样，坦克所需的装甲板也早已进入可用状态，从19世纪中期开始，各国就陆续开始建造完全以金属为船体材料的装甲战舰。万事俱备，此时坦克所需的就只剩合适的动力装置，而随着技术的进步，到第一次世界大战爆发时，当时的内燃机已经可以驱动一台庞大沉重的履带式车辆通过恶劣地形。将这些技术整合在一起不仅需要大量的测试与反复试错，更为重要的是，需要获得当局对于此类项目的批准与支持。

拖拉机和"战争汽车"

自力驱动车辆在军事领域的使用可以追溯至1854至1856年期间的克里米亚战争。当时英法联军曾使用蒸汽式牵引机搬运火炮，但这一尝试并不成功。而在此后的布尔战争（1899—1902年）期间，英军工程兵部队曾使用过蒸汽动力拖拉机，此外还被用

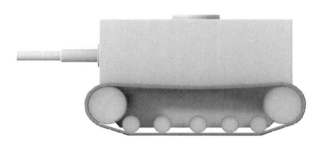

勒瓦瓦瑟尔项目
（"自行火炮车"项目）1903

勒瓦瓦瑟尔项目

勒瓦瓦瑟尔项目基本上可以看作是在一部履带式底盘上安装一个装甲盒子，从而搭载1门75毫米（3英寸）火炮而成。由于军方高层缺乏兴趣，该计划很快被束之高阁，不过多年以后的"圣沙蒙"突击坦克有可能受到了该设计方案的启发。

于承担部分后勤运输任务。虽然此时的蒸汽动力拖拉机已经可以输出较大功率并能够通过相对恶劣的地形，但这些车辆完全不适于作为武器平台使用。

　　虽然对于战斗车辆而言蒸汽动力绝非可行的选择，但当时的人们还是对此展开了一些尝试。甚至直到1918年，蒸汽式拖拉机生产商霍尔特公司依旧向美国政府提供了一份轮式蒸汽动力坦克的设计方案。霍尔特公司长期致力于生产履带式农用拖拉机，早在1894年就曾将拖拉机与内燃机结合在一起。霍尔特拖拉机随后被投入军事用途，并在第一次世界大战期间被用作炮兵牵引车和后勤运输车辆。

　　霍尔特拖拉机也被用于承担早期坦克部队的后勤支援工作，负责牵引安装在拖车上的机动式维修站。同时这种拖拉机也成为了最为原始的装甲回收车，负责在攻势结束后救援被陷住或是抛锚的坦克。霍尔特拖拉机展现了在松软的泥地和支离破碎的恶劣地形上的良好通过性，而这也是人们将履带系统安装到早期坦克上的决定性因素。

　　与此同时，最早期的装甲汽车（也被称为"战争车辆"）也开始诞生。早期型装甲汽车均由民用的轿车或是轻型卡车改装而成，在车体上敷设装甲板并加装武器系统。世界上第一批装甲汽车于19世纪末问世，由于配备的发动机功率仅15至25马力，

试验型装甲汽车

并不是所有的初步尝试都获得了成功。"赛布鲁克"型装甲汽车由于底盘不堪重负而缺乏优秀的装甲车辆所必需的机动性。

这些车辆的动力显然严重不足。

如"沙罗·吉拉多和沃吉"（Charron-Giradot et Voigt）车在内的一些装甲车辆甚至还不足以被称为装甲汽车，只能被算作机动式武器平台。这些车辆除了枪架上的护盾之外全车没有任何装甲保护，而在后来，该型车为火炮和炮组设置了一个鼓形装甲护罩以提供防护。由于此类车辆能够快速地将其搭载的枪炮转移到合适的射击位置，因而具备优秀的实用性。不过尽管制造商向法国军方充分展示了该车的优点，"沙罗"装甲汽车还是未能得到任何订单。

其他的早期装甲汽车设计则更为野心勃勃（或者说"充满奇思妙想"），由飞行员设计的斯扎雷-贝尔维克（Sizaire-Berwick）"风厢车"（Wind Wagon）除了常规的两轮驱动动力外，还配有在平坦地形上行驶时用于加速的螺旋桨，以及相应的航空发动机。该车的武装仅为1挺向前开火的机枪，射角相当有限，此外该车的散热器和航空发动机都缺乏防护，使得其无法成为一种实用的战斗车辆。

在生性浪漫的飞行员们希望弄出一架"带着轮子的战斗机"的同时，英国海军部

▼

"小游民"号坦克

坦克的第1台原型车"小游民"号看上去几乎就是在履带式底盘上直接垒上一个用锅炉钢钢板制成的装甲盒。虽然该型车未能投入量产，但其展现了装甲战斗车辆这一理念的可行性。

则打算制造一艘在陆地上行驶的战舰。"赛布鲁克"（Seabrook）装甲汽车通体被装甲所覆盖，车厢两侧的舷板可以放倒以增加火炮射界。该车搭载有1门3磅（口径为47毫米、即1$\frac{3}{4}$英寸）火炮和多达4挺的机枪，需要6名车组操作。虽然"赛布鲁克"装甲汽车选择了5吨级卡车的底盘，但即便如此，过于沉重的装甲和武器还是使得底盘不堪重负，机动性堪忧。只有少量该型车得以投入实用，且服役生涯中并无亮眼之处。

其他大多数装甲汽车的设计都平平无奇，到1914年时，多数装甲汽车都已经有了相对一致的样式：以轻型卡车或是轿车的底盘为基础改建，多数都在可以回转的枪塔上配备1挺或2挺机枪，同时车身得到轻型装甲板的防护。虽然这些装甲汽车依然明显超载，但在几个重要战场上这些车辆都发挥了很大的作用，然而在战壕密布的西欧，装甲汽车却并没有什么用武之地。

大多数装甲汽车以1挺机枪为武器，不过还有一些配备了口径在37毫米（1$\frac{1}{2}$英寸）以下的轻型火炮。德军曾试验过一种机动式防空火炮车，这种车辆于1906年建成，主要用于打击敌方的观测气球。虽然这一理念在当时只是昙花一现，但防空车辆

▼
Mark I型坦克
英国的第2种坦克被命名为"母亲"号（或称"大游民"号）。该型车被认定为已经满足需求，并被以Mark I型的正式型号投入量产。

日后成为了装甲部队不可或缺的一大重要组成部分。

装甲汽车在第一次世界大战期间承担了大量富有价值的任务，尤其是作为安保巡逻车辆和在除西线以外的其他战场执行侦察与机动打击任务。不过装甲汽车依然不是一种能够应用的堑壕战的武器，要想突破堑壕体系，人们还需要把已经诞生的两大理念——轻型装甲车辆和履带式后勤支援拖拉机结合起来。

早期探索

早在战争爆发前，许多人就开始了对更重型的装甲车辆设计的探索，但这些尝试通常都应者寥寥。其中一些设想极为不切实际，希望利用步进梁或是车轮进行机动，但实践很快证明，只有履带才是解决这一问题的唯一出路。蒸汽动力也不堪大用，只有内燃机才能在车内空间和重量允许的情况下提供足够的功重比。

奥地利军官冈瑟·伯恩斯坦（Gunther Bursztyn）在1912年提出了一种可行的坦克设计方案。这种方案中坦克的武器被设置于1座炮塔内，由履带进行驱动，并在车身前后端设置有顶端带有引导轮的滑橇以越过恶劣地形。不过该方案并未得到太多关注并很快被遗忘，英军的兰斯洛特·德·摩尔（Lancelot de Mole）也提出了类似的设计，且在一些方面比1916年诞生的第一种坦克更为先进，由于尚且没有对于这类车辆的需求，该方案胎死腹中。由勒瓦瓦瑟尔（Levavasseur）上尉牵头的一个法军项目团队也在进行类似研究，且方案同样在数年前碰壁。

第一次世界大战初期，各国就已经产生了对于能够快速瓦解敌军防御的新型武器的急切需求。大量的构想方案得以发展，其中一些，诸如毒气弹和巨型火焰喷射器之类的新式武器还得以实际部署。但这些新奇武器都不具备战场机动能力，使得部队无法实现决定性的防御突破。虽然此时仍遭遇到传统主义者的阻挠，但各国都开始将装甲战斗车辆视作是解决这一问题的答案并启动研制工作。

▼
Mark IV坦克

Mark IV型是Mark I型的改进型号，具有极为令人印象深刻的越野性能，同时也取消了车尾转向辅助轮。

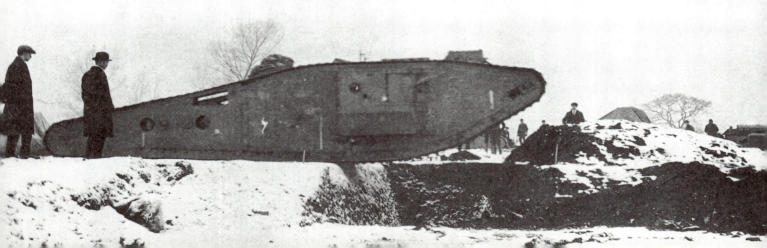

　　这种旨在打破堑壕战僵局的新型武器需要同时具备三大性能——机动、火力和防护。它需要携带足以消灭敌军坚固工事或集群步兵的强大武器，同时至少要能够抵御敌方轻武器的射击，最重要的是，这种战争机器必须具备涉过被炮弹炸得千疮百孔的泥泞战场，且能够跨过宽而深的堑壕工事的能力。

"小游民"与"母亲"号

　　英国在坦克的实验探索方面独占鳌头，且海军在坦克的研制中起到主要作用，这是因为相比陆军，海军的官兵更常接触到装甲汽车。名为"陆地战舰委员会"（Landship Committee）的研制团队所诞生的结果便是绰号"小游民"（Little Willie）的履带式车辆。"小游民"配备有1门2磅（即40毫米/$1^1/_2$英寸）火炮和至少1挺机枪；且随后又进行了多种附加武器的测试工作。该型车的转向主要依靠位于车辆后方的一对转向轮，但急转可以通过将一侧履带锁死，另一条履带前进/后退来实现。

　　"小游民"采用锅炉钢板为防护装甲，越障高度可以达到1米，且在实际演示中展现了跨过1.5米（5英尺）宽壕沟的能力，这一切都足以让委员会决心在此基础上研制一种更先进的车辆。

　　随后研制成功的"母亲"（Mother）号也被一些人称为"大游民"。由于该车的性能已经达到预期，因此英军开始生产以"母亲"号为蓝本的Mark I型坦克。"坦克"（Tank）一词最初是出于保密需要，英军宣称这些正在制造的巨大装甲构造体是大型水柜（water tank），这一称呼不胫而走，最终成为了沿用至今的正式名称。[1]

　　为了跨过更为宽阔的壕沟，"母亲"号采用了过顶式履带和菱形车体。对于该车的成员来说，驾驶该车着实是一项复杂的工作，需要4人才能完成，其中2人专门负责操作传动齿轮箱。在最初的设计中该车依然配备了用于转向的铰接后部辅助轮，但实验很快证明这是多此一举。

　　虽然"母亲"号的过壕宽度已经达到了2.9米（9英尺），但该车完全没有配备悬挂系统，因此经常导致乘员受伤，由于座椅设置极为简陋，坦克乘员（一些乘员甚至根本没有座椅）在翻越障碍物时甚至会因为过于严重的摇晃而失去意识，撞上坦克内部的尖锐金属部件乃至灼热的发动机。功率为105马力的汽油机直接设置在车舱内，没有任何的隔音屏蔽措施，使得车内交流极为困难，必须使用手势进行沟通。

　　"母亲"号（以及随后量产的Mark I型）设计都极为原始，机械性能极不可靠，经

---

[1] "坦克"一词在汉语中最早出现于20世纪20年代，但在以前中国依然主要将坦克称之为"战车"，直到1949年后，主持军队正规化工作的刘伯承元帅才最终确定将"坦克"作为以火炮为主要武器，以履带式行走机构为移动方式，主要承担突击作战任务的装甲战斗车辆的正式汉语名称。——译者注

伯恩斯坦的"坦克" 1912
"摩托化炮车"

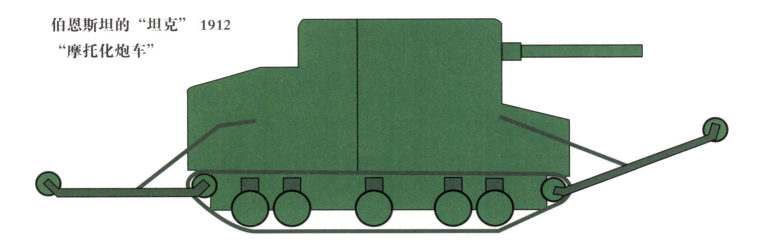

▲

伯恩斯坦的"坦克"

冈瑟·伯恩斯坦设计的坦克方案比起最早一批投入实际使用的坦克还要更为先进。该车的武器被安置在可回转的炮塔上，履带前后轮都铰接有末端带引导轮的滑橇，用于辅助跨壕。与当时的许多设计一样，该型车受到了霍尔特农用拖拉机的很大影响。

常发生抛锚故障，且有在翻越障碍物或是壕沟时"陷住"的可能。对于这一问题，英军提出的"低科技"解决方案是在坦克顶部载满柴捆，在驶过松软地面或坑洞前用柴捆填充。

虽然此时回转式炮塔已经成功地运用于装甲汽车上，但英国设计人员最后还是决定将"母亲"号的武器安装在两侧的舷台上。这是因为虽然炮塔上的武器具有开阔的射界，但却无法向下射击近处堑壕内的敌军，而两侧舷台则可以胜任这一任务。侧舷式武器布局极为低效，导致英式坦克需要配备更多的武器和车组成员才能具备全向武器射界，但在当时的战场环境下，这一设计还是可以接受的。

由于担心仅在舷台内配备6磅（57毫米/2¼英寸）火炮会导致坦克在步兵的侧面袭击中无还手之力，英军决定研制两种不同的型号。其中"雄性"以2门海军型6磅速射炮为主要武器，而"雌性"坦克则在舷台内安装大量机枪。两种型号都为反步兵任务安装有多挺机枪，随后英军甚至生产了一种被称为"雌雄同体"型的坦克，在两侧舷台中分别布置机枪或是火炮。

或是因为"母亲"号在测试期间的表现令所有视察者印象深刻，抑或是因为此时英国军队急于找到能够打破僵局的武器，英军当即下达了100辆坦克的订单，并在之后不断增加订货。Mark I型坦克诞生了多种变形车，如指挥/无线电通信车就移除了车内的武器，为指挥和通信设备腾出空间。

Mark I型坦克完成了人类历史上第一次的坦克突击，虽然因为炮火蹂躏下的战场地形过于恶劣而慢如牛车，但此次实战已经足以启发英军对该型车进行进一步发展。通过一系列的改进，Mark I型演变为了Mark IV型——英军在第一次世界大战期间的主力坦克。Mark IV型最显著的改进之处便是将原本身管长度40倍径的海军型6磅炮的炮管截短为23倍径。

在Mark I型坦克上，长管型6磅炮经常会在崎岖地形上与地面刮碰；不过长身管后来又出现在了Mark IIIV"国际"号坦克上，其较长的身管能够减轻炮口冲击波对驾驶员造成的影响。Mark IV型的装甲防护和动力系统也得到了提升，但依然没有安装任何的悬挂减震装置。

其他项目

德国的坦克研制开始于1916年，不过相对于实施装甲作战，德军将重点放在了反坦克能力上。最终研制成功的A7V坦克在具备Mark I型坦克的绝大部分缺点的同时，还几乎没有学习到Mark I型的优点。该型坦克的乘员数量达到了惊人的18人（且某些情况下需要的人员会更多），比起装甲突击作战车辆更像是一座高大的移动堡垒，其越野能力也因此极为差劲。

在战争后期，德国设计师们又参照英式坦克设计出了一种新的巨型坦克——"K"型坦克（K-Wagen）。据称这型坦克将配备4门77毫米（3英寸）火炮和7挺机枪，车组人数则达到令人瞠目的22人，由于设计上的痼疾，即便这辆庞然大物走下绘图板，也应当难以操纵。"K"型坦克的出现预示了德国在第二次世界大战期间将继续研制巨型装甲战斗车辆，且与前辈一样，二战德军的"装甲巨兽"同样会因实际部署数量不足而难以发挥较大作用。

相比之下，LKII设计方案则实际很多，该方案基本上就是为一辆装甲汽车配备上履带，旨在以数量优势和密集的火力击败敌人。LKII坦克的装甲防护较薄，但配备有1门57毫米火炮或2挺机枪。虽然该型车难以成为突破敌军防线的主力，但只要能够事先突破对方防御，这种坦克应当能够成为一种不错的远战坦克。

法国的坦克设计工作也同样困难重重。虽然雷诺FT-17型轻型坦克是一种高效能的战斗车辆（因此一直被使用至战后），但"施耐德"坦克和"圣沙

德国装甲车辆

德制的A7V坦克是一种缺陷严重的设计，其巨大的体型使得其成为一个显眼的目标，离地净高不足又使得该车难以跨过堑壕。

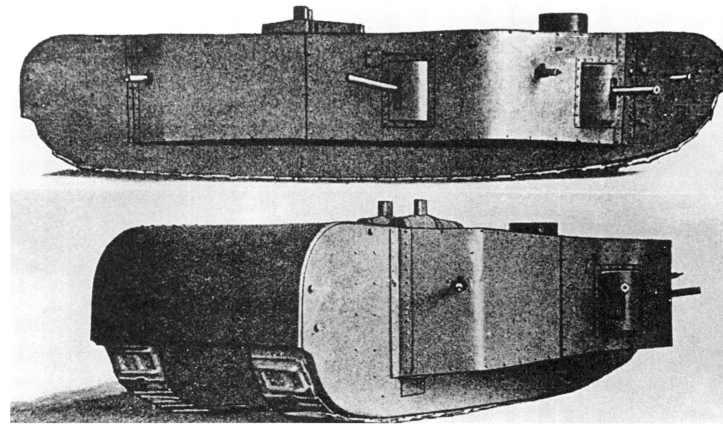

▲

"陆地巨兽"

德国的"K"型坦克方案
是一种旨在撕碎协约国
堑壕体系的陆地巨兽。
不过该型车甚至从未进
入原型车阶段。

蒙"坦克都因为设计中的严重缺陷而在实际使用中遇到严重问题。两种坦克的越野性能都极为差劲，其中尤以车体长度超过履带长度许多的"圣沙蒙"坦克为甚。此外，"圣沙蒙"坦克的动力系统采用的还是由汽油机发电的电动系统，而这套笨重的系统又使得本就不堪重负的行走机构雪上加霜。

　　法国军队装备采办体系内的政治掣肘使得法军不得不同时订购"施耐德"和"圣沙蒙"这两种设计非常相似的坦克，且这两种坦克在首次投入战斗时都被发现存在严重的问题：在首场战斗中，几乎所有的"圣沙蒙"坦克都在突破第一道堑壕时一头扎进本应被跨过的堑壕内动弹不得。这样的糗事使得法军不得不为这些坦克寻找别的用途——如被用作补给运输车，或是对其缺陷进行修改，这两种坦克都只有很少的一部分长期在前线服役。

早期装甲部队

EARLY ARMOURED FORCES

第一次世界大战期间，各国组建的装甲部队主要是被用于突破由铁丝网、机枪和步兵组成的堑壕防御体系。堑壕体系曾一度改变了战争的形态，但堑壕战也使得双方几乎不可能在不付出极大伤亡代价的前提下夺取对方的设防阵地。

有两个因素在堑壕战僵局的形成中起到了关键作用：火力和时间。在18世纪和19世纪大部分的时间内，步兵火器依然射程较近，精度较差且射速较慢。在1815年时，在200米的距离上敌方的步枪射击对于步兵就无法构成严重威胁了：为此交战双方不得不将士兵密集列队，通过列队齐射来提高杀伤效果。除非大量士兵同时开火，前装枪时代双方在单位时间内的火力投射量也是极低的。

▼

防御火力

第一次世界大战时期的笨重机枪无法在运动战中有效运用。但一旦建立起防御阵地，机枪和铁丝网组成的防御体系几乎是无法攻破的。

　　由于此时的火器对于士兵的有效"威胁距离"依然很近，而这段距离对于徒步步兵和骑兵而言可以在很短时间内快速跨越，因此双方在靠近过程中所能发射（但极不精准）的弹药数量是很低的。这也意味着步骑兵能够在不遭受惨重伤亡的情况下快速突进，发动刺刀冲锋与骑兵冲击。

　　火帽式前装枪和随后的定装弹枪械的出现，在提升了枪械射速的同时也使得精度大为改善，但此时不管是步兵还是骑兵，其行进速度依然与上一个世纪没有太大变化。这导致步兵武器的射程大为增加，也意味着进攻方所需穿过的"威胁距离"大为增长，在进入"威胁距离"后被敌方枪械击中的概率也大为增加。到19世纪后期时，

骑兵对有组织的步兵方队的冲击就只剩下一个下场——被"射成筛子"。机枪等速射武器的出现又进一步增加了防御方单位时间内所能输出的火力。

在19世纪后期的殖民主义战争中，装备精良的欧洲军队通常能够在开阔地形上击败数量远超自身，但依然处于冷兵器或黑火药时代的敌人。第一次世界大战初期的实战结果表明，对配备栓动式步枪和机枪的敌军阵地发动步骑兵冲击无异于自杀。因此，突破敌方防御的手段就显而易见了：挖掘战壕向敌方阵地迫近，利用土堆胸墙抵挡敌方射来的子弹、炮弹和手榴弹。

依托堑壕体系对敌开火的步兵部队是一种尤其难以消灭的目标，即便是大规模炮

▼
装甲堑壕战
早期坦克均是为了堑壕战专门设计的。像图中这种设置在舷台的火枪炮能够在近处直接向战壕内部射击，从而防止敌军步兵通过找到坦克枪炮的射击死角而获得隐蔽。

▶

有限的视野

早期坦克的驾驶员视野极为有限。托带履带的前部角状车体进一步压缩了本就不足的视野。因此有许多坦克经常会一头撞上被旁边的步兵认为极为显眼的障碍物。

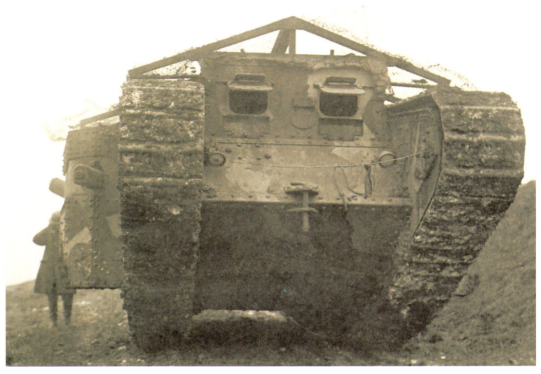

击甚至是毒气等手段都无法将敌消灭。歼灭堑壕内敌人的唯一有效手段是抵近然后向堑壕内射击或投射爆炸物，彻底杀死壕沟内的敌军。不过这种方式不仅需要进攻方能够跨过两军阵地之间的开阔地，更为雪上加霜的是，设置在阵地前方的绵密铁丝网会大大增加进攻方抵达敌军堑壕的时间，从而暴露在守军的火力之下。

炮兵的覆盖轰炸虽然能够有效地削弱堑壕内守军在遭到炮击时的火力投射量，但炮火覆盖往往难以协调且并非总是奏效。对于进攻方指挥官而言，不论调集了多少大口径火炮前来支援，即便出于最乐观的估计，认为炮击能够将铁丝网炸断，将守军消灭或是逼出阵地，接下来进攻部队也绝非能够简单地"走过去占领"敌方堑壕。

▶▶

射界问题

虽然"施耐德"坦克所配备的强大火力可以同时向车身周边多个方向开火，但雷诺FT-17坦克却拥有远更为高效的全向射界。本图充分展现了为什么后来的坦克逐步摒弃了多炮塔（炮座）布局。

突击支援

既然敌军堑壕的火力无法被完全瓦解，步兵也难以快速跨过敌方堑壕前的开阔地以保证生存，那么突破敌方战壕的唯一解决方案便是研制一种能够在敌军火力下保护自身，从而抵达可以射击到堑壕内敌军位置的新式武器。而承担这一使命的新式武器便是早期的坦克。早期坦克需要能够携带大量的武器并具备足够在敌方火力下长时间保护车内武器、动力设备和人员的装甲才能完成其既定任务。

在坦克能够长时间承受敌军火力打击，从而有充足的时间完成其任务的情况下，坦克的速度变得无关紧要，虽然当时的坦克设计者同样希望提高坦克的行驶速度，但在机动性方面，对于当时的坦克而言最重要的还是能够跨越炮击形成的巨大弹坑与敌军的战壕。因此在当时，早期坦克设计的重点是在装甲防护、车载火力和全地形通过能力方面实现平衡。虽然行驶速度在日后成为了坦克的一大关键设计要素，但在当时，由于坦克的最主要任务是支援步兵发起突击，因此并不需要比士兵的行进速度更快。

早期坦克的主要射击目标是敌军的机枪阵地或是炮兵，因此车载火炮并不需要太长的射程或是过于复杂的火控系统。只要坦克依然能够冒着枪林弹雨慢吞吞地抵近至近距离，并直射摧毁暴露的敌军目标，那么这种武器配置便依然是堪用的。当然，坦克上的火炮依然需要能够回转和俯仰以对准目标，但在绝大多数的早期坦克设计都没有采用炮塔，虽然其中存在一定的技术复杂性因素，但最主要的原因还是安装在较低位置的火炮能够更方便地在近距离向堑壕内部射击，因此将火炮布置在车体或专门的舰台内成为了普遍现象。

所有的早期型坦克都配备有执行反人员任务的机枪，不过英国坦克设计者的考虑更为缜密，他们认为单纯配备火炮的坦克很可能极易受到步兵的攻击。英军的解决方案是制造以火炮为主要武器的"雄性"坦克与完全配备机枪"雌性"坦克配合作战，依靠机枪更为宽广的射界，由后者为前者提供掩护，击退

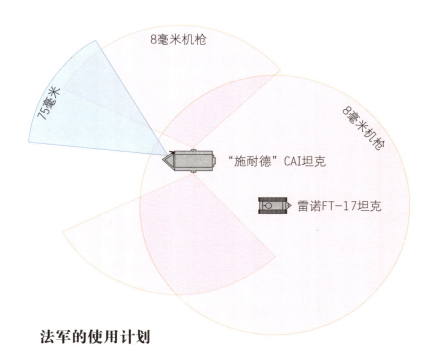

法军的使用计划

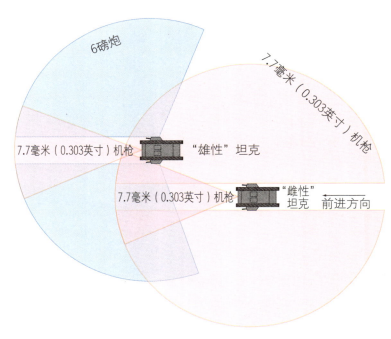

英军 Mark IV 型坦克的使用计划

试图抵近利用手榴弹瘫痪"雄性"坦克的敌方步兵。

早期的坦克设计

英国的早期坦克战术采用了相互掩护的"配对"策略，并希望以此充分发挥不同"性别"坦克在武器配置上的优势。在当时英军标准的坦克战术中，坦克在跨过敌方堑壕后将转向沿着敌方堑壕平行前进，利用舷台上的武器居高临下地射杀堑壕底部仓皇寻找掩体的敌军步兵。在这种战术中，坦克将充分扮演其应当承担的角色——将武器携带至迫近敌军堑壕位置上并发扬火力。

相比之下，法国的坦克设计者对坦克的使用方法则迷茫许多。他们设法研制出了能够携带重型武器和良好装甲防护的战斗车辆——如"施耐德"和"圣沙蒙"坦克，但这些坦克的机动性能都极为差劲。虽然作为早期的尝试性项目，遭遇技术困难在所难免，但对于早期坦克而言，能够跨越恶劣地形抵达敌方堑壕本应是其最首要的性能要求，低下的全地形通过能力让这两型坦克实有本末倒置之嫌。除了这一缺点外，"施耐德"坦克极为糟糕的车载武器射界也是一大瑕疵；唯一值得肯定的或许就是该

▼
相互掩护
英国坦克在设计过程中就要求配合作战，配备重武器的"雄性"坦克在具备更开阔射界的"雌性"坦克保护下作战。试图接近坦克的敌军步兵则会暴露在附近其他坦克的射界下。这样的设计布局也使得坦克需要集中使用才能发挥作用。

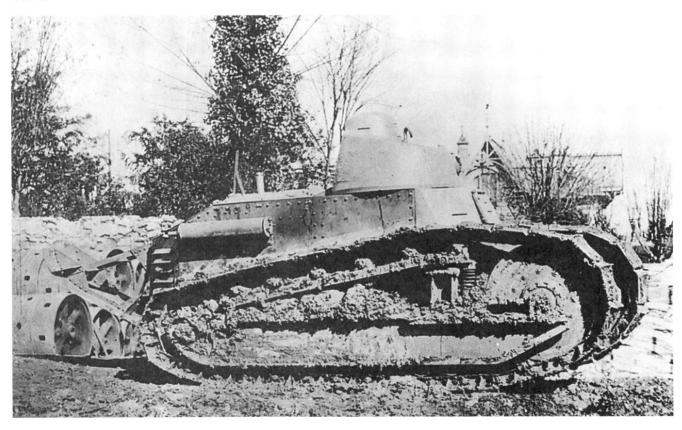

车的武器射界要稍好于"圣沙蒙"坦克。

　　雷诺FT-17坦克的车重只有"圣沙蒙"坦克的三分之一，乘员更是只有2人，虽然该车的设计理念要优良许多，但依然存在一些缺陷。炮塔式布局虽然为武器提供了广阔的全向射界，但也导致所携带的枪炮数量只有1挺，空间也极为狭小，车长只能在极为局促的炮塔内操纵武器，使得其作战效能并不如人们所预期的那样高。

　　从很多方面而言，雷诺FT-17都是第一次世界大战坦克设计中最为接近现代坦克的，不过该车依然是一种受限于其所处时代的产品。FT-17依然以支援步兵作为主要任务，速度缓慢且续航行程较短。不过即便如此，雷诺FT-17依然成为了美国、意大利和苏联早期坦克设计的基础，并在两次世界大战期间的殖民地冲突中表现出色。

▲
跨越障碍

早期的英式坦克能够攀爬和翻越大型障碍物，不过由于其间剧烈的摇晃，车组成员经常发生受伤事故。此时的英制坦克完全没有悬挂系统，行驶产生的巨大的振动会直接传递给车组人员。

集中使用还是分散使用？

　　虽然装甲车辆集群大规模行动中充分展现了其价值，但各国军方内部都存在着将坦克部队拆散使用，甚至用单辆坦克作为防御武器的强烈呼声。在承担防御任务时，坦克可以遁入工事中，用作固定火力堡垒，也能够脱离阵地发动就地反击，或转移至其他受威胁的防区增援。虽然这种被称为"野兔"的防御性坦克部署的确创造了一些出色战绩，但零散使用坦克并非能够赢得战争的战略，效率也极为低下。即便是在静态防守的情况下，坦克依然需要大量的技术维护，宝贵的零件和油料也不得不被分散到整个战场各处。

　　将坦克集中起来不仅简化了后勤问题，也让大规模使用坦克成为了可能，而这对于极易"抛锚"的早期坦克而言尤为重要。在一场成功的攻势中，坦克即便在战场上抛锚也能在战后被回收；而如果进攻失败，那坦克就很有可能落入敌军手中。小规模的坦克部队很可能在进攻期间全数被打瘫或是抛锚，而大规模的坦克部队无论如何也能剩下一些依旧具备战斗力的坦克。"野兔"战术会使得坦克部队全无用武之地，甚至没有发挥其价值的机会，但幸运的是，英军最终确立了集中使用坦克的军事原则。

规模扩大

　　早期的坦克部队通常规模较小，且经常为临时编制，但随着坦克部署数量的快速增加，专门为坦克建立起一套部队编制已是应有之义。在探索适宜的部队编制的过程中，各国军方进行了大量的尝试，并积累了相关教训——不过除了技术问题之外，坦克部队的编制还受到了其他因素的影响。一些军官希望坦克能够被拆散分配给前线指挥部；一些军官认为坦克最好能够以小规模部队的形式编制并融入步兵部队序列内。而坦克的支持者们则希望能够创建专门的装甲部队并拥有自成体系的指挥架构。

　　英国的坦克部队最初建立于陆军机枪兵（Machine Gun Corps）的建制下，被称为"重型分队"（Heavy Section），而后又升格为"重型部队"（Heavy Branch），但这一安排依然主要是为了保密。随着规模的扩张，"重型分队"在1917年6月被升格为"坦克兵"（Tank Corps），随后又在1923年10月获得皇家称号，改称"皇家坦克兵"（Royal Tank Corps），并在1939年再度被更名为"皇家坦克团"（Royal Tank Regiment）。

▼
战争后期的改装

图中这些英制坦克在车体顶部搭载了用于跨过堑壕的巨大越壕滚轮（Trench-Crossing Cribs）。该装置最初出现于1918年，与柴捆的用途一致，但重量只有其一半。

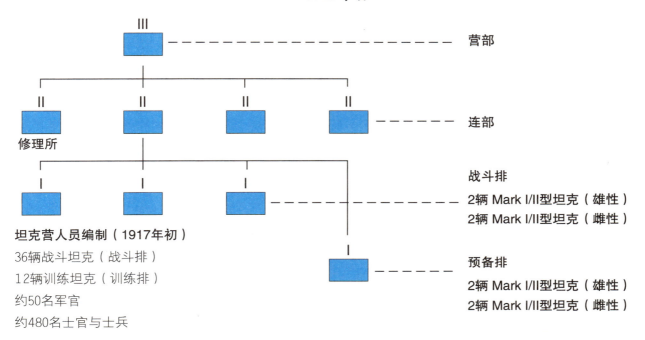

英军坦克营编制
1917年春

营部

连部

修理所

战斗排
2辆 Mark I/II型坦克（雄性）
2辆 Mark I/II型坦克（雌性）

坦克营人员编制（1917年初）
36辆战斗坦克（战斗排）
12辆训练坦克（训练排）
约50名军官
约480名士官与士兵

预备排
2辆 Mark I/II型坦克（雄性）
2辆 Mark I/II型坦克（雌性）

早期英军坦克部队以下辖3辆坦克的"排"（Section）为基本单位，但由于故障频发，通常1个坦克排只有2辆坦克可用。多个排可以合编为1个连，多个连合编成1个营，营级单位配备有修理厂并具备支援保障能力。这一编制形式与当时英军的其他兵种差别不大，但相较于其他兵种，坦克部队需要更多的专业人员和负责支援的"尾巴"。

在突击作战之前和之后，组织工作都极为重要，以确保坦克部队能得到充足的补给和维护。坦克需要持续接受维护，使得坦克部队必须准备充足的工具和备件。经验的分享也同样重要——作为一种全新的武器装备，坦克部队的每次实战都能积累新的知识。此时内燃发动机还处于非常早期的阶段，具备相关操作维护经验的人员极为难得。

英军坦克兵部队的人员来源多样，但其中最为重要的还是来自于机枪兵建制下的"汽车部队"（Motor Branch）的人员，他们在驾驶坦克之前有着使用装甲汽车的经验。陆军后勤部队（Army Service Corps）也是一大主要人员来源。许多被调至坦克部队的官兵甚至从未正式被转隶到所在的坦克部队，但随着时间的推移，坦克兵逐渐形成了自身的身份认同并开始根据其任务需要摸索出了行之有效的作战方式。

▲
英军的早期坦克营
早期的坦克部队编制形式与（英军）炮兵团（而非步兵营）更为相近。且战斗损失与机械故障意味着只有少数部队曾经达到过纸面上的兵力规模。

坦克兵的规模扩张迅速，使得许多坦克连被快速扩编为营，而这又使得许多官兵根本没有时间在晋升前学习并掌握下一个层级所需的指挥技术。种种制约使得当时的坦克兵们不得不"边干边学"，而有效的知识传播则大大加快了战斗力的形成——对于美国坦克部队而言尤为如此。当时一名美军列兵便提出可以将部队内的几辆坦克改装为机动式维修站，为其他坦克提供维护支援。而在其他组织体制更为完善，官兵思维已经固化的兵种中，此类意见和想法很可能不会得到采纳。

在坦克技术不断发展的同时，坦克部队及其下属分队的指挥运用技巧也在同步发展。1个坦克排内的坦克可以相互支援，同时每个排都被分配任务，各自负责突破敌军的一段战线。在实战中，由于坦克车组的对外视界有限，原本的指挥体系可能在行动一开始就乱成一团，坦克车长们只能自行其是。

各国都对改善坦克的通信和协同能力进行了尝试，不论是在坦克内配备信鸽，还是专门配备负责在坦克之间来回奔走传递消息的传令兵，各类方式不一而足。其中人力传令不仅危险，而且即便坦克接收到上级的命令也往往难以完成。由于都只能从厚重装甲的孔隙中向外观察，早期的坦克兵们与身负重甲的中世纪骑士们的处境极为相似，后者那如铁桶般的厚重头盔同样限制了其对战场的感知能力。

在实战中，攻击开始后所有坦克都会按照事先给定的大致方位前进，并消灭沿途发现的任何目标。这种攻击通常都能够对敌军的防御造成极大杀伤，由此看来，早期的坦克攻势比起镰刀更像是一柄重锤。大量的坦克涌向敌军某一小段防线的战术虽然低效，但堆砌出来的强大火力依然是守军所难以抵御的。此类战术在第一次世界大战的余下时光中屡试不爽，而在两次世界大战之间，各国军界将就如何组织和使用装甲部队进行更为深入的探索。

▼
战略机动性

坦克通常会被尽可能地通过铁路运往战场。即便是在路况良好的路面上，长距离行驶依然会导致坦克因机械故障而抛锚，且会显著增加部队的维护负担。

第**2**部分

1914至1916年的各条战线

THE BATTLE FRONTS 1914-16

▼

**"标致"（AUTO-
BLINDE）装甲汽车**

以民用汽车底盘改装的
标致装甲汽车编制人员
为5人，配备有1门37毫
米（1½英寸）火炮。该
车只能在道路或者非常
平坦的野地上行驶。

　　在第一次世界大战爆发之初，各国的战略指挥层都认为这场战争会与欧洲此前
爆发的冲突——如1870年的普法战争相类似。虽然现代化的栓动步枪使得步兵的杀伤
距离大大提高，但当时的人们仍然有理由认为传统的步兵推进和突击战术是可以成功
的，且骑兵依旧能够在战场上发挥较大作用。

　　但这是由于在当时机枪还尚未在大规模战争中真正展现其可怕之处，各国军界高
层也未能认识到这种武器将让防守方具备多么巨大的优势，且在战争爆发后的头几个
星期里机枪的凶残尚未得到充分展现。虽然在开战后传统的进攻方式会让部队遭受惨

重的伤亡，但依然能够奏效。不过随着战线开始逐渐静态化，双方不可避免地在堑壕战中陷入了僵局。

早期的西线战场

西线战场在战争爆发之初依然维持着此前的传统战争形态：骑兵负责执行侦察任务，并伺机包抄敌军队列，炮兵则最后一次如同拿破仑战争时期一样密集放列实施炮击。步兵们就地寻求掩护，不过双方依旧主要强调实施进攻，甚至步兵之间发生了白刃战。

德军计划通过一场快速的弧形攻势夺下巴黎以及英吉利海峡沿线港口。虽然对于位于这场弧形攻势外侧的部队而言，如何在短时间内推进这样长的距离是一项严峻的挑战，但整个计划总体而言依然是可行的，即便面对敌军的抵抗也是如此。不过该计划显然是建立在英法军队在与德军遭遇后便一触即溃的前提下。

但实际上，协约国军队在撤退中依然会组织起后卫行动，通过短暂的坚守为大部队争取时间，甚至偶尔发动大规模的反攻。在推进过程中无法建立一条坚固战线的德军很快就感受到了巨大的压力，不过那些站稳脚跟开始坚守的英法军队通常会很快因为友军在其他方向战败而不得不再度撤退。

僵局的开始

在战争前期，装甲部队并没有真正地参与到战事当中。虽然当时双方都已经装备了相当数量的装甲汽车，但这些车辆在脱离道路后行驶性能极为差劲，主要适于沿着条件较好的道路执行安保巡逻任务。这主要是由于装甲汽车的先天不足所决定的——现代人所认为的"装甲汽车"可能指的是专门为了作战而设计的轻型装甲车辆，但在1914年，装甲汽车正如其字面意义所指的一样——就是在一辆轻型卡车或者干脆就是

◄◄

西线战场，1914

在最初的机动作战阶段结束后，双方开始在相对静止的堑壕战线上展开僵持。双方在堑壕战初期曾试图运用大规模炮击和步兵攻击重新让战斗回到机动状态，但收效甚微。

旅行轿车的底盘上加装武器和装甲板。一些装甲汽车在加装各类装备已经严重超载且动力不足，在颠簸道路上甚至可能导致车轴崩断。只有很少数量的装甲汽车参加了战争前期的作战行动，不过由于数量太少而并未发挥太大作用。

因此西线早期的战斗依然是传统的依靠人力与畜力实施机动的战争。士兵们背负着他们的作战装备徒步行军，而骑兵和炮兵则依靠马匹驮拽。但很快肉体力量就表现出颓势——疲乏的士兵和牲畜的行进速度越来越慢，同时敌方的抵抗也越发地顽强。

德国人的作战计划一度接近成功。当时的英法联军因为敌军的包抄和两国意见不合而相互割裂。英军急需保卫沿英吉利海峡的港口以确保物资补给和撤退的通道安全。而法军则专注于应对德军对其首都巴黎的威胁。

从运动战到堑壕战

虽然为了避免被合围歼灭，协约国的撤退是必要的，但撤退不可能一直持续下去，必须选择地点死守。德军向巴黎的攻势最终因马恩河会战（Battle of the Marne）而失去势头，协约国军队的反击随后又将德国军队逐出了法国首都地区。最后，英法两国联军终于停止了撤退，共同建立起了拥有足够抵御德军进攻的坚固支撑点的连贯防线。协约国士兵们在所有他们所在的地点掘壕固守，任何包抄侧袭的尝试都会因为这条野战工事防线过于绵长而难以下手。

由于在短期内攻破敌军防御显然不再可能，德军也开始掘壕固守，双方就此进入了几乎贯穿整场战争的静态僵持之中。双方此时依然在前线附近维持着骑兵和装甲汽车部队以备不时之需，但这一时机一直没有到来。相反，双方不约而同地加码了大量的炮兵对敌军阵地实施炮击，而攻势也采用了最为原始的方式——出动大量步兵实施强攻。

虽然在炮兵猛轰下的步兵强行进攻可以取得一定的进展，但在敌军战线上撕开的缺口往往会被敌军预备队迅速填补，双方的堑壕战线就此稳定下来。显然此时双方都需要一

种不仅能够让部队越过战壕间的无人区抵达敌军阵地，还能够在攻破敌军堑壕后继续向前推进，让战争重新回到可以取得决定性成果的运动战的手段。毒气和喷火器等新式武器虽然一定程度上改变了战争的面貌，但却终究无法打破这一僵局。

在西线战场成为一潭死水的同时，工程技术人员们正在致力于研制一种全新的武器。该武器的设计思路与装甲汽车相近——都能够搭载枪炮，同时配备有足以保护车组人员装甲，但却运用了履带式农用拖拉机的底盘以保证足够的承重力与跨越恶劣地形的能力。直到这种新型车辆——坦克投入实用，堑壕战的僵局才得以被打破。

▼
雷诺 1915
雷诺1915装甲汽车采用民用汽车底盘，并为搭载沉重的装甲和武器进行了专门的改装。该车的武器通常是1挺机枪，但也有可能换装1门37毫米（1$\frac{1}{2}$）英寸火炮。

东线

东线战场的情况则与西线大相径庭——该战场从未陷入如西线一般的静止僵持状态。虽然双方同样挖掘构筑了堑壕防御体系，但频繁的进攻与反攻还是让战线一直处于波动状态。在该战场，骑兵（至少在一定时期内）依然继续以传统的方式发挥着作用，双方骑兵部队甚至曾以旅级规模爆发了用转轮手枪与马刀进行的白刃厮杀。

在德军战前的战略规划中，东线战场将处于守势，同时依靠一场攻势快速迫使法

国退出战争。因此在战争爆发时，德军的8个集团军中只有1个部署在东线，当然，德军认为沙皇俄国在战争爆发后仍需40天时间才能完成进攻准备也是其仅在东线布置少量兵力的原因之一。

    但在战争爆发后，沙皇俄国的军队完成总动员的时间比德军预计的要短得多，且法国也并未被逐出战阵。不过俄军在东线的推进既由于恶劣的地形，也因为指挥层的过于小心谨慎而十分缓慢。虽在战争初期一度被逼退，但德军部队最终还是成功地发起了反击并阻止了俄军的推进。

    东线战场的大多数战斗都爆发于波兰和加利西亚地区，以俄军向德军和奥匈帝国军队的进攻为主。由于战况经常迅速发生逆转，双方部队往往会在攻势中迅速转入撤退，或为了挽救其他方向的局势而主动发起进攻，因此整条战线并未陷入静止的堑壕战中，在第一次世界大战期间依然保持着较为运动的状态。

东线的装甲汽车运用

    在东线战场上，双方的装甲汽车都发挥了巨大的作用。虽然依旧只能沿着道路机动，但装甲汽车可以快速推进，打击敌军或抢占重要目标，且能为战场上的友军提供强大的火力。不过此时东线装甲汽车的运用方式还不像现代化的装甲部队一样，而是被简单地用作一种机动式的枪炮平台，在驶抵一处位置后停车进行战斗。

▲

罗尔斯·罗伊斯（劳斯莱斯）装甲汽车

罗尔斯·罗伊斯装甲汽车在搜救被击落飞行员和安全警卫任务中得到了广泛使用。甚至还有一款该型车的实验型配备了一套无线电设备以客串机动指挥所。

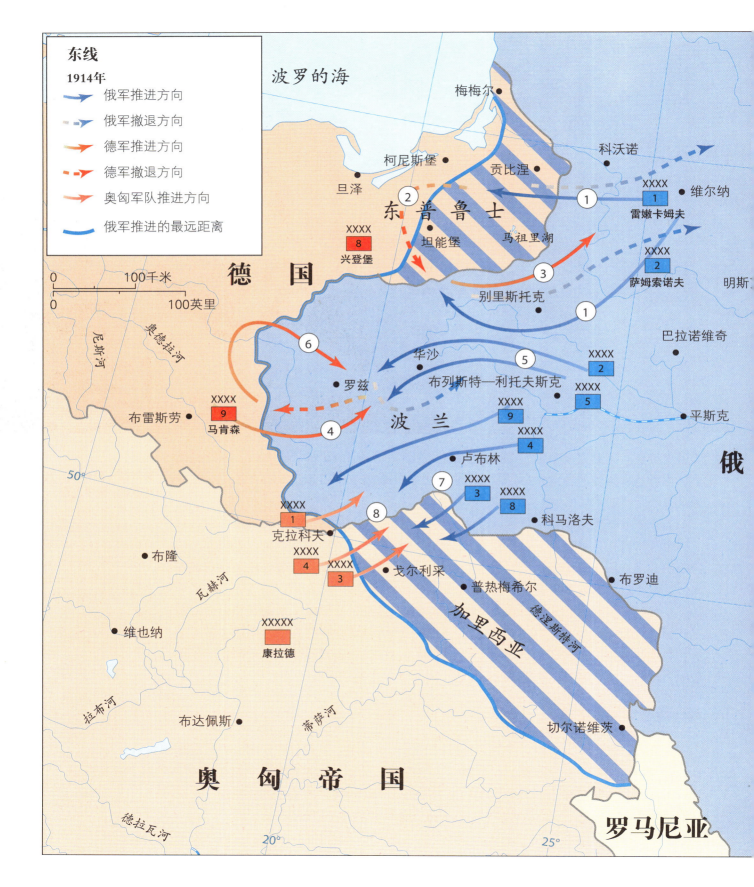

波罗的海

梅梅尔

柯尼斯堡

科沃诺

旦泽

贡比涅

② 东 普 鲁 士

马祖里湖

维尔纳

XXXX

1

雷嫩卡姆夫

坦能堡

XXXX

8

兴登堡

③

XXXX

2

萨姆索诺夫

明斯

别里斯托克

德 国

0   100千米

0   100英里

①

巴拉诺维奇

⑥

华沙

布列斯特—利托夫斯克

⑤

XXXX

2

奥德拉河

尼斯河

罗兹

XXXX

9

马肯森

④

波 兰

XXXX

9

XXXX

5

平斯克

布雷斯劳

XXXX

5

俄

卢布林

XXXX

4

50°

XXXX

1

⑦

XXXX

3

XXXX

8

克拉科夫

⑧

科马洛夫

布隆

XXXX

4

XXXX

3

戈尔利采

普热梅希尔

布罗迪

瓦赫河

维也纳

加 里 西 亚

德涅斯特河

XXXXX

康拉德

拉布河

布达佩斯

蒂萨河

切尔诺维茨

奥 匈 帝 国

德拉瓦河

20°   25°

罗 马 尼 亚

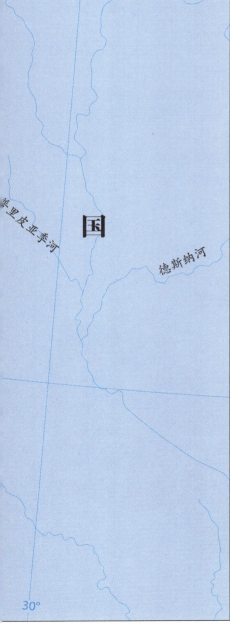

北

国

普里皮亚季河

德斯纳河

30°

　　双方的大多数装甲汽车依然是在旅行汽车基础上改装而成，配有一座简易的机枪炮塔或是1挺带有装甲防盾的机枪。而由轻型民用卡车改装而来的大型装甲汽车则能够携带更多的装甲和武器。配备多挺机枪的大型装甲汽车在当时已经并不罕见，其中一些甚至安装了轻型海军火炮。

　　与其他地方的同类车辆一样，东线的这些"武器运载车"同样严重超载，完全无法实施决定性的防线突破行动或是越过野外地形对敌军后方发起突击。不过这些装甲汽车可以将其所搭载的武器和弹药快速运送到开火位置，从而支援进攻，或是阻击敌方的对战线的突破。装甲汽车那能够抵御轻武器射击的装甲也能够对敌军产生极强的心理震慑作用，往往一支小规模的装甲汽车部队就能够让大群的敌军步兵撤退。

　　在大胆勇猛的士兵们的操纵下，东线的装甲汽车发挥了远超其实际数量的作用。在战线相对稳定时，装甲汽车主要被用作机动预备队，在战线后方快速机动抢占阵位，防止敌军的攻击突破防线。而在进攻时，这些快速机动的车辆往往能够出其不意地出现，向敌方散布恐慌和死亡。东线的装甲汽车行动由此吹响了未来装甲作战的先声。

① 俄军的进攻 1914年8月13至23日

② 德军后撤 1914年8月20日至23日

③ 德军反攻 1914年8月23日至9月14日，将俄军击退

④ 德军进攻 1914年10月4日至20日

⑤ 俄军反攻 1914年10月20日，德军撤退

⑥ 德军反攻 1914年11月15日至12月15日，俄军被击退

⑦ 俄军1914年初发起的攻势

⑧ 奥匈帝国反攻 12月下旬，俄军被击退

◀

东线战场，1914
俄军的动员速度出乎德军意料，并很快攻入了加利西亚与东普鲁士地区，在运动战期间双方的装甲汽车和骑兵部队都发挥了重大作用。

▶▶

加沙战役，1917

直到第二次加沙战役前夕，英军坦克才首度部署到中东。8辆Mark I型坦克参加了这场战役，不过由于这些坦克被拆开部署，面对土军顽强的防御并没有发挥太大的作用。

▼

"密涅瓦"装甲汽车

由极具进攻精神的比利时士兵驾驶的"密涅瓦"装甲汽车在第一次世界大战初期保卫比利时国土的战斗中发挥了重要作用。

巴勒斯坦

　　土耳其最终倒向同盟国，并加入战争使得英军不得不在巴勒斯坦地区和中东展开战斗。虽然英军在意图强行突破达达尼尔海峡的两栖登陆作战中遭遇失败，但在其他方向取得了进展。英军的一支部队沿着幼发拉底河逆流而上，最终占领了巴格达，同时英军还挫败了土军对于苏伊士运河的进攻并开始向北沿巴勒斯坦推进。通过帮助当地的阿拉伯部族头领从奥斯曼帝国独立，英军以及英联邦部队逐步将土耳其的势力逐出了该地区。

　　巴勒斯坦的战事与西线非常不同，在继续动用传统的步兵和炮兵的同时，内河炮舰、作战飞机、骑兵和装甲汽车部队也都得到了使用。对于英军而言，这是一场漫长的战役，其中也不乏挫折和失败。土军经常能够得到德军的顾问指导与各种支援，战斗力不可小觑，但即便如此，土耳其人的防御阵地还是一个接着一个地被英军拔除。

　　装甲汽车部队和骑兵在飞机支援下遂行长距离奔袭以及实施侦察行动的能力都在巴勒斯坦战役中得到了充分的验证。这些仅在一辆车上就能装载相当于一整个步兵连火力的轻型车辆往往能为战斗带来不同的结局。不过在巴勒斯坦方向战场上，英军依然是依靠步兵夺取的巴格达、加沙和耶路撒冷等关键目标，将土耳其逼上谈判桌的。

地 中 海

土姆拉

内杰德

贝特拉希

贝特哈努

加沙

贝特达迪斯

阿吉林部族

阿里·埃尔·玛塔尔

吉尔布特·埃尔·比尔

XX 53

比尔塹壕

坦克堡垒

XX 52

阿塔温堡垒

XX 54

迪恩·埃尔·贝拉

社立亚河谷

哈雷拉堡垒

伊姆拉因河谷

北

塔勒·埃尔·杰米

埃尔·古泽河谷

0   5千米

0   5英里

埃尔·舍拉尔

第二次加沙战役

1917年

土耳其军队阵地

协约国军队阵地

塔勒·埃尔·法拉

卡尔姆

嘉姆里

索姆河，1916年7月

THE SOMME JULY 1916

▼
坦克在索姆河
索姆河攻势的受阻让英军不得不加紧向该战场投入当时仅有的少量坦克。这些坦克对敌我双方造成的心理影响要远远大于其产生的实际作用。

从很大程度上而言，在第一次世界大战期间，双方的预备队对于战争的形势产生了决定性的影响。在战术层面上，敌军对己方战线形成突破后，防守方都会立刻派出预备队填补缺口，而进攻方则难以及时向突破口投入后续力量巩固并发展突破。而在战略层面上，战略预备队的存在也为防守方带来了绝大的优势，使得双方几乎不可能取得决定性的突破。

因此，德军统帅部决定通过一场对法军防守的凡尔登要塞的进攻吸引并摧毁法军

手榴弹防护

由支架支撑成屋顶状的铁丝网被安装在坦克上，以便让所有投掷到坦克顶部的手榴弹滚到两边。但即便没有这项防护措施，手榴弹还是很容易直接从坦克顶部掉下。

的预备力量。如果能够夺下这座城市，法国的军民士气将遭受沉重打击，甚至直接投降。而即便没有夺下这座城市，法国军队也势必会被不断投入这座"绞肉机"中，德军可以以此杀伤法军的有生力量，削弱其战斗意志。

在凡尔登遭到德军持续进攻的同时，协约国军队也一直在寻求减轻凡尔登所面临压力的办法。协约国军队决定同样对德军展开进攻，从而牵制德军的预备队。显然，被用来防止协约国军队突破防线的部队是不可能投入凡尔登战场的，通过这一出"围魏救赵"，协约国希望能够解救凡尔登于水火。

进攻索姆河

英法联军将进攻的地点选在索姆河一带，该地区自战争爆发以来一直很少发生交战。这一选择着实有待商榷，因为长期不见战火也意味着当面的德军可以精心构筑防御工事，同时联军还必须对盘踞在高地上的德军发起仰攻。在开战至今的数个月固守期间，德军已经修建了大量深埋地下的坚固碉堡。

协约国军队也在该地区构建了防御工事，但在并未在这片战场提前构筑起支撑一场大规模攻势所需的完备道路基础设施和补给囤积点。除了这些必须要完成的准备工作之外，在进攻发起前，联军还必须完成火炮和人员的集结工作。

索姆河
1916年7月—11月

- - - 7月1日战线
- - 7月14日战线
▬ ▬ 9月15日战线
▬▬ 11月时的战线
森林
沼泽

1916年索姆河地区进攻

在发起索姆河攻势后，协约国军队不得不维持进攻以保持对德军的压力，即便伤亡巨大也不能停下。虽然协约国军队占领了一些区域，但并未能彻底突破敌军防线。

塞瑞
巴波姆
米罗蒙
博蒙特—哈默
瓦伦库尔
博库尔
库塞莱特
盖德科特
勒特朗斯鲁瓦
哈默
蒂耶普瓦勒
马坦皮什
弗莱尔
XXX 10
波齐雷斯
莫瓦尔
赛利—塞利塞尔
奥维莱尔
巴藏丹—勒佩蒂特
然西
阿弗吕伊
博伊塞勒
孔布莱
XXX 3
蒙托邦
朗库尔
阿尔贝
福里库尔
马梅斯
哈德库尔
莫勒帕
布霍韦斯内斯
科尔戈伊
马里库尔
XXX 20
XX 12
XXX 8
圣昆汀
XXX 20
奥莱里
布赖
弗里斯
XX
普隆
XXX 1 Col.
弗洛库尔
XX 121
栋皮耶尔
巴尔勒
XXXX 6
法约尔
普鲁瓦亚尔
福卡库尔
XX
XXX 35
弗里内斯
弗农多维尔
阿布林库尔
利翁
绍讷
XX
XXXX
罗西斯
北
XX 121
151—160
101—150
0—100米
XXX 30
0 5千米
0 5英里

索姆河攻势的计划非常的"简单粗暴"：发动连续的步兵梯次攻击将敌军逐出阵地。每一次失利的进攻中幸存下来的士兵都将被后续部队收拢，然后发动下一次进攻，直到夺取敌军阵地为止。炮兵部队的作战计划也同样简单——进行长达一周的炮击，以破坏敌军铁丝网和工事，杀伤守军有生力量。

虽然进行了长时间的高烈度炮击，但大量的炮弹除了让铁丝网"稍微挪动一下地方"之外几乎全无效果，德军所构筑的工事也被证明可以抵御协约国军队的炮火。1916年7月1日，担负突击任务的联军先头各师在出发后便立刻遭遇了依然相对完整的敌军防御体系的猛烈火力打击。协约国军队的步兵和炮兵配合发生脱节，暴露的步兵遭到了敌军火力的全力打击。仅在战役打响的头24小时内，英军便蒙受了57000人的伤亡。

但即便是在首日损失惨重，协约国仍需要持续对德军战线保持压力。转换进攻轴线又将花费数个月的时间进行后勤调整，而此时凡尔登战场已经危如累卵。在此情况下，联军不得不硬着头皮发起进攻，将一个又一个的步兵师填入同一片战场。

改换战术

索姆河战场此时已经进入消耗战状态，吸引着双方投入大量的预备队。虽然联军成功地实现了减轻凡尔登方向压力的目的，但代价却是极其惨重的伤亡。通过对战术进行各种细枝末节的调整，联军取得了极为微小的进展，但显而易见的是，再继续这

▼
作战损失

在索姆河会战中，许多坦克都遭遇了与图中这辆坦克同样的命运，相较于敌军的攻击，陷入沟壑或是机械故障导致的损失反而更多。因此早期坦克需要进行大量部署，以便确保至少有部分坦克能够抵达敌军防线。

索姆河战场上的坦克
配合第39步兵师的协
约国坦克的行动路线
1919年11月13日

徐进弹幕	
堑壕/堡垒	
预计的坦克行进路线	
树丛/森林	
交通壕	

本图根据当时的一张手绘地图绘制

小山

安克尔河

圣皮埃尔－狄维永

塞尔维亚公路

北

坦克A

梅琪公路

菲耶讷街

施瓦本要塞

坦克B

攻击出发线

坦克C

XX
39

II
3辆坦克

0   250米

0   1/4英里

通往蒂耶普瓦勒

蒂耶普瓦勒森林

▲

坦克路线

在最理想的情况下，英军希望坦克能够全速向着敌军防线直冲而去，随后转为与敌军战线平行行驶，以便最大限度地向守军投射火力。

样消耗下去，联军会在取得决定性胜利之前就彻底精疲力竭。

　　为了打破索姆河这个死局，联军决定投入他们的新式武器——坦克。此时英军装备的Mark I型坦克还处于极为原始的状态，排气管尚未安装消音器，转向也仍需尾部辅助轮的帮助。这些坦克故障频发，从而使得进攻前将坦克调动到出发阵地成为一项耗时漫长且困难的苦差事。

　　当时英军机枪兵重型分队——英军的坦克部队，共装备了49辆坦克，而这也是当时协约国军队所拥有坦克的全部数量，但是由于机械故障，在战斗发起前只有22辆坦克抵达了出发阵地。在这22辆坦克中，有15辆在进攻发起时成功冲出了攻击发起线，迈出了坦克进攻的第一步，此外还有几辆坦克在完成准备后陆续加入攻势。

史上第一次坦克进攻

　　联军于1916年9月15日开始对弗莱尔–库尔瑟莱特一线发起进攻。虽然进展缓慢且势头渐衰，但坦克的出现还是让敌军步兵陷入了极大的恐慌。由于敌军坦克能够冒着机枪射来的弹雨向前推进，许多德军部队仓皇放弃了他们的阵地，这种情况在后来被称为"坦克恐慌"。

　　从某种程度上而言，联军对于此次行动的成果过度乐观。许多指挥和参谋人员都认为此战展现了坦克作为一种不可阻挡的猛兽，能够将独自突破敌军阵地的能力。同时联军还决定减少在坦克将要突破的敌军阵地上的炮击密度，减少炸出的弹坑数量以便坦克通过。

　　参战的坦克中有几辆栽进了沟里动弹不得，还有1辆被敌军的炮弹打瘫，这辆坦克也成为了历史上第1辆因敌军攻击而失去战斗力的坦克。9辆坦克成功抵达敌军阵地前方，还有几辆坦克在解决自身的麻烦后跟上，帮助第一批坦克瓦解被包围敌军的抵

▼
Mark I型坦克

在实战中，Mark I型坦克标志性的后部辅助转向轮被证明完全是画蛇添足，在后期型号坦克上被移除，此后的坦克均仅依靠履带完成转向。

抗。对于敌军而言，坦克似乎成为了一种不可阻挡的恐怖武器，而这些钢铁怪兽不惧敌军机枪的表现对于协约国军队的士气也有着莫大的激励作用。

虽然乍看上去轻武器枪弹奈何不了这些顶盔掼甲的坦克，但实际上有少数机枪发射的枪弹还是击穿了Mark I型坦克的装甲，导致部分车组人员伤亡，不过从外部看上去被机枪击中的痕迹并不明显。虽然Mark I型坦克的"雄性"和"雌性"除了主武器之外几乎没有任何差别，但车组成员的报告显示"雌性"坦克被击穿的概率更高。

即便是没有击穿，枪弹依然会对坦克造成损伤，攒射而来的子弹往往会击碎坦克驾驶员的观察窗，而命中的炮弹即便没有击穿坦克装甲，灼热的弹片还是可能飞进车舱伤及内部的坦克车组。虽然早在战斗之前，英军就为此准备了由链甲制成的"防溅射"面罩并配发给坦克车组人员。但由于沉重且佩戴不舒适而鲜有人员穿戴。

虽然遭遇了人员伤亡，陷入壕沟以及机械故障，战争史上的第一次装甲突击无疑还是取得了成功。英军在攻势的前3天中一举推进2000米（1.25英里），在此期间，英军的坦克不仅参加了突击行动，还击退了敌军发起的反击。损失与机械故障导致英军只能将坦克零星投入战斗，支援步兵进攻，且由于天气转坏，德军预备队抵达，协约国军队未能继续向前深入。

意义深远

弗莱尔-库尔瑟莱特攻势取得了可观的进展，相较于1916年协约国军队在索姆河地区其他战场上的表现来说更是如此，不过此处的成功并未彻底改变战略态势。在随后的几个月中，协约国军队的坦克主要被"零碎"使用，支援各自所在区域的步兵。这支小而零碎的坦克部队也因此很难有什么太大的作为，不过坦克还是在这些战斗中证明了其对步兵实施近身掩护的巨大价值。根据此战的结果，英军很快决定再订购100辆坦克，到1916年10月，英军又决定将此时仍隶属于机枪兵的"重型分队"进行扩编和重组。

德军指挥官对于弗莱尔-库尔瑟莱特战斗则有着不同的结论。虽然此战让他们认识到了坦克的确是一个威胁，但他们认为这种武器并非像最初遭遇时一样可怕，当然，这或许还是因为协约国军队的坦克在运用方式上的问题，以及在成功突破防线前有太多都因机械故障而抛锚。德军在随后的战事中俘虏并修复了部分联军坦克，同时也开始了自己的坦克研制计划，但德军长期对坦克研制表现出一种漫不经心的态度，唯一一型量产的坦克性能也无法令人满意。事实上，德军将更多的注意力放在了消除前线部队的"坦克恐慌"以及增强步兵和炮兵部队的反坦克能力上。

尼维尔攻势，1917年4月

THE NIVELLE OFFENSIVE APRIL 1917

1916年12月，罗伯特·尼维尔被任命为西线法军总司令，他毕业于骑兵学校，但随后的军旅生涯是从炮兵开始的。虽然出身炮兵，但他却是一名不折不扣的进攻主义者。在马恩河会战期间，他指挥炮兵部队向前推进，将畏缩的步兵部队抛在身后，向着汹涌而来的德军发动近距离炮击，在1916年10月的凡尔登会战中，他创新战法使得法军终于在时隔多月后获得了一次大胜。正因以上成绩，尼维尔在就任后有着充分的理由认定他将会发动的攻势能够成功，并以此说服协约国政府高层批准进攻计划。

尼维尔的计划

尼维尔的攻势将是一场典型的钳形攻势，联军将从两翼夹击德军在此前的索姆河会战中形成的突出部。英军将在左翼的突出部发起进攻，拉开战役的序幕并吸引德军投入的预备队。随后法军将进攻南翼的突出部并取得突破，让养精蓄锐，快速机动的有生力量快速深入德军战线后方。

尼维尔反复强调在进攻中要发扬主动精神，利用迅雷不及掩耳的战术压倒理应在索姆河会战后虚弱的德军。协约国步兵此时已经依照凡尔登会战的经验进行了快速突击战术的训练，步兵部队还得到了轻型野战炮的加强以对付敌军坚固支撑点。此外，坦克部队也与炮兵进行了协同训练，总而言之，协约国军队战术的中心思想就是——"保持前进"。

由于深知此时法军的士气正处于低谷，且由于法军许多士兵对于整体战况（或者说，工事之外的任何事情）一无所知，尼维尔决定将战役计划"泄露"给参战部队作为内部宣传，但这并不是一个明智的决定，包括整个战役计划在内的重要文件被德军缴获，德军指挥官也因此很快就了解了尼维尔的计划。

德军的应对

在意识到不可能守住突出部之后，德军指挥官决定将部队向后撤退，在后方建立起一道更短更为平直的防线。通过缩短战线，即便没能获得增援部队，德军在前线的兵力密度也将大大增加。在将协约国军队可能利用的一切东西都破坏殆尽后，德军部队从2月9日开始撤到了"兴登堡"防线，该防线是整场战争中最为坚固的一道防御阵地，整条防线沿着高地修建，不仅可以让守军居高临下，而且高地也能阻碍协约国炮兵对德军战线后方进行侦察观测。

到3月中旬时，德军已经放弃了突出部的大部分地区，使得尼维尔的计划彻底跟不上变化。法军在意识到德军主力已经撤退后向前推进收复失地，但沿途所遇到的除了德军精心埋设的陷阱，就只有毁于一旦的乡野地区。"夺取"突出部被宣称为一项巨大胜利，而尼维尔则决心将进攻目标换成面前的德军新一道防线，但他没有注意到的是，此时战略态势已经彻底改变，且战场情况也发生了变化。

在沙皇俄国被推翻后，苏俄与德国签署停战协定，这使得德军能够将几十个师从东线调往西线开始战斗。此外，美国也即将参战，这意味着协约国将获得庞大的可用兵力。推迟计划或者制订新一轮的攻势似乎是更为明智的选择，但尼维尔却决定继续推进此前的进攻计划，仅在原方案基础上进行一些细枝末节的调整。

攻势开场

尼维尔的进攻以一场猛烈的炮火准备拉开了序幕，1917年4月16日拂晓，第一批协约国进攻部队开始向前推进。虽然在攻击发起阵地上等待了一个寒冷的夜晚，但协约国步兵此时正跃跃欲试，有128辆坦克将配合他们发起这轮攻势。这128辆坦克均为"圣

◀

法国步兵，1917

到1917年时，法国军队已经精疲力竭。尼维尔的宏大进攻计划一度激起了法国人赢得速胜的希望，但最终却引发了1917年的大规模哗变。

第33军（预备队）

XXXX
7
伯恩

沙维尼翁

帕尔尼   艾雷特   沙穆耶

第11

第11   第54   第15巴伐利亚（预备

阿勒芒   克拉奥讷

XXX
第1殖民地   布瓦镇

贵妇小径   第2殖民地

孔迪   韦利   第20   第1   第5

苏皮尔   贝里奥－巴克

第37   埃纳河   第32

苏瓦松   第6

塞尔穆瓦斯   第11   XXXX

XXXX
6
曼金   XXXX
10
迪谢纳   第7

布赖讷   蒙蒂尼

巴佐谢

菲斯梅   韦勒河

圣吉勒斯

XXXXX   克吕尼   XXXX
5
马泽尔
米切尔预
备队集群

卢佩涅   普瓦利   帕尔尼

北   尚布雷希

尼维尔攻势
1917年4月16日至19日

→ 法军进攻方向

—— 4月19日的法军战线

　　 至4月19日法军取得的进展

0 ──────── 10千米

0 ──────── 10英里

"尼维尔攻势"

如果德军不主动退出突
出部并缩短战线，尼维
尔的双路合围计划原本
很有可能成功。

XXXXX
皇太子
威廉

阿斯费尔德

吉尼库尔

纽夏特

托仇河

夏特莱

瑞尼维尔

埃纳河运河

阿吉尔库尔

XXXX
1
贝洛

马绍德

XXX
第10（预备队）

叙普河

巴藏库尔

第7（预备队） XXX

贝塞尼维尔

XXXX
3
罗特马勒

埃波耶

XXX
第12

兰斯

奥伯里夫

XXX
第7

XXX
第38

XXX
第8

XXX
第12

里利

XXXX
4
安托万

XXXXX
中央集团军
贝当

沙蒙"型，配有1门75毫米（3英寸）火炮和机枪，理论上其装甲也对轻武器射击具有良好的防护效果。不过在实用中法军发现这型坦克的燃料箱极为脆弱，更严重的是，"圣沙蒙"坦克很容易在恶劣地形上动弹不得。

德军指挥层曾因1916年首度遭遇英军坦克而震惊不已，但此时他们已经研究出了多种对付敌方装甲突击的手段。这些手段包括布置"坦克陷阱"——又深又宽的壕沟，以及动用炮兵对这些在旷野上以缓慢速度挪动的装甲车辆进行直射。德军步兵此时已经装备了大口径的反坦克步枪，如果确实命中，这种步枪射出的子弹足以击穿当时坦克的装甲，此外德军还将一些轻型火炮投入了反坦克任务。

德军对于步兵的防御也同样严密。"兴登堡防线"上设置了数以百计的机枪，并拥有极为坚固的防御工事。法军步兵从进攻刚开始就被德军发射的照明弹发现，随后德军炮兵开始对法军步兵和坦克实施猛烈轰击，而法军的徐进弹幕却并没能为进攻部队提供足够的掩护。法军的弹幕覆盖所根据的时间表是根据部队的最乐观进展估计的，弹幕前进速度高于突击部队的前进速度，因此工事中的德军能够在躲过推进过快的法军弹幕覆盖后，好整以暇地对被落在后面的法军部队给予迎头痛击。法军虽然一度试图调整炮火覆盖的时间表，但这却使得正陷在双方堑壕之间的突击部队同时受到

▼
"施耐德"坦克

虽然"施耐德"坦克设计的设计并不令人满意，但由于当时法军也找不到更合适的型号，该型坦克还是被"赶鸭子上架"。"施耐德"在处女秀中表现拙劣，此后也没有投入大规模建造。

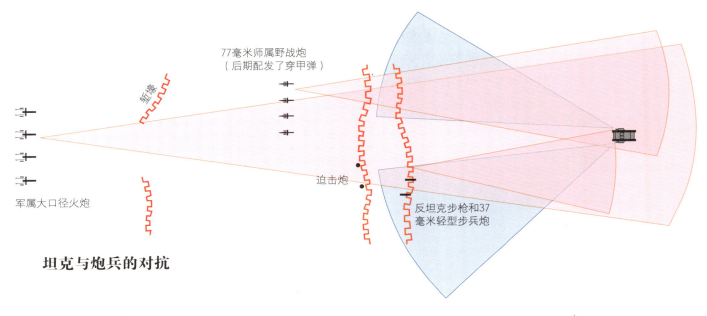

77毫米师属野战炮
（后期配发了穿甲弹）

堑壕

军属大口径火炮

迫击炮

反坦克步枪和37
毫米轻型步兵炮

坦克与炮兵的对抗

多层防御

前进中的协约国坦克会
遭到德军前方堑壕中轻
武器直瞄射击，以及超
出坦克射程外的德军大
口径火炮的远程射击。

敌我双方的炮火轰炸。

　　这样的困境使得坦克部队没能派上太大用场。大多数参战的"圣沙蒙"都在距离敌军前沿阵地不远处陷入沟中，随后受到德军小口径和中口径火炮的直瞄射击和大口径火炮的猛烈覆盖。大多数"圣沙蒙"很快被打瘫。到当天午后时，法军的突击彻底丧失劲头，德军随即发起反击。一些法军部队被击溃逃窜，但其他的仍顽强抵抗，避免了部队的总崩溃。至攻势第一天结束时，法军的伤亡已经高达90000人，足足是最初预期的10000人伤亡的9倍。而推进距离则只有区区550米（600码），远没有达到预期的10千米（6英里）。

继续进攻

　　虽然遭遇了灾难般的开局，但攻势仍在继续，并在次日达到了高潮。此时法军进攻的目的已经不是突破德军的防线，而是吸引德军向该方向调动增援。这场战役此时已经或多或少地陷入了静态化，双方虽然打得热火朝天，但几乎没有取得进展。这并非一场运用新颖战术获得的伟大胜利，而依旧是一场老式风格的血腥搏杀。到4月29日这场攻势被叫停时，法军投入战斗的坦克部队已经几乎全灭，步兵部队则遭受了多达134000人的伤亡。虽然取得了一些微小的进展，且对德军造成了严重的伤亡，但这场战斗对于法军的不利影响却远远不止战场上的损失。

　　此轮攻势之后，几乎半数的法军部队都爆发了抗命甚至哗变。大多数部队都愿意防守他们当前的防区，或是执行一些能够依托其阵地发动的小规模攻势。在那些被命

令投入进攻行动的部队中出现了大量的"战场抗命"现象。虽然此时法军已经极度虚弱，但还是尽可能地试图向德军掩盖其发生哗变的事实。

尼维尔的职务被亨利·菲利普·贝当上将接替，贝当在上任后采取措施恢复了部队的士气，到6月底时情况已经得到改善。经过此次失败的攻势，法军已经充分认识到了继续向严密设防的坚固防线发动进攻无异于自杀。在发起未来的大规模攻势之前，法国步兵需要更好、更多的支援。

▼

被打瘫的英军坦克

如果突击行动取得成功，被打瘫的坦克还能够被回收修复，但如果行动失败，这些坦克就会被留在无人区，成为下一次进攻行动中必须克服的障碍物。

康布雷，1917年

CAMBRAI 1917

与大多数全新上阵的武器系统一样，要想充分地发挥坦克的作用，使用者必须为其制定合乎实际的运用条例，而这往往需要大量的试错。当时一些军方人士认为装甲战斗车辆是对资源的浪费，或者对其的兴趣仅出自对新事物的好奇。其他的一些军官则认为坦克的最佳用法是以小规模支援步兵，在进攻与反攻时提供掩护。而坦克的拥护者则大多认为坦克部队需要暂时养精蓄锐，直到囤积起足够多的数量后一次性大规模投入战斗。

▼

准备突击

1917年，康布雷战役发起前，一辆英军的Mk IV型坦克正驶向攻击出发阵地。

康布雷攻势中所动用的坦克数量

1917年11月20日

378辆	战斗坦克（9个营，每个营42辆）
54辆	补给坦克与火炮运载车
32辆	拖线钩坦克
2辆	架桥坦克
9辆	无线电坦克（每个营1辆）
1辆	运输坦克（负责运载可以连通到集团军司令部的野战电话）
476辆	总计

　　除了单纯的技术方面因素外，坦克的运用还面临着其他方面的反对声浪。许多"传统主义派"并不是没有认识到这种新型武器的价值，而是担心这种新式武器的运用会对自己所属的兵种的地位产生威胁。在过去的漫长历史中，骑兵一直被认为是战场上的"决定性力量"，因此当时的骑兵军官们极为担心在由坦克带来的全新作战模式下自身的优越地位是否会受到影响。同样的，高级指挥官们也对于指挥装甲部队感到担心，害怕他们对于如何运用装甲部队的不了解导致自己指挥的战役变成一场灾难。

　　对于尚处于襁褓阶段的坦克而言，"到底该如何融入现有的军事力量体系"是一个尚未得出答案的问题。由于配有火炮，坦克或许应该被视作是炮兵单位，但炮兵并不会在突击行动中打头阵。由于较强的机动性与能够突破敌军防线，坦克又与骑兵存在许多共同之处，但许多骑兵对于将骑兵与坦克相提并论感到愤慨。许多军官认为坦克应该作为配属支援力量融入步兵部队；而其他人则强烈呼吁建立起独立的装甲兵种。

战前准备

　　即便上述这些问题都能得到妥善解答，如何最大限度地发挥装甲战斗车辆的能力仍然是一个急需解决的问题。正因此事悬而未决，因此协约国指挥层发动一场以坦克为引导力量的大规模攻势需要非常大的决心。而要想确保这样的一场攻势能够取得胜利，协约国需要提前数个月的时间进行战役计划制订，并为这种尚未经过检验的武器系统进行后勤准备。这一切都存在着巨大的风险，但由于已经几乎无计可施，一场大规模的坦克攻势依然获得了协约国高层的批准。进攻的方向被选在了法国康布雷附近的一片区域，这是因为该区域的地形似乎比较适合装甲车辆展开行动。

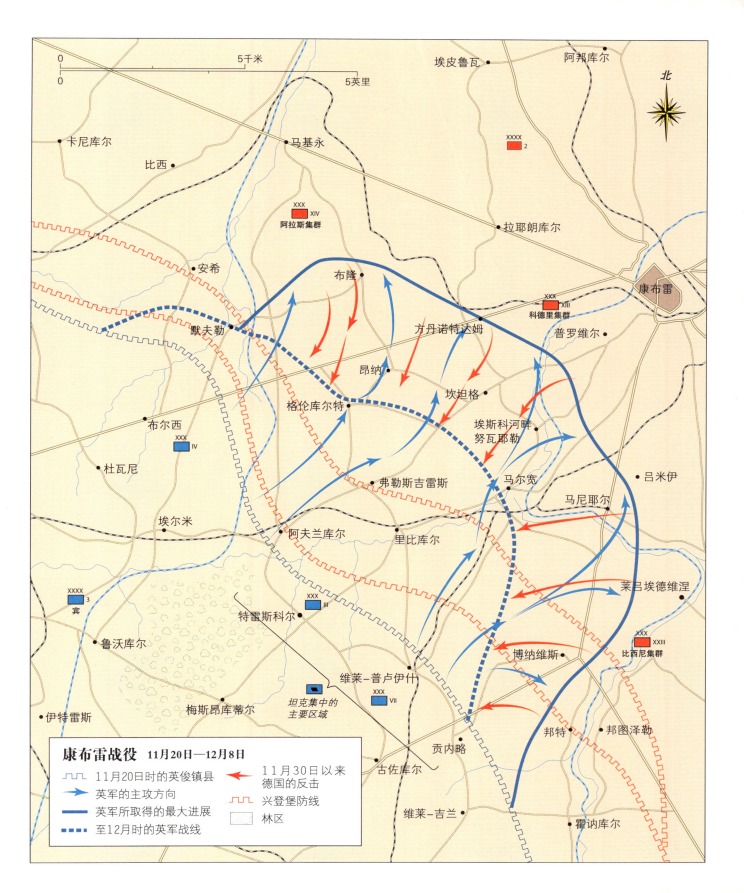

康布雷战役 11月20日—12月8日

- ⌐⌐⌐ 11月20日时的英俊镇县
- → 英军的主攻方向
- ━━ 英军所取得的最大进展
- ┅┅ 至12月时的英军战线
- → 11月30日以来德国的反击
- ⌐⌐⌐ 兴登堡防线
- ▦ 林区

地图标注：

卡尼库尔　比西　马基永　埃皮鲁瓦　阿邦库尔
安希　布隆　阿拉斯集群 XXX XIV　XXXX 2
默夫勒　方丹诺特达姆　拉耶朗库尔　康布雷
昂纳　科德里集群 XXX XIII　普罗维尔
格伦库尔特　坎坦格　埃斯科河畔努瓦耶勒
布尔西 XXX IV　弗勒斯吉雷斯　马尔宽　吕米伊
杜瓦尼　马尼耶尔
埃尔米　阿夫兰库尔　里比库尔　莱吕埃德维涅
宾 XXXX 3　特雷斯科尔 XXX III　博纳维斯　比西尼集群 XXX XXIII
鲁沃库尔　维莱-普卢伊什 XXX VII
伊特雷斯　梅斯昂库蒂尔　坦克集中的主要区域　邦特　邦图泽勒
古佐库尔　贡内略
维莱-吉兰　霍讷库尔

0 5千米
0 5英里

北

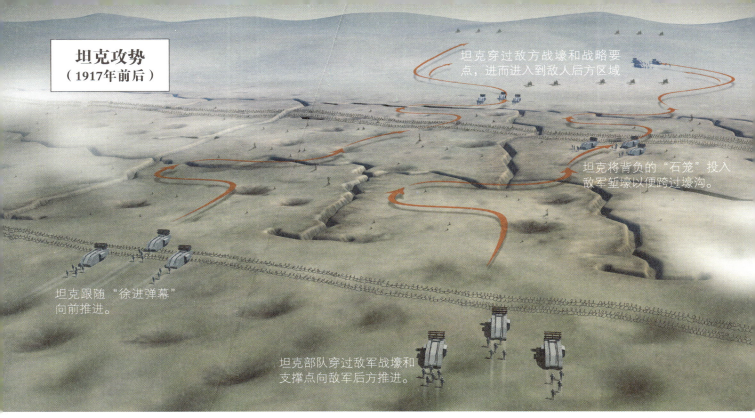

坦克攻势
（1917年前后）

坦克穿过敌方战壕和战略要点，进而进入到敌人后方区域

坦克将背负的"石笼"投入敌军堑壕以便跨过壕沟。

坦克跟随"徐进弹幕"向前推进。

坦克部队穿过敌军战壕和支撑点向敌军后方推进。

▲

步坦协同

每个由3辆坦克组成的坦克排都有一小队步兵跟随。步兵利用坦克庞大的装甲车体作为掩体躲避敌军火力。此外坦克还能够碾平铁丝网障碍或将其拖到一边。

从许多方面而言，这场行动及其战前准备工作几乎是为坦克量身定制的。由于长时间的火力准备会产生大量难以逾越的弹坑，甚至导致坦克难以抵近敌军堑壕，因此，英军决定只发动一场短促但猛烈，且不进行试射的炮火轰炸，随后立即发起突击。英军火炮不再是在试射后需要观测落点、校正、之后才转入正式射击，而是按照地图坐标直接开火。虽然这种火力准备方式并非专门为坦克作战而诞生，但猝不及防的突击在战场的其他方向上已经收获了良好的效果。以往的大规模火力准备往往只能向敌方告警，提醒他们攻势即将来临。

参战的英军步兵已经尽可能地接受了与坦克协同的训练，而坦克部队的主要精力却则在了对于坦克间的协同配合上。此时的英军坦克部队以3辆坦克组成的排为单位，每个排装备2辆仅配备机枪的"雌性"坦克与1辆配有6磅炮的"雄性"坦克。每辆坦克顶部都背负着一个巨大的柴捆，当遇到敌方堑壕时，坦克便会用柴捆填满堑壕，以便通行。

英军此时的标准坦克进攻战术中，坦克排会呈前三角队形向前推进，直至抵达敌方堑壕。此时领队坦克会将携带的柴捆投入敌军堑壕，但并不会跨越堑壕，而是向左转弯开始沿与敌方堑壕平行的方向前进，运用左侧舷台的枪炮对据守堑壕的敌军猛烈开火。与此同时，该排的另2辆坦克则会借助第一辆投下的柴捆跨过第一道堑壕，随后第二辆坦克立即向左转向，与敌军堑壕平行前进，同时向两侧堑壕开火。

第三辆坦克在跨过敌军支援堑壕（第三道战壕）之后也会左转沿着堑壕行进，用左侧武器射击支援堑壕内的守军，而右侧武器则会攻击出现在该方向的目标。通过这

样的战术安排，每个坦克排都能够肃清一段距离的战壕，而步兵部队则将进入并占领这些工事。随后坦克排会在敌军战壕防线后方重新组队，继续向敌军的下一道战壕防线推进。

除了担负上述任务的战斗坦克外，坦克部队中还配备了许多专用车辆。这些车辆中包括了一些专门配备了巨大的拉绳钩，能够钩开敌军铁丝网，为步兵打开通道的坦克，此外还有负责补给与通信任务（配备无线电）的坦克伴随主力坦克部队行动。

坦克突袭

康布雷攻势在最初被设想为一场"坦克突袭"（Tank Raid），而非一场为了取得决定性突破而展开的全面攻势。虽然在战役规划阶段这场攻势的规模有所扩大，但协约国方面并不指望这场进攻能够取得巨大的胜利。因此，虽然协约国依旧安排了骑兵部队待命，在突破德军防线后负责向纵深方向突击，但他们的部署地点距离前线太远，难以快速反应。

从另一个角度来看，康布雷攻势却可以称得上是一次竭尽全力的进攻。刚刚得名英国坦克兵（British Tank Corps）的英军坦克部队倾巢而出，投入476辆坦克参战。这些坦克中大多数是Mk IV型。Mk IV型是此次攻势中英军"战斗坦克"的主要组成部分，而装甲防护更为薄弱的Mk I型和Mk II型则被改造成了特种车辆。

◄

直接命中

坦克被大口径炮弹直接命中的可能性很低，但一旦不幸被打中，后果往往是灾难性的。即便坦克中的乘员没有当即被杀死，他们也很有可能被困在正在熊熊燃烧的坦克残骸内无法逃生。

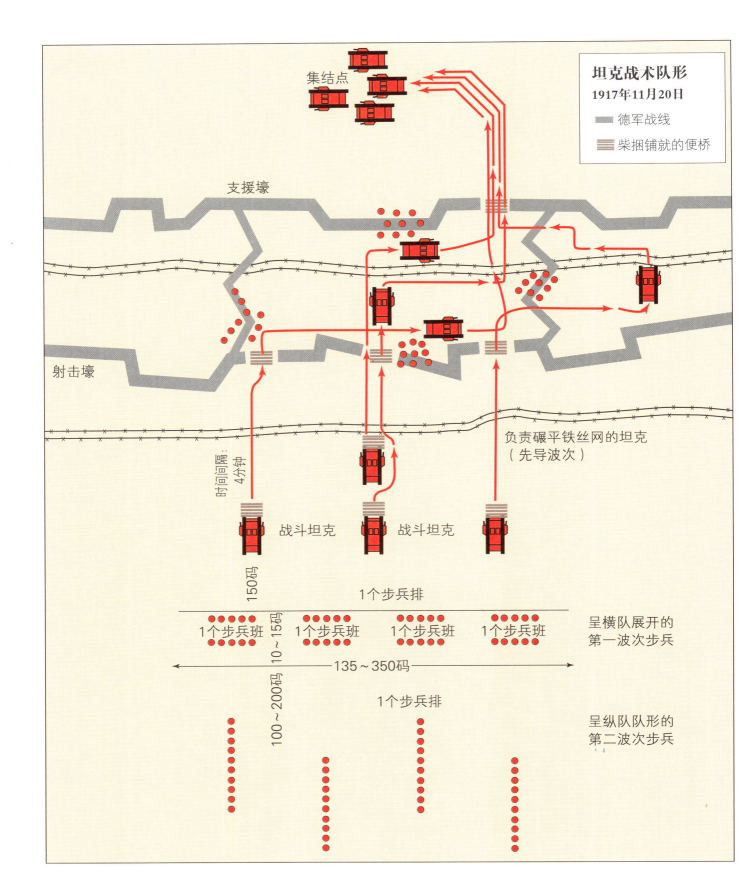

坦克战术队形
1917年11月20日
▬▬ 德军战线
▒▒ 柴捆铺就的便桥

集结点

支援壕

射击壕

时间间隔：4分钟

150码

战斗坦克　　战斗坦克

负责碾平铁丝网的坦克
（先导波次）

1个步兵排

1个步兵班　1个步兵班　1个步兵班　1个步兵班

10～15码

100～200码

135～350码

呈横队展开的
第一波次步兵

1个步兵排

呈纵队队形的
第二波次步兵

在超过1000门火炮的短促炮火准备后，康布雷攻势于1917年11月20日开始。攻势完全达成了突然性，在对敌军阵地发起短暂的炮击后，协约国炮兵很快转为在英军突击部队前方铺设一道"徐进弹幕"，坦克则开始向前开进。德军的抵抗最初零星而微弱，英军突击部队在没有遭遇太大困难的情况下抵达了德军的前沿堑壕。

但随着突袭所带来的惊恐逐渐消退，德军开始找回章法，抵抗也逐渐加强。但此时德军的防御对于英军而言依然只是微不足道的麻烦，一些德军部队的确设法坚守住了阵地，但其他部队纷纷撤退。德军发动了多次反击，但均被英军坦克及其伴随步兵的强大火力击退。英军在切实地实施了此前演练的步坦协同作战的区域基本取得了成功，但在一些区域，步兵与坦克之间发生了脱节，因为无法互相掩护而陷入停滞。

战术胜利

到当天结束时，英军步兵已经在某些区域向前推进了8千米（5英里），这在第一次世界大战的堑壕战中可以说是一个极为罕见的成就。不过英军未能彻底突破德军战线，将战术胜利转化为战略胜利。虽然部分担负支援任务的骑兵部队的确能够在推进过程中发挥作用，但在为了一个合适的机会苦等数年后，当时机来临时，骑兵部队却未能做好准备，因此没能取得如其他兵种一样的成就。

当然，坦克和步兵部队也仅是取得了一场战术上的胜利。英军在次日再度开始向前推进，但此时德军已经获得了预警并决心坚守到底。英军的突击最终失去了劲头，并在此后的几天中稳步后撤。此后德军发动的一场反攻扭转了局势，并夺回了大多数失地。

在康布雷战役期间，英军有65辆坦克因敌军行动而瘫痪，另有114辆因地形或机械故障而抛锚，不过上述坦克中有许多都被回收并再度投入使用。虽然"坦克突袭"行动最终取得的战果只有缴获150门德军火炮，但这场攻势雄辩地证明了大规模运用坦克战术可以相当高效。

尽管康布雷战役并没有在战略上取得决定性成果，大多数战术层面的进展也很快被敌方击退，但这场战斗对于整个战争的进程产生了深远的影响。在充分认识到坦克的作战能力后，协约国决定大量制造坦克并将坦克击中大规模运用。坦克攻势将在此后的战争中取得战略性的突破，并加速了德国陆军的最终崩溃。如果坦克部队在康布雷的行动功败垂成，协约国可能会重拾大规模步兵突击战术，从而显著拖长战争的进程。

康布雷战役的经验似乎表明坦克应当被视作是一种步兵支援武器，因此步兵的推进速度直接限制了坦克的前进速度。这一观点会在此后多年的时间中影响协约国军事规划层的思维，但其中也有一些"异类"开始认为坦克才应当成为地面战场的先锋，而其他兵种则需想办法跟上坦克的脚步。

◄◄

坦克战术

早期的坦克战术依旧较为复杂。每1辆坦克都被指派了所需负责的区域，步兵将紧紧跟在坦克后方并负责占领阵地，而坦克则继续向前推进。

坦克对阵坦克——维莱–布勒托内，1918年

TANK-VS-TANK VILLERS-
BRETONNEUX 1918

　　德国并没有如英国和其他协约国成员一样给予装甲战斗车辆高度的重视，德国的坦克研制项目不仅姗姗来迟，而且算不上热心。甚至是到德国决定组建一支装甲突击部队时，该部队装备的缴获英制和法制坦克的数量也要远远多于德制坦克。被德军缴获的协约国坦克大多是在进攻战斗中因机械故障或地形原因抛锚，因此在被缴获时多多少少仍能够开动起来。

德制坦克的武器配置

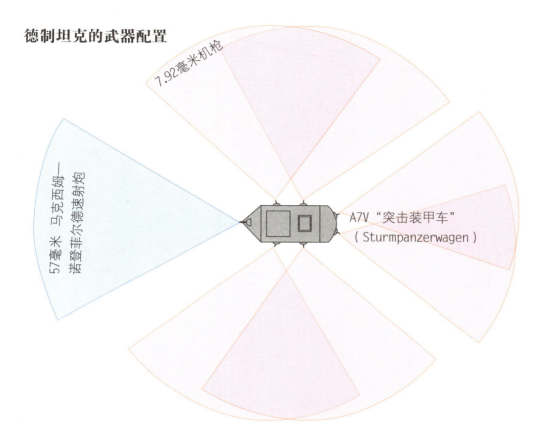

7.92毫米机枪

57毫米 马克西姆—诺登菲尔德速射炮

A7V "突击装甲车"
（Sturmpanzerwagen）

◄

A7V的火力

A7V的车载武器能够同时向多个方向射击，但每具武器的射界都极为有限，从而形成了多个"火力死区"（dead zones）。

　　A7V坦克是德国在第一次世界大战期间唯一投入战场的自主设计坦克，但由于设计上瑕疵过多，这型坦克的可靠性甚至比英国和法国坦克都要糟糕。体型庞大的A7V是一个显眼的目标，其装甲上遍布的弱点和窝弹区更使得这型坦克在敌军火力之下显得脆弱。在那个坦克被视作帮助步兵突破堑壕的辅助车辆的时代，A7V极低的车底离地净高使得其极为容易在行驶中被陷住。此外，该型坦克的车组人数众多，互相之间的交流也颇为不易。

　　德国的其他坦克设计方案则更为完善，但未能在战争结束前成为现实。这些设计方案涵盖了从基于装甲汽车设计，配备一座装有机枪的炮塔的轻型坦克，倒可以被视作是放大版Mk Ⅳ型等英制坦克的庞然大物"突破坦克"（K型坦克）。其中巨大的"突破坦克"预定安装4门77毫米（3英寸）主炮，以及多达7挺的机枪，车组人数不会少于22人。虽然这型坦克要比A7V巨大许多，但其设计却在某种程度上更为实用。相比A7V，K型坦克车高更为低矮，使得其更不容易招致敌军炮火，恶劣地形通过能力也更加优秀。但即便如此，K型坦克仍然是一型不切实际的设计，即便走上战场，其表现也不见得会比A7V更好。

◄◄

华而不实的"白象"

德军的A7V坦克乍一看的确令人望而生畏，但作为一型武器而言却只能算是对资源的浪费。该型坦克的完工数量太少以至于派不上什么用场。在投入实战后该型车所取得的战果也寥寥无几。

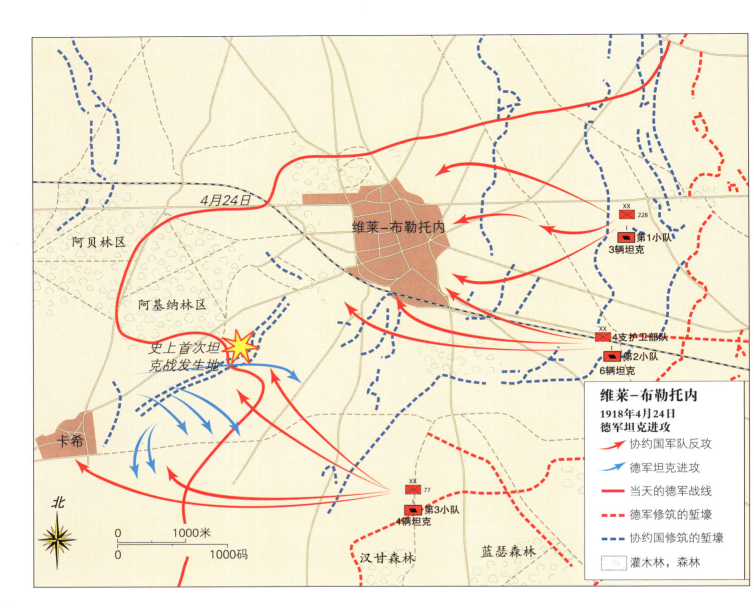

维莱-布勒托内

1918年4月24日
德军坦克进攻

→ 协约国军队反攻
→ 德军坦克进攻
— 当天的德军战线
--- 德军修筑的堑壕
--- 协约国修筑的堑壕
☐ 灌木林，森林

史上首次坦克战发生地

维莱–布勒托内

阿贝林区

阿基纳林区

卡希

北

0 ___ 1000米
0 ___ 1000码

XX 228
■ 第1小队
3辆坦克

XX 4支护卫部队
■ 第2小队
6辆坦克

XX 77
■ 第3小队
4辆坦克

汉甘森林　　蓝瑟森林

4月24日

▲
坦克对阵坦克

维莱–布勒托内坦克遭
遇战出乎了双方的预
料，但考虑到协约国方
面巨大的坦克数量，双
方坦克之间的对决迟早
会发生。

维莱–布勒托内攻势

　　1918年4月，为了突破协约国在亚眠一带的防御，德军在毒气弹的掩护发动了进攻。德军成功占领了维莱–布勒托内，从而打开了通往亚眠的道路，并有机会借此取得决定性的突破。为了应对这一威胁，澳大利亚步兵部队受命趁德军立足未稳发起反击。这场在夜间发起的反击取得了成功，迫使德军撤退。

　　3辆隶属于英军的Mk IV型坦克被调到此处以防德军再度进攻。根据当时的战场经验，这个坦克排是由1辆"雄性"与2辆"雌性"坦克组成的。"雌性"坦克仅配备有机枪，主要负责反步兵作战，而"雄性"坦克除了机枪之外还配备有6磅炮，能够打击对方的掩体或工事。

　　虽然"雄性"坦克所配备的火炮足以摧毁德军的装甲车辆，但此时英军根本没有想到过会让坦克承担反坦克任务；作为步兵支援车辆，当时的英军坦克需要面对敌军的反坦克火炮或是步兵阵地，但不太可能遭遇敌军装甲车辆。直到此时，坦克与坦克之间还从未发生过战斗。

德军坦克抵达

　　当英军装甲部队开始向前推进时，1辆德军A7V坦克发现了英军坦克并向其开火。除了6挺机枪之外，A7V还配有1门与英军的6磅炮性能相当的57毫米（2¼英寸）主炮。A7V的主炮直接安装在车体正前方，与机枪一样都是安装在射界有限的回转基座上，

装甲反攻

英军在反攻中投入了多辆"赛犬"轻型坦克。"赛犬"在战斗中用轻机枪射击敌军步兵，甚至还对敌军进行冲撞碾压。部分英军坦克在战斗中被德军炮火击瘫。

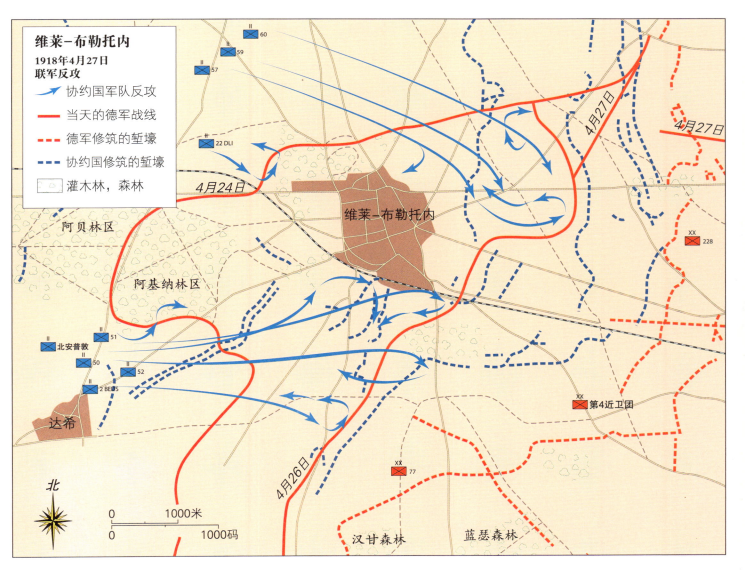

这种外形让A7V看上去更像是一座移动堡垒而非装甲战斗车辆。虽然A7V坦克配备了极为强大的火力，但这些武器的射界分布在车体四周，无法集中火力攻击单个目标。

相比之下，英军坦克的主要武器被安置于车体侧面的舷台上，具备更为优越的射界。虽然菱形坦克不如拥有全向射界的炮塔式坦克，但此时炮塔式坦克尚在研制当中，还未走上战场。不安装炮塔降低了坦克的建造难度，但是在许多方面都存在严重缺陷。如果配备炮塔，坦克仅需一套主武器便能向所有方向射击，而采用舷台或固定炮座的坦克则需要多门武器才能覆盖所有方向，更多的武器会让坦克的车组人数、重量和尺寸节节攀升。

此外，炮塔的回转速度要显著快于坦克的车体转向速度，使得主武器能够更快地对准敌人。炮塔安装位置较高，也使得炮塔式坦克运用障碍物隐蔽车体，施展"车体隐蔽"（Hull down）战术。能够对任意方向的敌军移动目标发起攻击，以及尽量压低

▼

识别符号

英军坦克通常使用车体上的彩色竖条识别敌我，避免与被德军缴获的坦克相混淆。

坦克总体尺寸对于提升坦克的战斗效率非常重要。

A7V坦克对英军的"雌性"坦克发动了射击，而后者则用机枪进行反击。A7V坦克的防护显著优于英军坦克，其主装甲厚达30毫米（1英寸），而"雌性"坦克的装甲仅为12毫米（$\frac{1}{2}$英寸）。因此，英军的机枪对于德军坦克而言只是隔靴搔痒。2辆"雌性"坦克的车组此前已经因毒气弹出现了伤亡，在被德军坦克击伤后被迫撤退。

坦克大混战

英军的"雄性"坦克此时赶了上来，并用6磅炮与A7V展开对射。虽然"雄性"坦克取得了命中，但炮弹未能击穿A7V的装甲。不过即便没有击穿，命中的炮弹仍然能够通过车体内侧崩落后四散飞溅的灼热装甲碎片杀伤坦克车体内的乘员和设备。在受到些许损伤后，德军坦克开始一面躲避英军的炮火，一面以最快度的速度移动车身，试图将主炮对准英军坦克。

这辆A7V随后驶上了一处斜坡，由于体型过大，重心过高，该车很快翻倒。虽然世界上第一个坦克对坦克的"战果"着实有些令人哭笑不得，但这辆德军坦克的确因此退出了战斗。另2辆德军坦克也很快赶来，开始对英军的Mk IV坦克发起攻击。

虽然双方此后又进行了一段时间的对射，但由于当时的坦克炮控系统还极为原始，双方都难以命中处于运动中的敌方坦克。虽然当时的坦克主炮就攻击静止工事而言已经足够，但在射击另1辆坦克时命中率却极低。在经过一段时间的较量后，1辆A7V的车组弃车徒步逃离，另1辆也匆忙撤退。

▲

战斗中的A7V

对敌军而言A7V坦克是一个显眼的目标，且存在着大量的弱点。A7V坦克只能在相当平坦的地面上自如行驶，因此在突破敌军堑壕的行动中根本派不上用场。

苏瓦松，1918年7月

SOISSONS JULY 1918

在协约国的海上封锁逐渐扼杀着德国的战争能力，长期战争使得德军士气低落，筹措补充损失所需的兵员也愈发困难的情况下，德军高层非常清楚，他们必须打破这样的死局，在美国军队大批抵达欧洲前赢得这场战争。为了扭转败局，德军决定实施"迈克尔攻势"（Operation Michael）。

"迈克尔攻势"旨在从英法两军的战线接合部实现突破，将英军驱赶向英吉利海峡沿岸各港口，将法军向巴黎方向逼退。这一计划与德军在1914年的攻势没有太大变化，从战略上看也很是合理，但即便是对于士气高昂的1914年德军而言，"迈克尔攻势"也超出了能力范围，而对于1918年已经彻底疲敝的德军而言，这就是一场孤注一掷的豪赌。

在这场攻势的初期，德军进展较为顺利，德军的胜利部分归功于新颖的"风暴突击队"（Stormtrooper）战术。根据该战术，德军小股轻步兵部队将渗透敌军前线并绕过坚固支撑点，而非与堑壕守军进行硬碰硬的厮杀。在协约国已经开始依赖坦克作为突击的先头力量的同时，同盟国运用"风暴突击队"战术也取得了同样的成功。德军的一连串突击行动在多个地域成功将协约国军队击退，但这场攻势最终还是进入了僵持局面。

这场攻势中双方都蒙受了惨重的伤亡，但协约国方面能够得到美国远征军的支援，而德军则难以弥补收到的损失。但即便如此，德军还是在接下来的几个月中继续发动攻势以扭转局面，并不时取得巨大进展。到7月18日时，德军已经朝着巴黎方向打出了一个巨大的突出部，但在1918年8月的第二次马恩河会战后，德军已经无力继续发动进攻，被迫转入守势。

法军的坦克作战

在德军的1918年春季攻势期间，法军的坦克被集中用于发动反击行动。此时法军所使用的坦克中，较重的型号主要是"圣沙蒙"与"施耐德"坦克。较新且较轻的"雷

诺"坦克于1917年年初服役，最初被用作重型坦克连的指挥车。到1918年年初时，"雷诺"坦克已经投入全速生产，且法军已经编成了全面装备该型坦克的轻型坦克营。

较重的两型坦克此时依然表现不佳。即便是配属的步兵接受了帮助坦克跨过恶劣地形的专门训练，这两型坦克依然经常在战场上动弹不得，此外还免不了当时的坦克都会频繁出现的机械故障。在两型坦克中，"圣沙蒙"的表现尤为蹩脚，即便没有任何的敌军阻碍也会经常陷入麻烦之中。

虽然存在上述的问题，法军坦克部队还是成功完成了收复德军攻占的领土这一任务。在这一阶段，坦克部队主要是以小规模投入战斗，但在6月初，法军集结了一支庞大的坦克部队在诺永（Noyon）至蒙迪迪耶一线发起反攻。这是一场成功的反击行动，不过此战中的损失意味着法军必须用"雷诺"轻型坦克填补重型坦克部队的空缺，使得部分坦克营配备着轻重两型坦克，不过轻型坦克营依然全部装备"雷诺"坦克。

协约国反攻

德军于1918年6月15日发动了最后一场大规模攻势，但这场行动只持续了2天就偃旗息鼓，在德军的突出部上形成了两个巨大的凸角。其中一个凸角切断了亚眠附近的铁路线，扰乱了协约国军队的后勤与部队调动；而另一个凸角则威胁着巴黎。消灭这两个凸角因此成为了协约国反攻的首要任务。这一任务落在了法军的4个集团军头上，英军和美军部队将提供支援。

▼
"施耐德"突击坦克
（Char D'assault）
以"霍尔特"拖拉机底盘建造的"施耐德"坦克在入役后大多作为无武装的补给运输车使用。

敦刻尔克
奥斯滕德
安特卫普
加莱
根特
比利时军
阿尔伯特
布鲁塞尔
布洛涅
图尔宽
阿尔芒蒂耶尔
鲁贝
阿尔布雷希特
塞纳河
列日
贝蒂讷
里尔
比 利 时
布鲁埃
朗斯
芒斯
沙勒罗瓦
列万
杜埃
桑布尔河
英国远征军
阿拉斯
瓦朗谢讷
黑格
埃斯考河
莫伯日
皇太子
康布雷
亚眠
圣昆廷
瓦兹河
沙尔勒维埃
拉梅齐埃
拉昂
博韦
加尔维茨
贡比涅
预备队
兰斯
萨隆
法约尔
圣日耳曼
圣丹尼斯
埃佩尔奈
北
巴黎
北部集团军
弗兰克·托佩塞西
凡尔赛
圣迪泽
科尔贝
奥布河
马恩河
塞纳河
枫丹白露
中部集团军
特鲁瓦
迈斯特
0   400千米
法
国
0   400英里

10月6日

西线战场
德军攻势
1918年3月至7月

—— 协约国战线

- - - 索姆河攻势，3月21
日—4月4日

—— 利斯河攻势，4月9日—
29日

········· 埃纳河攻势，5月27
日—6月4日

- - - 努瓦永-蒙迪迪耶进
攻，6月8日—12日

德国

卢森堡

·萨尔布吕肯

·梅兹
福尔巴克· ·萨古敏

·蓬阿穆松

·南希

·吕内维尔

圣迪

XX
■ 东部集团军 ·埃皮纳勒
斯泰尔诺

| 2500 |
| 1500 |
| 1000 |
| 500 |
| 200 |
| 100 |
| 0米 |

美军参战部队中一部分被编入了法军的指挥体系内，但仍有8个师留在美军的指挥之下，作为反攻的预备队。相比欧洲国家军队，美军的步兵师编制更大，且完全是兵员充足的生力军，因此他们的战斗力要显著强于此时的法军和德军步兵师。

此轮反攻也是法军首次完全以坦克部队的战斗力为基础发起的攻势。在此前的攻势中，法军从未有过在坦克突击前进行突然火力袭击，也没有投入全部的坦克部队。而此轮反攻中，法军投入了所有可用的重型坦克，坦克后方跟随着16个协约国师，其中有2个是美国师。进攻部队的当面有10个德国师，但这些师已经在此前的攻势中遭受损失，兵员数量不足。此外，这些步兵师的炮兵部队中有许多都被调往了弗兰德斯，支援德军计划在该方向发动的攻势。由于德军占领阵地的时间不长，因此协约国军队得以向较为简陋的防御发动攻击，而非进攻如战争前期一般的坚固堑壕防御体系。

第10集团军，做先锋

法军的反攻于7月18日开始，以第10集团军为主攻，另外3个集团军负责支援。在首轮进攻中法军投入了6个重型坦克营，另有一个由3个轻型坦克营组成的旅作为预备队。这场进攻完全出乎了敌军的意料，利用早晨的浓雾，法军先头部队在3个小时内成功楔入德军战线3千至4千米（1.9～2.5英里）。

第10集团军在进攻的第一天出动了324辆坦克，其中225辆投入了战斗。所有的重型坦克部队都发起了进攻，而轻型坦克部队只有1个营参与了进攻。虽然德军有大量火炮被调走，但还是有62辆坦克被炮兵火力击瘫，另有40辆因其

◀

德军春季攻势

德军春季攻势可以被视作是德军为了赶在美国生力军抵达战场前赢得战争的最后一次尝试。虽然这轮攻势取得了重大的成功，但赢得战争的胜利显然超出了已经疲惫的德军的能力范围。

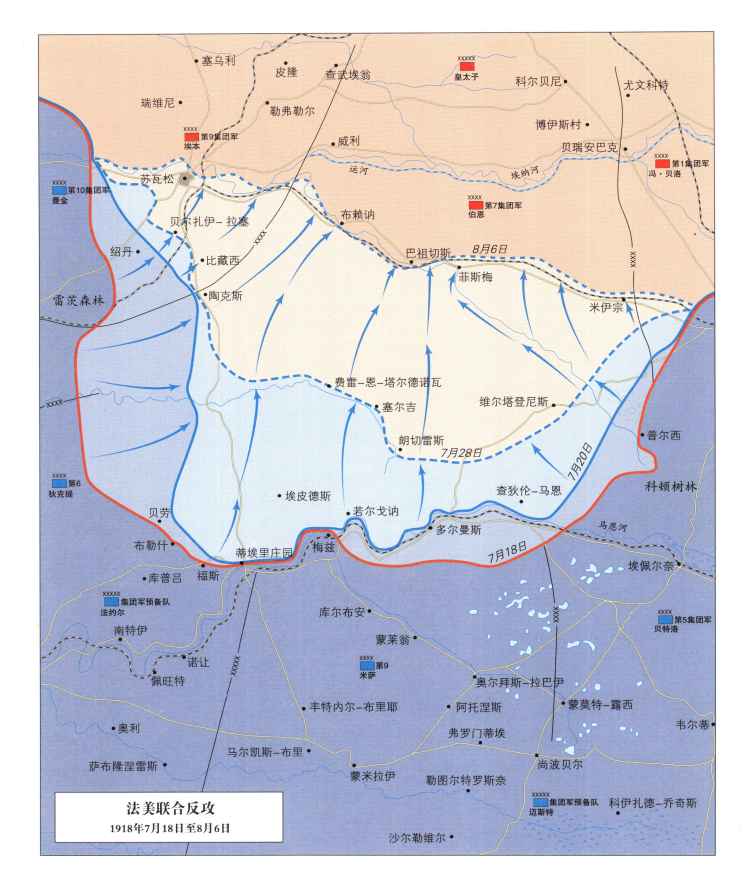

塞乌利 •　　皮隆 •　查武埃翁

瑞维尼 •　　勒弗勒尔

XXXXX
皇太子　　科尔贝尼 •　　　尤文科特

博伊斯村 •

贝瑞安巴克

XXXX
第9集团军
埃本

威利

运河　　　埃纳河

XXXX
第1集团军
冯·贝洛

XXXX
第10集团军
曼金

苏瓦松

贝尔扎伊－拉塞

布赖讷

XXXX
第7集团军
伯恩

绍丹

比藏西

巴祖切斯　　8月6日

菲斯梅

陶克斯

米伊宗

雷茨森林

费雷－恩－塔尔德诺瓦

塞尔吉

维尔塔登尼斯

XXXX

普尔西

XXXX
第6
狄克提

朗切雷斯

7月28日

科顿树林

埃皮德斯

若尔戈讷

查狄伦－马恩

7月20日

贝劳

多尔曼斯

马恩河

7月18日

布勒什

蒂埃里庄园　梅兹

福斯

库普吕

埃佩尔奈

XXXXX
集团军预备队
法约尔

库尔布安 •

XXXX
第5集团军
贝特洛

南特伊

蒙莱翁 •

诺让

XXXX
第9
米萨

佩旺特

奥尔拜斯－拉巴伊

蒙莫特－露西

丰特内尔－布里耶 •

阿托涅斯 •

韦尔蒂

奥利 •

弗罗门蒂埃 •

马尔凯斯－布里 •

尚波贝尔

萨布隆涅雷斯 •

蒙米拉伊 •

勒图尔特罗斯奈 •

XXXXX
集团军预备队
迈斯特

科伊扎德－乔奇斯

沙尔勒维尔 •

法美联合反攻

1918年7月18日至8月6日

他原因损失。当然，作为先导的几支坦克部队的损失最为严重。

由于许多重型坦克都无法继续作战，法军不得不将轻重型坦克混编起来，投入次日的推进中。在19日法军共出动了105辆坦克，这些坦克也再度因为机械故障，恶劣地形和敌军攻击而损失惨重。第3重型坦克营在18日攻击发起时尚有27辆坦克，到7月19日结束时仅剩2辆可用。第12重型坦克营则到完成作战目标时损失了30辆坦克中的29辆——这还没有算上在18/19日夜间补充的坦克。

在此后持续一天的巩固战果的战斗中，法军投入的35辆坦克又有17辆损失。此后法军继续推进，并集结了100辆坦克发动了一场大规模进攻。这场进攻虽然取得了成功，但德军的反攻又将法军击退。在再度集结之后，残存的坦克部队参加了23日的最后一轮进攻，投入82辆坦克。在进攻结束后，已无力再战的坦克部队被转入预备队。

其他方向的坦克作战

与此同时，第6集团军也在为了策应第10集团军的主攻发动攻势。该集团军配属了1个重型坦克营和3个轻型坦克营，并在18日的进攻中进展顺利，但坦克部队的损失依然如往常一般惨重。损失的坦克中大多是由于机械故障而在战场上抛锚，其中一些故障车辆很快得到修复。但即便如此，装甲支援力量的损耗速度依然很快。在19日，每个参加进攻的步兵营通常能够得到5辆坦克的支援，但到了26日，能够继续战斗的坦克已经寥寥无几。

除了参加进攻的坦克部队之外，其他坦克部队一度调往了受到德军攻势威胁的兰斯方向。在遏制住敌军的攻势后，这批坦克部队又被投入到了第9集团军的进攻行动中。到7月23日时，战线已经大体稳定。虽然此后战斗仍持续了一段时间，但法军在23日后的进攻收效甚微。这场攻势对于法军坦克兵和协约国而言都是一场辉煌的胜利，并沉重打击了德军的士气。

结果与后续影响

法军的反击行动消除了德军对巴黎的威胁，并收复了大片在德军的春季攻势中丢失的领土。此次反攻对德军士气的影响也巨大，德军不仅在这场攻势中深刻领教了协约国大规模坦克突击的威力，而且也认识到了新近抵达的美国远征军是一个值得敬畏的强大对手。

"施耐德"与"圣沙蒙"坦克在此次反击中的表现依旧令人失望，不过新型的"雷诺"轻型坦克却赢得了不错的名声。通过由多个公司批量生产，"雷诺"坦克很快大量投入服役。在产量的高峰期，1周时间便足以让1个坦克营走下生产线。"雷诺"坦克的优秀令其他的法国早期坦克黯然失色，也让该型车成为第一次世界大战期

◄◄

协约国的反击

新式战术与美国援军的结合让协约国快速扭转了德军春季攻势造成的不利局面。

间法国最重要的一型坦克。

　　"雷诺"坦克还参加了1918年8月和9月进行的小规模反击作战和新一轮攻势。"雷诺"坦克远比"施耐德"与"圣沙蒙"坦克轻小，但将主武器配备于可全向旋转的炮塔内。该型坦克的车组仅有两名乘员，但作战效率却与拥有多达9名乘员的"圣沙蒙"坦克相差无几。

　　"雷诺"坦克的炮塔武器通常为1挺机枪或1门37毫米（$1\frac{1}{2}$英寸）火炮，也有少量配备的是75毫米（3英寸）主炮。由于主要执行步兵支援任务，该型车的行程较短，且速度非常缓慢。从某种意义上而言，该车在第一次世界大战期间的巨大成功在两次世界大战期间的"间战年代"反而成为了一大负担。由于尚有大量的"雷诺"坦克可用，法军并没有积极跟随坦克设计的发展，直到1940年仍大量装备着这种已经彻底过时的第一代坦克。在第二次世界大战期间，仍有许多"雷诺"坦克被部署在马其顿防线的固定阵地上。

　　在战后的多年中，苏瓦松会战的结果依旧对军事思想领域产生着重大影响。德国最高统帅部将这场战斗的失利主要归因于法军集中投入装甲部队。而集中利用装甲部队理念将在此后的20年乃至更长时间内成为德国军事思想中的一个关键组成部分。

▼

代表未来

虽然相较于当时的其他坦克，"雷诺"FT-17的体型相当袖珍，但该型坦克是一种高效的步兵支援平台，同时也是所有早期坦克中使用时间最长的。

德国军队的至暗之日，1918年8月

BLACK DAY OF THE GERMAN ARMY AUGUST 1918

　　虽然未能从第二次马恩河会战带来的损失中彻底恢复，但德军还是在1918年8月初稳住了战线。此时联军虽然在马恩河一线的防御作战中取得了重大胜利，但却并没有借此机会立刻转守为攻。显然，德军并未对此产生足够的警觉。

　　但协约国方面并不像表面上那样打算采取守势。在德军发起马恩河攻势的同时，英军和法军都在集结装甲部队，为在亚眠方向进攻进行准备。协约国选择亚眠作为进攻地点也有到该地区的地形适合坦克作战的考虑，可以说协约国军队已经将此次攻势的希望寄托在了坦克部队身上。在马恩河战场，德军投入了多达52个师的兵力对协约

▼

法美协同作战
美军在第一次世界大战期间组建了坦克部队，但在参战之初，支援美军步兵的还是装备了"施耐德"重型坦克的法军坦克部队。

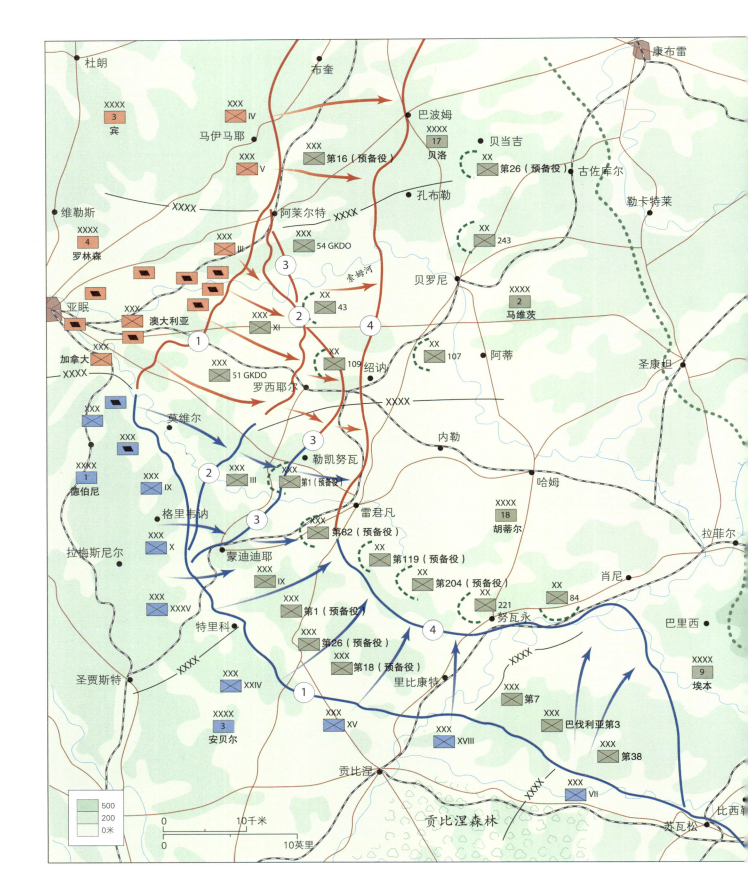

杜朗 • 布奎
康布雷

XXXX
3
宾

XXX
IV

马伊马耶

XXX
V

XXX
第16（预备役）

巴波姆

XXXX
17
贝洛

• 贝当吉

XX
第26（预备役）
古佐库尔

• 勒卡特莱

维勒斯 •

XXXX
4
罗林森

XXX
III

XXXX
XXXX

XXX
54 GKDO

• 孔布勒

索姆河

XX
243

XXX

3

XX
43

贝罗尼

XXXX
2
马维茨

亚眠

XXX
澳大利亚

XXX
XI

2

4

XX
107

• 阿蒂

圣康坦

1

XXX
加拿大

XXX
51 GKDO

罗西耶尔 •

XX
109 绍讷

XXXX

• 内勒

XXXX

莫维尔 •

XXX

2

XXX
III

XXX
第1（预备役）

• 勒凯努瓦

3

XXX

3

雷君凡 •

哈姆

拉菲尔

德伯尼

XXXX
1

XXX
IX

格里韦讷 •

3

XXX
第82（预备役）

XXXX
18
胡蒂尔

XXX
X

拉梅斯尼尔 •

蒙迪迪耶

XXX
IX

XX
第119（预备役）

XX
第204（预备役）

肖尼 •

巴里西 •

XXX
XXXV

特里科 •

XXX
第1（预备役）

XX
221
努瓦永

XX
84

XXXX
9
埃本

圣贾斯特 •

XXXX
XXXX
3
安贝尔

XXX
XXIV

XXX
第26（预备役）

XXX
第18（预备役）

里比康特 •

XXXX

XXX
第7

1

XXX
XV

XXX
XVIII

XXX
巴伐利亚第3

贡比涅 •

XXX
第38

XXXX
XXX
VII

贡比涅森林

比西轨

苏瓦松

500
200
0米

0   10千米

0   10英里

国战线发起攻势。而在亚眠战场上，协约国投入攻势的部队数量虽然比德军要少得多，但集结了600辆左右的装甲战斗车辆作为矛头。

　　协约国军队对此次行动保密工作较为成功，在没有让德军警觉的情况下完成了攻击部队的集结。此外，在攻击发起前，协约国炮兵也没有进行长时间的炮火准备，而是利用航空侦察引导火炮按照地图坐标实施覆盖，首先打击德军的炮兵和防御阵地，然后发射徐进弹幕掩护部队推进。

　　参加亚眠攻势的步兵部队主要来自澳大利亚和加拿大军队。由于步兵部队与炮兵配合出色，在清晨浓雾的隐蔽下，协约国军队快速突破了德军的第一道防线，并在进攻发起后4个小时内便在德军第二道防线上打开了一道缺口。

　　当时的反坦克武器还较为原始，主要是常规火炮或专用型反坦克炮，由于需要马匹拖曳，这些火炮的移动速度缓慢。得益于较快的推进速度，协约国坦克及其伴随步兵损失相对轻微。由于协约国军队的步步紧逼，德军无法建立起一条新的防线。

　　由于协约国方面投入新的生力军继续推进，大量的德军防御部队在8月8日被直接击溃，这一天也因此得名"德国军队的至暗之日"（Black Day of the German Army）。在攻势中，协约国装甲部队展现了此后装甲突击作战中的常见战术：通过切断敌军交通线、摧毁敌军指挥所对敌方防御造成沉重打击。德军大量部队溃逃，其中一些溃兵甚至对那些试图重新构筑防御的部队大加嘲讽。

　　相对较小的损失使得协约国军队能够继续保持势头，向前发起攻击，但在经过4天的战斗后，投入进攻的装甲部队已经所剩无几。不过损失的坦克中多数都是因为机械故障或是地形恶劣而退出战斗，因此能够在回收修复后继续参战。在此期间，双方似乎又重返了索姆河式的攻防较量中。由于协约国方面8月持续不断的进攻，德军最终全面收缩至兴登堡防线。这些以坦克为先导攻势标志着第一次世界大战已经步入尾声。

向亚眠地区前进
1918年8月8日至8月25日

→ 协约国军推进方向
→ 法军推进方向
— 协约国战线
— 法军战线
--- 德军后备阵地
··· 兴登堡防线

① 1918年8月8日的前线
② 1918年8月9日的前线
③ 1918年8月10日的前线
④ 1918年8月25日的前线

◀◀

成功的攻势

通过达成战役突然性和投入压倒优势兵力，亚眠攻势导致了当面德军部队的崩溃。协约国装甲部队摧毁了德军的指挥所，从而导致德军部队群龙无首，即便是尚愿一战的部队也手足无措。

联盟军的推进
1918年9月至11月

截止到1918年11月11日
被协约国占领的地区

停战协议签订时仍被德军
占领的地区

▲

11月停战

到1918年11月，德国已经因为国内
政治冲突与国民经济崩溃乱作一团。
主动停战由此成为了避免协约国军队
攻入德国本土的唯一选项。

▶▶

协约国的推进

在战争的最后几个月中，西线重新回归运动
战状态。精疲力竭的德军此时已经无力构筑
起一道足以抵挡协约国装甲部队的防线。

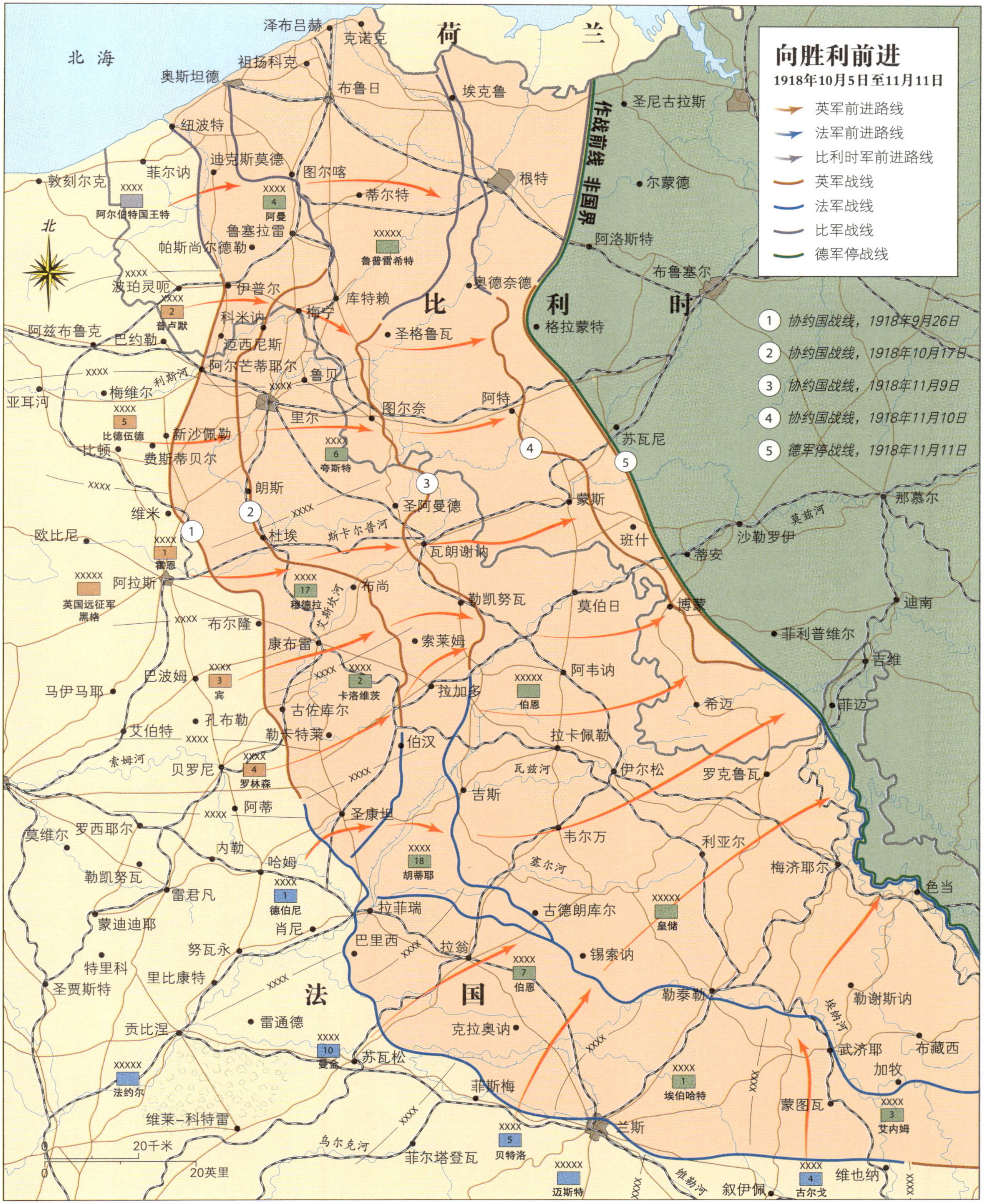
向胜利前进
1918年10月5日至11月11日
英军前进路线
法军前进路线
比利时军前进路线
英军战线
法军战线
比军战线
德军停战线
1 协约国战线，1918年9月26日
2 协约国战线，1918年10月17日
3 协约国战线，1918年11月9日
4 协约国战线，1918年11月10日
5 德军停战线，1918年11月11日
北海
荷
兰
比
利
时
法
国
北
作战前线 非国界
泽布吕赫
克诺克
祖扬科克
奥斯坦德
布鲁日
埃克鲁
圣尼古拉斯
纽波特
迪克斯莫德
菲尔讷
敦刻尔克
图尔喀
蒂尔特
根特
尔蒙德
阿尔伯特国王特
阿曼
鲁塞拉雷
帕斯尚尔德勒
鲁普雷希特
阿洛斯特
布鲁塞尔
波珀灵呃
伊普尔
普卢默
科米讷
梅宁
库特赖
奥德奈德
格拉蒙特
阿兹布鲁克
巴约勒
迈西尼斯
圣格鲁瓦
阿尔芒蒂耶尔
鲁贝
梅维尔
利斯河
亚耳河
里尔
图尔奈
阿特
比德伍德
新沙佩勒
比顿
费斯蒂贝尔
夸斯特
苏瓦尼
朗斯
圣阿曼德
蒙斯
维米
杜埃
斯卡尔普河
欧比尼
霍恩
瓦朗谢讷
班什
沙勒罗伊
那慕尔
莫兹河
蒂安
阿拉斯
英国远征军
黑格
穆德拉
布尚
勒凯努瓦
莫伯日
博蒙
迪南
布尔隆
艾斯考河
康布雷
索莱姆
菲利普维尔
巴波姆
宾
卡洛维茨
伯恩
阿韦讷
吉维
马伊马耶
古佐库尔
拉加多
希迈
菲迈
孔布勒
艾伯特
勒卡特莱
伯汉
拉卡佩勒
索姆河
贝罗尼
罗林森
瓦兹河
伊尔松
罗克鲁瓦
吉斯
阿蒂
圣康坦
韦尔万
利亚尔
梅济耶尔
莫维尔
罗西耶尔
内勒
哈姆
胡蒂耶
塞尔河
勒凯努瓦
雷君凡
德伯尼
色当
蒙迪迪耶
拉菲瑞
肖尼
古德朗库尔
皇储
巴里西
努瓦永
拉翁
锡索讷
特里科
里比康特
伯恩
勒泰勒
圣贾斯特
勒谢斯讷
雷通德
埃纳河
贡比涅
克拉奥讷
武济耶
布藏西
曼金
苏瓦松
加牧
法约尔
菲斯梅
埃伯哈特
蒙图瓦
艾内姆
维莱-科特雷
兰斯
贝特洛
乌尔克河
菲尔塔登瓦
迈斯特
维勒河
叙伊佩
古尔戈
维也纳
20千米
20英里

美军的攻势，1918年9月至10月

AMERICAN OFFENSIVES SEPTEMBER-OCTOBER 1918

部分德军指挥官曾经对美国的参战不以为意。在他们看来，美国可能不会全力参战，派出的部队也会成为德军潜艇的"美餐"，强大的潜艇部队将会确保美军无法将足够的部队部署至欧洲大陆。

虽然最初抵达的规模很小，美军还是在兵力的逐渐增加的同时配合英军与法军作战。在第二次马恩河会战中，美军有5个师的部队在法军的指挥下参加了这场战斗。美军的每个师都编制有约28000人，且都是精力充沛的生力军。相比德军部队，美军士兵不仅没有长年累月的战斗所带来的创伤和疲惫，而且还体格健壮，补给充足。

到1918年6月时，已经有25万名美军士兵登陆法国，并在与协约国盟友并肩战斗的过程中积累了战斗经验。从8月底开始，美国远征军司令部重新收回参战美军的指挥权，并将部队重新集结于凡尔登以南地域，准备消灭圣米耶勒突出部。这场行动得到了协约国方面的批准，但有一个条件：美军部队在完成凡尔登一线攻势后将投入1918年9月26日在阿尔贡森林一带发起的攻势。

虽然时间紧张，但美国远征军总司令约翰·潘兴上将认为他能够完成这一目标，因此下令发起了圣米耶勒攻势。圣米耶勒地区自1914年开始便被德军攻占，不过此时德军正计划撤退至更有利于防御的地形上。但就在德军完成撤退之前，美军的2900门火炮开始轰鸣，美第1和第4军随即发起突击。

此次行动不仅是首次由美军部队单独实施的进攻，也是刚组建不久的美国坦克兵（U.S. Tank Corps）部队的首战。从某种程度上而言，美军的攻势可以被视作是战争初

◀◀
英制Mk V坦克
1918年出现的Mk V坦克换装了比此前型号功率更大的发动机，且仅需一人便可驾驶。不过该型车通常还是会配备两名驾驶员。

期双方进攻行动的翻版——不同之处在于"初生牛犊不怕虎"的美军比其他协约国军队更为勇猛，敢于为了实现作战目标付出惨重伤亡。随着战争的继续，其他参战国军队无不例外地对人员伤亡更为敏感，比起取得胜利，他们在战斗中更在乎自己的性命。

负责支援美第1军的美军坦克部队装备了144辆由法军提供的"雷诺"坦克，并得到了由法军坦克兵驾驶的"圣沙蒙"和"施耐德"坦克的支援，使得参加攻势的坦克数量达到419辆。与以往的战斗一样，法制坦克在此次战斗中依然可靠性较差，很容易因机械故障抛锚，此外还有大量的坦克因战场上的泥泞而动弹不得。在此次攻势中协约国军队仅有3辆坦克因敌军攻击而退出战斗，另有40辆因故障或地形原因抛锚瘫痪。

压倒性胜利

虽然对于坦克兵部队来说是一个不走运的开端，但美军圣米耶勒攻势还是取得了压倒性的胜利。德军被赶出了阵地，节节败退，丢下了450门大炮和超过13000名俘虏。这场攻势同样对德军的整体士气产生了严重的不利影响。面对看似无穷无尽的美国远征军，许多德军士兵最终丧失了赢得这场战争的信念，继续战斗下去似乎已经毫无意义，只会徒增丧命的可能。虽然德军依然在战斗，但其内部要求停战的声浪愈发高涨。

26日，潘兴的部队已经重新部署到阿尔贡谷地，协约国方面希望他们能重现之前的辉煌。阿尔贡森林一战的胜利造成了比圣米耶勒攻势更加深远的影响。美军的胜利让协约国夺取重镇色当成为可能，而色当的失守则会严重

▲

战略转移

如何将坦克运送到战场上是人们要面临的一个首要问题。行进的步兵可以攀爬上障碍物，而装甲力量则需要完整无缺的桥梁、铁路线以及马路组成的畅通线路。

美国的装甲力量

到第一次世界大战的最后一个星期时，大量装备法国FT−17坦克的美国装甲军团是一支显著的战斗力量。这一军团在战后迅速解散，而事实上，20多年后又不得不重新建立这样一支装甲力量。

扰乱德军赖以为生的铁路运输系统。美军坦克兵也参加了这场战斗，且很快采取应急措施解决他们所面临的最严重问题。

为了解决后勤补给问题，美军坦克在投入战斗时都会在车体后部挂装燃油桶。这种措施显然相当危险：如果油桶在战斗中破裂，几乎肯定会起火。不过美军却认为如果起火，固定油桶的绳索会先被烧毁，这样油桶就会在将坦克焚毁前滚落到地面上。总之，在美军看来，坦克被烧毁的风险并不比让坦克部队陷入油料告罄的绝望境地更来得可怕。

除此之外，美军坦克部队还有一项相当超前的创新之举，美军坦克兵们将每个坦克连中的1辆坦克改造为了机动式修理所，并装载坦克维修所需的关键部件。坦克的瘫痪与故障往往与一些部件的问题相关，而且这些部件中有许多都是并不怎么起眼的"小玩意儿"。机动式装甲修理所可以快速驶抵瘫痪的坦克，并在战斗期间完成维修，让故障坦克重新投入战斗，此外，装甲修理车也能为瘫痪的坦克带来急需的零备件，供其完成自行修理。一些坦克曾在战斗期间多次接受维修，并返回战斗。

协约国在阿尔贡森林攻势中过于野心勃勃，尤其是参加此役的美军中有半数都是初次上阵。相比圣米耶勒，阿尔贡森林的地形也更有利于防御，到处遍布着陡峭的斜坡与茂密的树林。但不论前方到底有着什么艰难险阻，在2700门火炮的轰鸣与装甲部队的引导下，协约国进攻部队开始向前推进。

▼

训练中的美军部队

由于装甲部队数量不足，抵达法国的美军步兵往往与盟友英国和法国的坦克进行协同训练。通过协同训练相互熟悉对于步兵和坦克部队建立起相互信任至关重要。

联军攻势在首日进展顺利，但德军成功地组织撤退到了新的防线上，并投入了增援部队。由于后勤不继，美军部队的进展极为艰难。到10月4日时，前线承担突击任务的，稍有作战经验的师已经因无力继续作战而被毫无经验的部队接替，美军旋即发动了新一轮的攻势。不过纵使伤亡极其惨重，美军也只取得了微乎其微的进展。

在美军的坦克损失中，由于敌方直接行为导致的损失数量相对较少，但有许多都因为敌军的非直接行动而瘫痪。一条注满水的壕沟，就足以让坦克在涉水时因发动机泡水而抛锚，有时坦克车组甚至来不及逃脱，被溺毙在车内。德军的其他对抗措施则直接得多，如反坦克步枪——不过这种武器的实际效果充其量也只能说是"可能有效"，只有在直接命中发动机时才能阻挡坦克的脚步。此时德军最有效的反坦克手段依然是动用炮兵武器对坦克进行直射。

虽然面临重重困难，但美军部队依然在保持推进，并对德军的士气造成了沉重打击。德军指挥官鲁登道夫在9月28日满怀愤懑地辞任，他后来知

圣米耶勒战役
1918年9月12日至18日

━━━　9月12日战线
━━━　9月18日德军战线
★　堡垒
➡　美军进攻
➡　法军进攻

▲

圣米耶勒突出部

在法军炮兵和坦克部队的支援下，美军部队成功将德军逐出了圣米耶勒突出部。德军自1914年就开始占领该地，但此时已经准备放弃这一突出部。

▼

美军的FT-17坦克

虽然相较于英法军队装备的"钢铁猛兽"只能算得上"豆丁"，但FT-17最终还是成为了法军装甲力量的中坚。另有部分FT-17坦克被移交给了美军使用，如图中这辆便隶属于美军第345坦克营。

会自己的同侪们，战争进行到这个地步时，德国已经不可能取胜。许多已经丧失斗志的德军士兵都认同这位将帅的看法，但不论如何，德军的防御依然顽强坚韧。

缺乏经验的部队

直到10月13日至16日，美军部队才开始陆续突破德军设防阵地，并最终推进至攻势首日的目标线。美军付出了相当惨重的伤亡，这并不单纯是因为部队的勇猛好战与新抵达生力军的缺乏经验。虽然损失惨重，但美军依然可以让部队得到补充，

而预备队已经耗尽的德军却不然，因此协约国在11月发起的攻势迅速取得了进展。11月5日，美军部队已经跨过了米乌斯河，到战争结束时，法军部队已经收复了色当。

　　对于补给野战维修的重视，让依然使用着英制和法制装甲车辆的美军坦克兵得以在战争的最后阶段一直维持着战斗力。到11月11日双方达成停火时，美军坦克兵仅有50辆坦克可用，各部队的装备平均损耗率达到了123%，其中大多数损失都是因为机械故障造成的。

▼
视野与通风

在完全打开装甲舱盖时，FT-17坦克的两名车组乘员都有着良好的视野。但在投入战斗后，被"关进车内"的坦克车组视野极为有限，只能从狭窄的观察缝中窥探外界的状况。

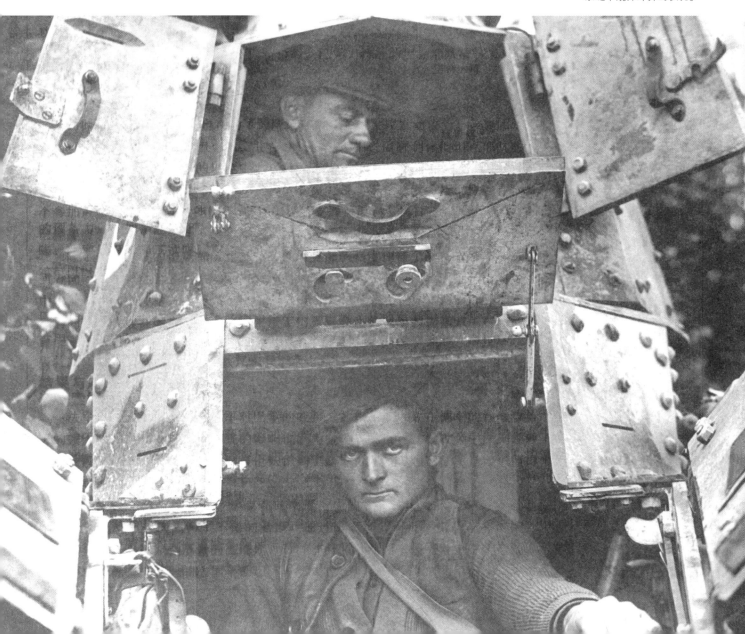

比利时

默兹—阿尔贡攻势
1918年9月26日至11月11日

法军推进方向
美军推进方向
德军战线
法军战线
美军战线

梅济耶尔

色当

XXX 58

XXXXX 加尔维茨

皇太子威廉 XXXXX

北 阿 登 高 地

XXX I

法 国

XXX XXI

勒谢斯纳

布略勒

XXXX 5 加尔维茨

斯特奈 蒙梅迪

沃夫尔森林

XXX v预备役

塞谬

XXX V

XXX XXI

XXX III

XXXX

武济耶

蒙特里尼

布藏西

莫兹河畔邓恩

9

XXXX 3 艾内姆

奥利齐

1

加牧

圣瑞维因

8

当维莱尔

7 阿

塞米德

埃纳河

富勒维尔

XXX XXI

蒙图瓦

6

蒙福孔

孔桑瓦埃

XXX v预备队

XXX XVIII 奥地利

5

阿普勒蒙

瓦雷纳

XX

勒尼维尔 XX 15

XX 33

XXX 1(预备役)

4

1

XX

XX 7预备队

XX 80

XX 33

XX 18

塞尔奈

XX 117

XX 4

XX 33

图尔布河畔维尔

XX 2L

维耶纳

XX 1G

3

埃纳河

XX 37

沙尔尼

XX III

XX XVII

米娄库尔

XX 9L

XX 76R

XX 77

XX 28

XXX 35

XX 9D

黑森森林

XX 79

顿巴斯勒

XX V

XX 10殖民地

XX 15殖民地

2

穆瓦雷蒙

弗兰库尔

XXX

阿尔贡森林

2

XXX XXXVIII

瓦尔米

热温泉

阿尔贡克莱蒙

迪尼

昂布隆维森林

XXX IX

XXXX 4 古尔戈

圣梅内乌尔德

1 珀欣-利格特

朗姆

莫兹河

北

《计划1919》——"瘫痪战"

PLAN 1919
ATTACK BY ARALYZATION

对于军事思想家们而言，第一次世界大战期间西线地面战场的战斗经验只是强化了一个他们已知的事实——如果只对敌方的作战力量发起攻击，进攻方几乎不可能取得决定性战果。纵观战争史，一支军队即便被击败，只要其能够以较好秩序撤退，便仍能保持战斗力的大体完整并卷土重来。即便是最理想的状况下，击败敌军的作战力量后，进攻方充其量也只能发起有力的追击扩大战果。而如果敌军丧失了关键基地与后勤补给能力，即便此时其仍然在前线拥有大量部队，但实际上也已经被击败。

第一次世界大战期间防守方享有的众多优势确保了进攻方在将防守方的预备队或战斗意志消磨殆尽前都不可能取得决定性战果。1917年法军内部爆发的哗变可以被视作是最接近于后者的情况，但即便如此，法军部队还是在几周之内恢复了士气。在这场战争的绝大部分时间内，双方都根本不可能依靠除了消耗对方的人力与意志之外的方法取得胜利。

到1918年年初时，同盟国一方已经精疲力竭，无望赢得这场耗时漫长的战争。对德海上封锁使得德国在战场上和国内都面临着严重的物资短缺，陆军的损耗也极其严重。虽然德军在孤注一掷的1918年春季攻势中遭受了失败，但其很快开始建立起一道又一道的防线。协约国军队每突破一道德军防御都会付出极为惨重的损失。虽然同盟国最终因为内部的政治动荡承认战败，但如果其政权没有崩溃，那么协约国依然需要通过代价高昂的大规模攻势来迅速终结这场战争。

① 1918年9月26日，德军战线
② 1918年9月26日，法军战线
③ 1918年9月26日，美军战线
④ 1918年9月26日，美军战线
⑤ 1918年10月3日，法军战线
⑥ 1918年10月3日，美军战线
⑦ 1918年10月3日，法军战线
⑧ 1918年10月3日，美军战线
⑨ 1918年11月11日，法军战线
⑩ 1918年11月11日，美军战线

◀◀

默兹—阿尔贡攻势

由于后勤补给困难和德军的坚固防御，美军部队在9月和10月中进展缓慢，但进入11月后进攻速度明显加快。

决定性战果

在投入大量的坦克以及飞机之后，依靠大规模攻势取得决定性战果成为了可能。如果进攻方能够投入数量充足的坦克，装甲部队足以突破敌军的主要和次要防线，并挫败敌军随之发起的，试图封堵战线突破口的反攻。虽然这只能算作是战术胜利，但在实现突破后，进攻方便有机会向纵深突击，发展这一胜利。

世界上最早的装甲纵深突破作战发起于1918年8月，由被称为"灵犬"的英制Mk A中型坦克（Medium Mk A Tank）实施。由"灵犬"坦克组成的集群能够突破敌军防线，并在之后消灭敌军炮兵。在行动期间，一些被称为"音乐盒"（Musical Box）的单辆"灵犬"坦克将会脱离主力部队独自展开行动。深入敌军后方的"音乐盒"注定无法返回协约国战线，但这些单独行动的坦克会在敌后游荡约9个小时，直到被摧毁或瘫痪前肆无忌惮地对敌军后方发起破坏——摧毁敌军炮兵阵地，运输车队，或者大量杀伤敌军步兵。

"音乐盒"所取得的战果在"灵犬"坦克部队总战果占到了相当大的比例，此类行动非常近似于昔日骑兵部队深入敌军后方制造混乱的作战。显然，"音乐盒"的成功证明了一个显而易见的事实——如果深入敌后的不是一辆坦克，而是一支坦克部队，这支坦克部队将足以让整片战场的敌军发生崩溃，至少相当程度地动摇敌人的防御。

▼
英制Mk A "灵犬"中型坦克

"灵犬"坦克最初计划安装一座旋转炮塔，但由于工程上的难题，该型车最终还是退而求其次，安装了一个盒状装甲战斗室。"灵犬"同时也是第一种仅需1人便可以驾驶的坦克，不过驾驶过程还是较为困难。

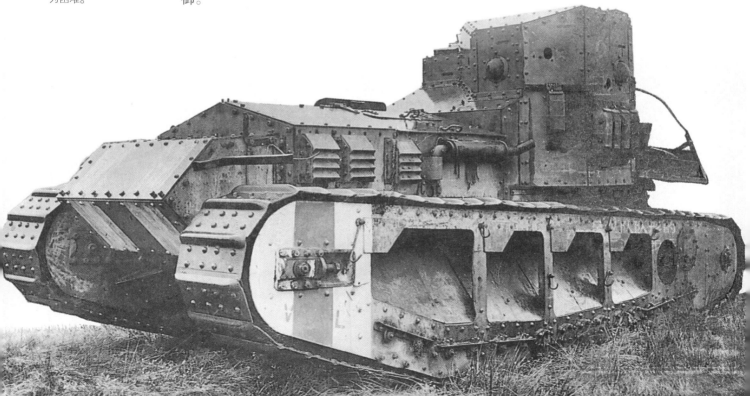

要害目标

在此前的大多数战争中，进攻方的主要目标都是敌军的作战部队及其防御地域，这主要是因为对于进攻方而言，这两者是进攻部队仅有的能触及的目标。随着坦克的出现，进攻方终于有能力通过控制一系列战略要点夺取胜利，英国军官J.F.C.富勒也随之提出了一套雄心勃勃的军事战略。

富勒认为攻击敌军部队和阵地只是达成目的的手段之一，而通过消灭后方的要害目标，进攻方可以直接瓦解敌军的作战能力。在富勒看来，进攻部队的最关键目标在于消灭敌军的两项能力，其他重要目标（诸如消灭敌军炮兵部队）也只能排在二者之后。

▲
装甲战理论家
J.F.C.富勒是装甲快速进攻作战的坚定拥护者，在装甲进攻作战中，坦克将引领全军前进，而其他兵种则必须跟上坦克的脚步。他提出的理论在两次世界大战之间的"间战年代"得到了德国，而非英国的更多关注。

第一个关键目标是敌军的指挥和控制能力。在进攻方歼灭敌军指挥部，或扰乱其行动后，隶属于该指挥部的作战部队就可能群龙无首。虽然部分部队仍然可能各自为战，但互相之间便会失去配合，进攻方此时便可以选择任意位置发动攻击打破敌军防御。如果敌军的训练较差，意志薄弱，指挥链被破坏甚至有可能导致这些部队因为混乱或是单纯因为没有上级命令而擅自撤退甚至向进攻方投降。

歼灭更高层级的指挥部固然效果好，但高级指挥部通常都位于战线后方。因此，如果打算消灭敌军军级或者集团军级指挥部，进攻方需要深入敌军后方，实现纵深突破。在当时，进攻方想要实现纵深突破还存在着诸多限制（其中许多都是技术方面的），例如坦克的突击距离受到燃料携带量的限制，坦克机械系统的可靠性问题，以及坦克部队能否得到步兵的充分支援。

另一项关键目标则是敌军的后勤资产。一支军队为了维持日常运转需要消耗大量的食物和弹药，而如果要发动攻势，所消耗的物资数量甚至会更多。因此进攻敌军后勤补给点可以削弱敌军前线部队及其支援炮兵的战斗力。如果后勤补给不继，敌军很有可能被迫后撤。

后勤运输线也是装甲部队的打击目标。道路和铁路运输对于战斗部队的补给工作至关重要；破坏运输道路的重要性甚至不下于摧毁其运送的补给。在此前的战争

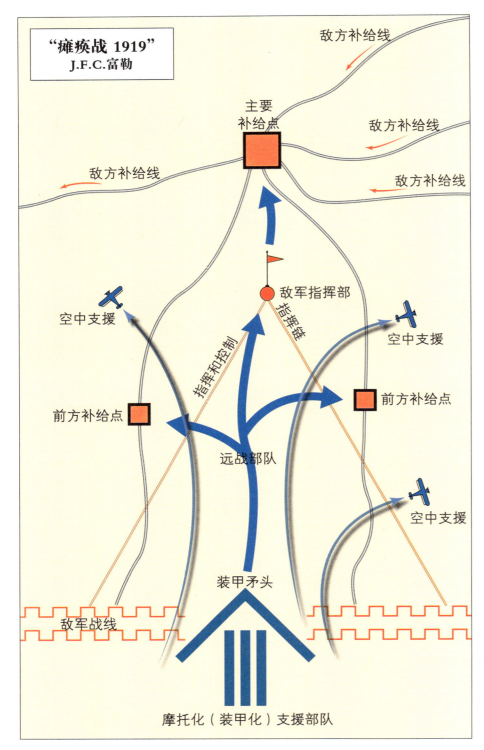

中，进攻方都曾考虑过切断敌方的铁路运输的可行性，而随着装甲部队的出现，进攻方终于获得了彻底切断敌方交通线的手段。

装甲突击

为了打击上述的要害目标，进攻部队必须在突破敌军防线后继续维持充足的力量以向纵深发展突破。同时，进攻部队也必须要为深入敌后的装甲部队留下一条撤退通道，以免未被击退的敌军将装甲部队包围。实施这样的突破行动对于装甲部队提出了许多要求，其中一些是规模上的，而另一些则是技术上的。

在富勒的原版《计划1919》中，他提出集结大量坦克，在宽达145千米（90英里）的战线上对敌军实施"泰山压顶"式的装甲突击。实施这一方案至少需要5000辆坦克，但这一数字已经远多于提出计划的1917年年底协约国军队的坦克总数。

根据富勒的构想，理想的坦克部队应该包括两种坦克类型——"突破坦克"（Breakthrough Tank）和"远战坦克"（Exploitation Tank）。前者将是一种重型战斗车辆，

在承受敌军火力打击后依旧能够突破敌军防御阵地。突破坦克不需要太大的行程；因此火力和装甲防护将成为其最重要的性能指标。"远战坦克"或者说中型坦克则车重更轻，速度更快，能够在开阔的原野上高速机动，在敌军建立起防御前直插其后方。对于"远战坦克"而言，行程与行驶速度至关重要，优良的机械可靠性也是不可或缺的。

在计划中，富勒将进攻分为了三个阶段。在最初阶段，中型坦克部队将在飞机的支援下渗透敌方防御，尽量对敌军造成混乱。随后进攻方将以重型坦克和步兵部队对敌军防线发动突破。成功在敌军防线上撕开一个适宜的突破口后，重型坦克和步兵部队将防守这一突破口，中型坦克和骑兵部队则将如闪电一般从突破口杀出，深入敌军后方尽可能地实施破坏。

新战术需要新坦克

1917年和1918年期间协约国装备的坦克并不能满足富勒的需求。法制雷诺FT–17轻型坦克虽然可能在大规模纵深作战中较为有效，但与其担负任务相近的英

◀◀

装甲突击

突破敌军战线并非作战的目标，只是实现目标的手段。《计划1919》旨在通过快速的装甲推进摧毁敌军指挥和补给体系，从而令敌军崩溃。

▼

铁路运输中的FT–17坦克

如果《计划1919》付诸实施，法军投入坦克将主要是已经大量投入服役的FT–17坦克。但该型坦克较短的行程可能导致其取得的战果非常有限。

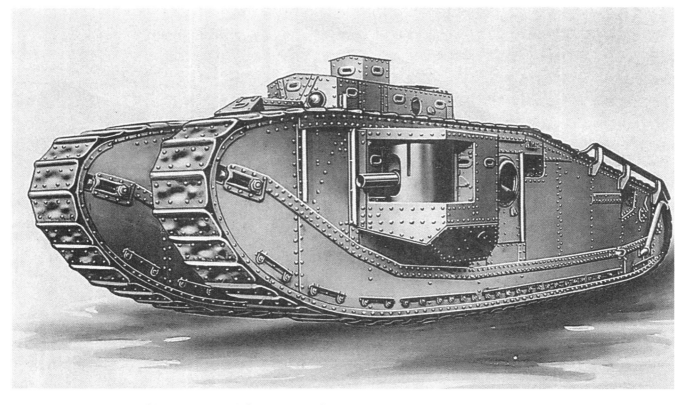

▲
Mk VIII "国际"号坦克

Mk VIII "国际"号（又称"自由"号）坦克被美英两国大量订购以装备装甲部队。在第一次世界大战结束前，位于法国的Mk VIII坦克生产厂的建设工作正在顺利推进。

制"灵犬"坦克却防护过于薄弱，且行程较短。英军的重型坦克虽然作战效能略优，但易于发生机械故障，法军的重型坦克则可谓一无是处。

新的战术需要在各项方面的性能都有显著提升新一代的坦克。对于新坦克而言，提升舒适性也是一个非常关键的性能要求；早期坦克经常发生油箱泄漏，发动机废气也时常灌入乘员舱内，导致车组出现中毒症状，再加上巨大的噪声，以及较为困难的操纵，最终导致坦克车组效率低下，且极易陷入疲劳。

因此，新一代的坦克应当更易操纵且故障率更低，在保持现有级别的火力的同时，给予车组成员更好的防护。越壕性能依旧重要，因此新一代重型和中型坦克依旧需要采用菱形车体设计。

Mk VIII "国际"号（或称"自由"号）坦克便是将用于实施《计划1919》的重型"突破坦克"，该型坦克采用一部"里卡多"（Ricardo）型或者"自由"型发动机，由英国和美国联合在一家位于法国的工厂建造，虽然该型车一度被订购了4500辆，但仅有少数完工。

Mk VIII坦克的尺寸和重量都明显大于此前的英制重型坦克，在装甲防护更厚的同时武器配置依旧大致相当。"国际"号坦克同样在两侧舰台内各安装了1门6磅（57

毫米/2¼英寸）坦克炮，同时车体上安装的7挺机枪为坦克提供了全向的反步兵能力。"国际"号的发动机被隔板封闭于车舱内，从而大大提高了车组乘员的驾驶安全性和舒适性。

　　英军为远战任务准备的Mk C "大黄蜂"坦克在很多方面都与"国际"号相似，不过尺寸更小，装甲防护略弱。Mk C坦克一度被订购了6000辆，其中三分之一是配备了6磅炮的"雄性"，另外三分之一是仅配备机枪的"雌性"型号。和Mk IIIV型一样，Mk C的车组成员也被安置在单独的隔舱中，而发动机则位于车体后部，不会与乘员发生接触。

　　法军也在更新着坦克设计，但法制新式坦克直到战争结束时仍无一进入现役。法军将突破任务交给了"夏尔 2C"（Char de Fortresse 2C）坦克，该坦克可以被视作为在极为成功的"雷诺"轻型坦克基础上尺寸急剧放大而成。正如其法语名称"堡垒战

▼
Mk C中型坦克

Mk C中型坦克在设计过程中参考了坦克车组人员反馈。该型车的出现也标志着英制坦克从便于越壕的长条形状开始向更为现代化的低轮廓车体转变。

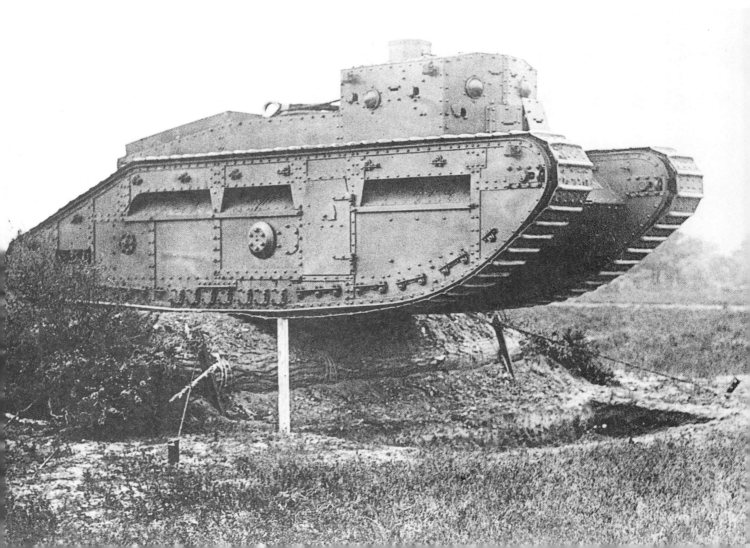

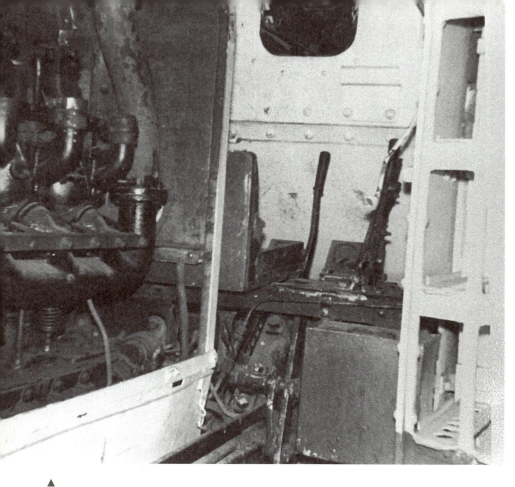

驾驶员座位

早期坦克的驾驶工作往往需要好几位驾驶员和机械员，但即便如此，驾驶坦克仍是一项复杂且极为消耗体力的工作，更不用说还有战斗带来的巨大压力。

车"（Char de Fortresse）所示，"夏尔2C"可谓是一座"移动的城堡"，该车在车体前部的炮塔内配备了1门75毫米主炮，在车体后部的一座小炮塔上安装了1挺机枪。此外车体两侧还安装有多挺机枪以抵御敌军步兵的攻击。

"夏尔2C"是世界上第一种投入现役的多炮塔坦克，代表了当时将重型坦克视作"陆地战列舰"的运用理念。外形酷似战舰的"夏尔2C"需要多达12名车组成员，这使得车组内部的指挥控制成为了一大难题。此外，"夏尔2C"的车长还需要操纵炮塔内的75毫米主炮，更是令他分身乏术。相比之下，Mk VIII型坦克虽然尺寸相近，火力更弱，但仅需8名车组便能操纵。

多炮塔设计在两次世界大战期间较为兴盛，甚至诞生了配备有5座炮塔的钢铁怪物。但是由于多炮塔设计低效而拥挤，在实战中这些坦克的表现都无法与其配备的大量武器相称。"夏尔2C"坦克直至第二次世界大战爆发时依旧在法军中服役，但所有的该型坦克都在乘铁路运往前线的过程中被飞机摧毁。当然，即便这种坦克成功抵达前线，也不太可能发挥较大作用。

空地协同作战

在《计划1919》中，飞机是作战体系内的关键组成部分。除了执行侦察任务外，飞机还将负责提供近距离对地支援。对于脱离了己方炮兵支援范围的装甲部队而言，飞机的支援至关重要。轰炸机部队能够挫败敌军的反攻并消灭敌方炮兵阵地，同时还能执行战场遮断任务——通过轰炸道路、铁路、桥梁和行军中的敌军部队阻止敌军增援进入战场。轻型飞机可以对敌军部队实施扫射轰炸，制造混乱，防止敌军部队实施有力反击。

对于深入敌后的装甲部队而言，飞机的通信联络能力也极为重要。虽然当时的无

线电通信装置还非常不可靠，但联络飞机可以及时将战场的动向上报给指挥官，并向正在敌军后方作战的装甲部队空投消息与命令。地面与空中的通信则通常采取"通信巡逻"（Contact Patrol）的方式进行，位于己方战线后方的作战指挥官可以通过预先设定好的信号弹或者旗语在地面上实现与飞机的通信。

"通信巡逻"任务也需要专门设计的飞机负责执行。由于必须在敌军可以预料到的区域进行低空飞行，且标准的双座飞机在遭遇敌军火力攻击时极为脆弱，因此为配合《计划1919》中的装甲突击，以机动性与速度为代价，配备装甲板的联络飞机应运而生。

支援地面装甲攻势的专用对地攻击飞机也随之出现。对地攻击飞机同样为机组配

▼
移动堡垒
"夏尔2C"是最早的多炮塔坦克之一。该型坦克体型巨大、极为笨重且内部空间狭窄，需要用铁路平板车运往前线。所有的"夏尔2C"都在1940年运往前线期间被摧毁。

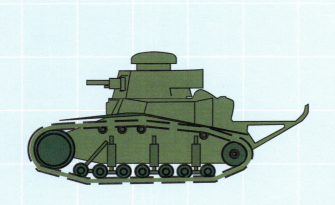

T-18坦克

量产时间：1928年

生产数量：960辆

重量：5.9吨

车长：4.38米

车组：2人

装甲厚度：6～16毫米

主要武器：M28型37毫米坦克炮

次要武器：7.62毫米机枪

行驶速度：10英里/小时（16千米/小时）

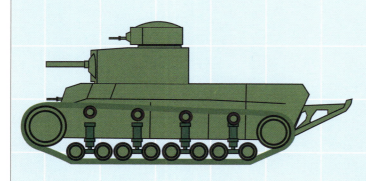

T-24坦克

量产时间：1931年

生产数量：约25辆

重量：18.5吨

车长：6.5米

车组：5人

装甲厚度：8～20毫米

主要武器：M32型45毫米坦克炮

次要武器：3挺7.62毫米机枪

行驶速度：16英里/小时（26千米/小时）

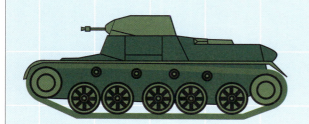

PzKpfw 1（I号）坦克

量产时间：1934年

生产数量：1493辆

重量：5.4吨

车长：4.02米

车组：2人

装甲厚度：7～13毫米

主要武器：两挺7.92毫米机枪

次要武器：无

行驶速度：31英里/小时（50千米/小时）

有装甲保护,并为低空飞行任务进行了专门优化。这些对地攻击飞机均配备有不少于8挺的前射机枪,不过直到第一次世界大战结束专用的对地攻击机都没有投入实战。

虽然在第一次世界大战结束前坦克和飞机一直未能实现大规模的配合作战,但这一早在1917年至1918年期间便已出现的作战理念却为20年后的德国"闪击战"奠定了理论基础。另一项因大规模坦克突击战术而催生的飞机类型便是专职的"坦克杀手"。当时出现的一种德制"坦克杀手"飞机设计配备了20毫米($^3/_4$英寸)机关炮,其穿甲能力足以打穿当时所有坦克的顶部装甲。虽然这种设计从未走下绘图板,但如果协约国军队真的按照《计划1919》发动装甲突击,这种飞机应当会被用于遏制协约国的坦克攻势。

未来图景

虽然《计划1919》并未付诸实施,但这份作战计划中所包含的理念却对未来的装甲战发展具有重大的意义。直至计划提出时,坦克仍旧被视作是一种帮助步兵跨过无人区,攻入敌军阵地的支援装备。而《计划1919》则将坦克视作是一种能够通过快速推进取得决定性战果,进而决定战争胜负的兵器。

根据这一认识,从逻辑上便能推论出未来战争中决定进攻方推进速度的将是坦克的行驶速度,而非步兵的前进速度。装甲部队将以坦克的行驶速度尽可能快地向前推进,而其他兵种则必须跟上坦克的脚步。此时距离现代意义上的自行火炮诞生还有多年时间,但飞机已经可以被视作"飞行炮兵",成为支援坦克部队作战的新手段。而早在1916年便已经诞生的装甲人员输送车也将逐步成为装甲部队的重要组成部分。

讽刺的是,为装甲作战理论的诞生做出重大贡献的英国却并没有在第一次世界大战结束后跟上理论发展的脚步。富勒等英国装甲作战先驱所提出的主张也未能在本国得到重视。相反的是,在1917至1918年期间积累了大量教训的德国却更加充分认地识到了《计划1919》的巨大价值。虽然根据《凡尔赛和约》被禁止拥有坦克,但在德国决定撕毁束缚其手脚的条约后,很快就组建起了一支强大的坦克部队。但直到此时,德军内部仍就坦克到底是应该被作为步兵/装甲兵/炮兵体系的一环还是应该被用作主要打击力量而争论不休。

1940年,德军决定将坦克部队作为先头力量,并在法国战役中完成了世界上第一场纵深突破作战。而在1939年入侵波兰时装甲部队便已经参战,但德军在波兰战役期间对于装甲力量的运用却要谨慎得多。"墙内开花墙外香",显然,被后人熟知为"闪电战"正是发端于《计划1919》奠定的理论基础。

◄◄

成熟的坦克设计方案

在第一次世界大战结束到第二次世界大战开始之间这段时间里,坦克设计逐渐成熟了。到20世纪30年代中期,坦克的外形开始逐渐现代化,抛弃了很多第一代装甲车的特征。

反坦克技战术的发展，1917—1919年

ANTI-TANK DEVELOPMENTS 1917-19

▼
反坦克防御体系

将多种武器集合起来是
最有效的反坦克手段。
敌军坦克将被地雷，障
碍物与坚固支撑点阻
挡，并遭受来自四面八
方的轻重武器打击。

　　"魔高一尺，道高一丈"，新武器的出现必然会导致针对该武器对抗技术的快速
发展，坦克也未能免俗。实际上，德军在研制装甲战斗车辆的同时将更多的精力放在
了发展反坦克能力方面。虽然历史上第一次装甲进攻作战——弗莱尔—库尔瑟莱特攻
势并未取得重大成果，但隆隆向前的坦克依然给予了德军防守部队极大的心理震撼，
因此研究反坦克战术成为了当务之急。有效的反坦克战术不仅能够切实地挫败敌军的

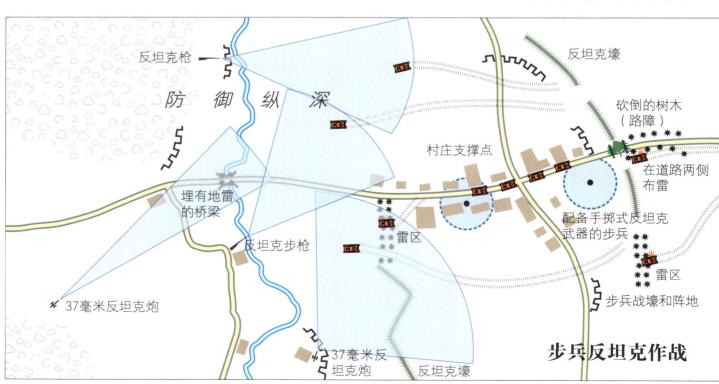

坦克攻势，同时也能够缓解前线部队的恐惧心理。

　　到1917年时，德军已经摸索出了两种可行的实用反坦克战术。其一是阻止坦克靠近守军，或至少减慢其速度。恶劣的地形可能导致坦克被陷住，而行驶时间越长，坦克就越容易发生故障抛锚。迟滞坦克的步伐也能为守军争取时间，从而引导炮兵对行进中的坦克实施覆盖，或者运用直瞄武器进行打击。如果坦克因障碍物而降低速度或者不得不另寻他路，则很有可能被引入守军提前设置好的"杀伤区"内。虽然反坦克障碍的确能够阻止住少量的坦克，如果没有强有力的支援火力，反坦克障碍充其量也只能被视作是一种迟滞战术。

　　最有效的反坦克武器就是另一辆坦克。但在第一次世界大战期间，专门负责消灭坦克的坦克歼击车和配备有反装甲武器的坦克都未能投入战场。因此消灭坦克的任务只能由炮兵和步兵完成。最初德军只能依靠现有的武器来打击坦克，但很快，专用反坦克武器应运而生。

▼

恶劣地形通过能力

只要坡度不是过于陡峭且土壤足够坚实，能为履带提供抓地力，早期坦克便能翻越极高的斜坡。虽然行动缓慢，但对于面对坦克的敌人而言，这些钢铁怪兽看似不可阻挡。

被动手段

天然障碍物和炮弹爆炸形成的弹坑都是有效的反坦克防御障碍，步兵部队也很快学会了利用眼前的坚固支撑点实施防御。碉堡、建筑物或是建筑残骸都能为步兵提供隐蔽，并保护其免遭坦克枪炮的杀伤，同时还能制造坦克无法进入的区域。为了增强此类阵地的防御，前沿部队会尽可能地设置障碍物。城市地形，或者诸如小村庄和毁于战火的农场等支撑点都能让步兵接近驶入这些地带的坦克，或者在坦克的远距离射击下获得保护。

早期坦克极为注重越壕能力，但即便如此，一条足够宽的壕沟也足以让坦克难以通过。战壕的宽度是有上限的，如果过宽，会严重削弱其防炮能力。因此，德军开始设置专用的反坦克壕（也被称为"坦克陷阱"）。反坦克壕通常注满了水，设置在防御阵地前方，对于坦克而言，这些灌水陷阱极为危险，很可能导致发动机熄火或者车

▼

陷入沟中

图中这辆被德军缴获后投入使用的英制坦克在试图爬上一处陡坡时抛锚。虽然长菱形车体和过顶式履带有助于提升越壕能力，但坦克的越壕能力终归是有限的。

内人员溺水，一旦陷入其中无法越出，成员将被迫放弃坦克。不过那些被陷入沟中却依然能够战斗的坦克对于敌军而言依旧是个威胁；在战争中，有许多坦克都在被陷住后继续与敌军前沿工事交战了数个小时之久。

被称为"龙齿"的混凝土障碍物可以构成敌军坦克无法越过的障碍。相比用墙壁阻挡坦克，"龙齿"不仅所需资源更少，而且更难以被炮火破坏。而如果能够布置多排"龙齿"形成障碍带，即便坦克能够翻越第一排"龙齿"，也会被随后的障碍物架空，因履带无法接地而动弹不得。"龙齿"极难被炮兵火力摧毁，且能够有效封锁坦克的攻击通道。

协约国方面对于德军反坦克障碍物所采取的对策包括运用空中侦察发现最为难以跨越的障碍，并为坦克规划一条可以绕开这些障碍的路线，此外还有携带柴捆——堆积在坦克顶部的柴捆可以很方便地被滚入壕沟中，从而让坦克跨过被填满的德军战壕和反坦克壕。

后期型号的英制坦克的加长了车体，越壕宽度也有所提高。有趣的是，重炮轰击也可以有效摧毁德军设置的反坦克壕，虽然炮弹会制造出极为难以跨越的地形，但只需要一发近失弹，便能让壕沟两侧陡峭的斜坡变得平缓。

反坦克地雷同样开始崭露头角。防御方经常利用障碍物将坦克引入布设好的雷区中，触发引信的地雷会在坦克履带碾过时因重压而被引爆。最早的反坦克地雷是由炮弹改造而来的应急产品，炮弹引信被替换为了一块板子和一根钉子，当地雷顶部受到压力时，钉子便会被挤入炮弹顶部将其引爆。专用反坦克地雷的生产于1918年开始，由于生产数量巨大，部分一战老式地雷在第二次世界大战爆发时仍可使用。

步兵武器

最初，步兵在遭到坦克攻击时只能用手头的轻武器和手榴弹还击，直到专用的反坦克武器到位前，前线部队都只能运用手边可以找到的一切武器阻挡这些钢铁怪兽。不过由于坦克是专门为了对抗这些武器而研制的，因此德军步兵的反坦克作战效果往往不如人意。在当时，德军步兵往往会试图向坦克顶部投掷手榴弹，但这一手段收效甚微，颠簸的坦克通常会直接将手榴弹从车顶抖落，在恶劣地形上跋涉时尤为如此。此外，坦克往往在车顶设置尖顶状的铁丝网，直接将敌军投掷的手榴弹弹开。当时所使用的主流破片手榴弹破甲能力不足，难以胜任反坦克任务。总之，相较于坦克，手榴弹还是更多地对敌军步兵造成杀伤。不过手榴弹在攻击动弹不得的坦克时仍能收获一些成果。

向坦克车底投掷一整捆的手榴弹或者一个炸药包以炸断坦克的履带无疑是一个更为实用的选项。德军的集束手榴弹呈花束状，仅保留中央处手榴弹的木柄。集束手榴

弹此前就被用作摧毁敌军的战壕和防御工事的爆破装置，因此也自然而然地被投入了反坦克任务，并有相当的机会对坦克造成一定程度的损伤。步兵使用炸药包和集束手榴弹的攻击时，必须冒着极大的风险抵近至距离坦克非常近的距离，不过作为运用现有武器的反坦克手段已经算得上有效。

枪榴弹在第一次世界大战时期已经出现，但当时的枪榴弹并不有效，距离专用的反坦克枪榴弹出现也还有20年的时间。1917年和1918年的德军步兵使用的依然是以杀伤人员为主要任务，并不适合对抗装甲目标的破片枪榴弹。当时的枪榴弹需要连接一根插入步枪枪管的长杆，然后用空包弹发射，因此射手不仅需要更换弹仓内的子弹，还需要很长的准备时间。枪榴弹的高弹道和低精度也使得其难以命中包括步兵在内的移动目标，更不消说为了完成瞄准和发射，射手需要长时间暴露在敌军火力之下。

步兵手中的步枪在对抗早期坦克时同样能够取得一定的效果，尤其是在大量步枪

▼
实用反坦克战术
专门负责消灭坦克的任务由炮兵来完成。

同时向一辆坦克攒射的时候。虽然在外界看来一辆坦克在铺天盖地的步枪射击下向前缓慢蠕动令人感到恐惧，但对于已经处于如同炼狱一般灼热嘈杂的车体内的早期坦克车组来说，即便枪弹无法击穿，如无穷无尽的暴雨般砸在装甲板上，叮当作响的枪弹也同样可怕。没有直接击穿的枪弹不仅能够消磨坦克车组的意志，同时还能够破坏一些坦克上没有得到装甲保护的车体部件。

　　轻武器射击还会对坦克车组造成间接杀伤。命中驾驶员观察缝的子弹不仅会打坏观察窗，弹头碎片还会飞溅到驾驶员脸上。内层装甲的崩落也会对乘员产生威胁，虽然未被枪弹击穿，但枪弹的撞击力还是会导致装甲板内侧发生崩落，灼热的金属小碎块在坦克车体内四散横飞。虽然这些碎片不足以让坦克乘员丧失战斗力，但仍会在他们身上造成许多伤口。协约国方面曾为坦克兵配备链子甲防护面罩作为防护，但并未广泛得到使用。

▼
大仰角开火

反坦克枪威力强大，但尺寸和后坐力已经达到了单人携带与发射的极限。但即便如此，反坦克枪仍为步兵提供了一种成本相对低廉的反坦克手段。

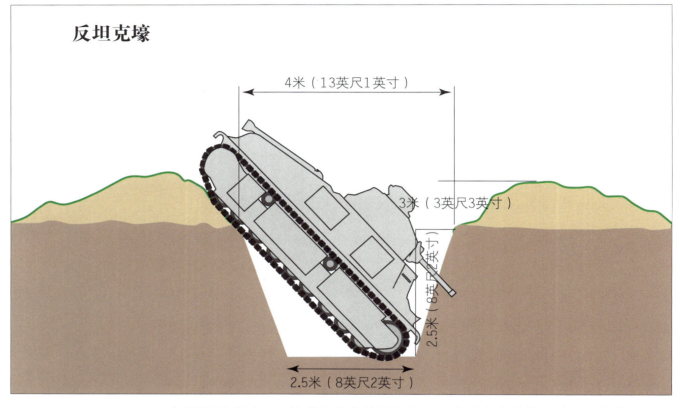

反坦克壕

4米（13英尺1英寸）

3米（3英尺3英寸）

2.5米（8英尺2英寸）

2.5米（8英尺2英寸）

▲
坦克陷阱
一道与坦克履带长度相当或是更长的壕沟就足以成为极为危险的反坦克障碍物。

　　如果足够幸运，步枪弹也能直接从炮座，观察缝或者其他缝隙钻入车体。虽然总体而言概率很低，但坦克作为一个大型目标总是会招致大量枪弹。在统计学角度上，这样幸运的射击是可能发生的，如果调动多挺机枪向着一辆坦克射击，概率还会更大。作为一个高威胁性的目标，即便没有接到命令，德军机枪手也总是优先射击坦克，从而增加子弹钻入坦克车体内的概率。

　　为了增强步兵轻武器的杀伤力，德军开始为狙击手，机枪手和部分步兵配发"K"型穿甲弹。"K"弹在坦克的参战前便开始使用，主要是由狙击手用来射击碉堡钢板上的射击孔，瘫痪敌方机枪。"K"弹在这项任务中已经展现出了对抗有装甲防护目标的能力。虽然该型子弹并未及时大量配发，但能够打穿敌方坦克的子弹的存在对于维持部队的士气有着极大作用。

　　由步枪发射的穿甲弹能够击穿大多数早期坦克的装甲，但不能保证在击穿后击中坦克内部的重要部件。有趣的是，虽然英军随后投入的Mk IV及后继型号的坦克对于"K"弹的防护能力有所提升，但大多数德军步兵仍然因"K"弹的存在而比以前更有信心面对英军坦克。因此穿甲弹的配发对于减轻德军部队中的"坦克恐慌"起了很大作用。

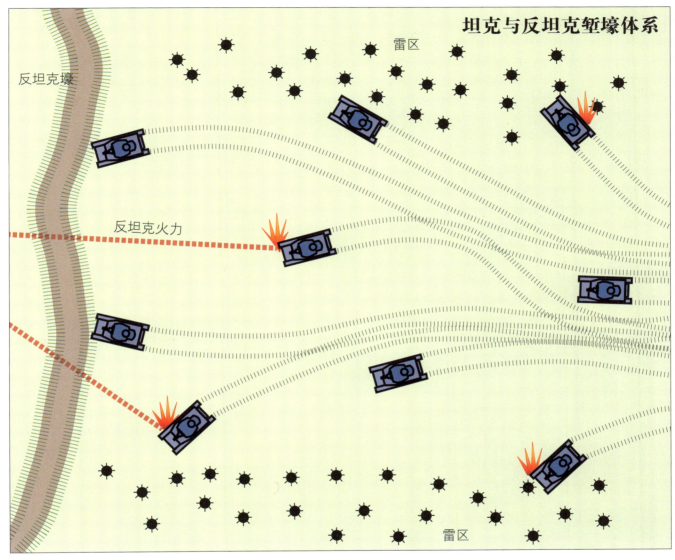

坦克与反坦克堑壕体系

反坦克壕

反坦克火力

雷区

雷区

与此同时，德军也在以大型狩猎步枪为蓝本研制专用的反坦克步枪。这些大口径步枪在发射专用穿甲弹时甚至可以在100米（109码）距离上击穿厚达20毫米（³/₄英寸）的坦克装甲，并能在远至300米（328码）甚至更远的距离上维持相当的穿甲能力。早期坦克上随处可见的垂直平板装甲在反坦克步枪面前极为脆弱；但倾斜装甲却能大幅降低反坦克步枪的有效击穿距离。

德军从1918年开始投入使用的13.2毫米（¹/₂英寸）反坦克枪看似是军用步枪的放大版本，可能是由一种大型狩猎步枪演化而成。与所有的反坦克步枪一样，德制1918型反坦克步枪也极为沉重，巨大的后坐力甚至可能导致射手受伤。到最后，一些反坦

▲
诱导敌军

雷区与壕沟被用于诱导敌军突击坦克群进入布置有反坦克武器的"杀伤区"内，并迟滞坦克通过危险区的步伐。反坦克壕即便不能完全阻止坦克的前进，也能降低其速度，为己方火炮争取时间。

克步枪甚至会被安装在枪架上，被视作是一种小型炮兵武器。一些重机枪也被按照反坦克作战的需求进行改装，专注于打击坦克。

其他步兵武器——例如喷火器，也被用于对抗坦克。早期坦克相对容易起火，面对火焰武器时非常脆弱，不过早期喷火器的较近射程也使得喷火兵在攻击坦克时极为危险——许多场合下，喷火兵必须离开掩体才能有效使用喷火器。此外，英军的"雌性"坦克往往配置有大量的机枪，更使得对坦克的近距离突击行动与自杀无异。

炮兵的间瞄火力既能够击伤击毁坦克，也能够在地面上制造大量弹坑，迟滞坦克部队的通过。而要想让一辆坦克停下脚步，火炮的直瞄开火几乎是当时最为有效的方法。最早的火炮直瞄反坦克射击并非有意为之，而是当坦克逼近炮兵阵地时，不愿落荒而逃的炮兵们鱼死网破地反击。在炮手们没有乱作一团的情况下，火炮直瞄射击往往能够抵挡住一场坦克攻势甚至将其击退。不过当时的直瞄火炮依然主要采用高爆弹药而非的穿甲弹，为消灭坦克而专门设计的弹药此时尚未诞生。

为了阻止坦克攻势突破战线前沿的步兵阵地，火炮开始被用作反坦克武器。由于几乎所有类型的火炮都能够瘫痪或是至少击伤敌军坦克，因此轻型火炮最为受到青睐。此外，相较于重型火炮，轻型火炮的部署位置更为靠近前线，在发现敌军坦克能够更及时地做出反应。而在敌军坦克没有进入直射射程时，轻型火炮还能继续进行常规的射击。

▼
火焰喷射器

早期的火焰喷射器是扫荡战壕的利器，但极为笨重。较短的射程使得喷火器手在对付坦克时凶多吉少。

由于当时的炮位工事并不能防御机枪射击，投入反坦克作战任务的火炮极为脆弱，往往遭遇非常惨重的损失。但很快，德军炮兵便学会了像步兵一样挖掘防御掩体。不过只有预先部署在前沿阵地或者将被投入敌军进攻方向的火炮才会构筑防御掩体。放列于战线后方或者机动中的火炮依旧极为脆弱，但他们仍是反制坦克突击的有效手段。

直到战争临近结束时，专用反坦克火炮才开始出现。这些37毫米（$1^1/_2$英寸）火炮因弹道平直而射程有限，不过低平的弹道更有利于击穿敌军的装甲。大多数反坦克炮都未能赶在战争结束前投入使用，仅有少数走上战场。与此同时，德军依然在将手头的各种炮兵武器投入反坦克任务，到1918年时，德军几乎将所有类型的炮兵武器都投入到了反坦克任务中，发射带有钢制被帽的穿甲弹打击坦克，甚至战壕迫击炮都被用于反坦克作战。由于局势极为严峻，德军几乎将所有能够穿透坦克装甲的武器都视作是反坦克武器，同时将命令所有火炮和重机枪将坦克作为首要目标。这一命令颇有画蛇添足之嫌——武器班组不可能忽视坦克这个巨大威胁。

▲
被击毁的坦克

在第一次世界大战期间，只有少数坦克是被敌军完全摧毁；大多数失去战斗力的坦克都能被修复或拆解回收。这些如同字面意义一样被"击毁"的坦克通常是遭到了敌军炮兵的打击。

从某种程度上而言，德军阻击坦克的努力反倒对于坦克完成其本职任务——支援步兵有利。由于各类武器均对准坦克而非步兵开火，步兵能够更安全地抵达发起冲锋的位置。即便坦克被击毁或打瘫，其吸引的大量敌军火力也为进攻方的胜利做出了攻陷。比起步兵的死伤，坦克的损失也更容易令人接受——许多被击瘫的坦克都能够被修复，或拆下来零件继续使用，而步兵的损失则更加难以恢复。

战术改进

在开始遭遇坦克攻击后，德军的反坦克防御很快开始以构建防御阵地为关键。德军认识到将反坦克武器集中布置的效果要好于将其分散到整条战线上，因此将反坦克武器设置在最可能遭受坦克攻击的位置。反坦克武器通常以不少于两部的数量集群布

置，如果1门反坦克武器布置在正对敌军坦克进攻的方向，另1门就将被布置在侧翼。

反坦克壕、反坦克雷场和反坦克障碍物也开始成为反坦克地域的组成部分，并被用于迫使敌军坦克沿德军预先布置的道路前进。在理想的情况下，这些试图绕过障碍物的敌军坦克将暴露出脆弱的侧面。反坦克武器将从出乎敌军坦克预料的方向开火。由于在未遭受攻击的情况下的射击更为有效，反坦克武器通常都会预先进行隐蔽以避免遭到敌军火力压制。

德军部队同时还尝试过构筑反坦克支撑点，通过包括前出布置的反坦克枪，迫击炮，常规火炮和反坦克炮在内的多种反坦克武器共同建立起远近衔接的反坦克防御体系。通往反坦克支撑点的道路将会被障碍物封锁，而支撑点附近的步兵阵地也能防止协约国步兵为坦克开辟道路。随着反坦克武器有效性的提升，支撑点的存在能够让周围阵地内的步兵在面临坦克突袭时继续战斗而非望风而逃。坦克在战场上同样具有巨大的心理震慑作用，而通过建立起有效的防御体系，德军大大降低了协约国坦克突击对前线部队的心理影响。

▼

被遗弃的坦克

在坦克失去行动能力后，车组成员有两个选择：冒险穿过无人区返回己方战线，或是在坦克内用一切仍能使用的武器继续战斗，不过后一个选项往往会导致已经动弹不得的坦克继续遭到敌军火力的攻击。

第3部分

间战年代

THE INTERWAR YEARS

▼
罗尔斯·罗伊斯装甲汽车

罗尔斯·罗伊斯装甲汽车一度服役于世界高地，在20世纪20和30年代广泛投入殖民地警察任务中。虽然到20世纪30年代后期时已经明显过时，但该车依然是一种实用的机动支援武器平台。

第一次世界大战为其后20年间的坦克设计与研制带来了诸多启发。在战争结束时，全世界的坦克设计与研制经验仅局限于几个月中的快速设计与改进。作战方面也同样如此，各国在大规模机动作战与装甲作战方面的实践经验都相对有限。

装甲战斗车辆的出现仅让军队高层意识到了其在未来战争中的必要性，但由于诞生时间太晚，以至于无法让人们清楚地认识到装甲战斗车辆的未来发展方向。一些国家由于在20世纪20年代生产了大量一战时期技术水平的老式坦克而导致坦克技术发展原地踏步。

多数参战国在战后都装备着大量战时制造的坦克，虽然这些坦克设计原始，但远比设计生产新式坦克来得便宜。在此之中，法国尤其漠视新式坦克的设计研发，其装甲部队主力长期是1917年问世的FT–17坦克，因此在1940年面对德军新锐装甲力量的攻击时力不从心。

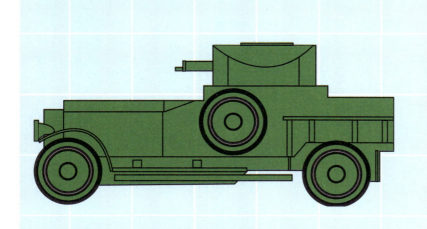

罗尔斯罗伊斯装甲汽车

投产时间：1914年

生产数量：超过250辆

车重：4.7吨

车长：4.93米

车组：3人

装甲厚度：12毫米

主武器：1挺0.303英寸口径机枪

最高时速：45英里/小时（72千米/小时）

作为坦克研制最初的领军者，英国也忽视了新型作战装备的研制。虽然一些有识之士仍在推进坦克设计和战术方面的理念革新，但他们的努力在很大程度上被忽视了。作为协约国坦克部队突击的主要目标，德国在战争期间并未将装甲战斗车辆的发展摆到优先位置上，因此或许是战后最急于发展装甲战斗车辆的国家。不过由于《凡尔赛和约》的禁令，德国被禁止拥有坦克。

祸福相依，坦克禁令也使得德国没有大量的老旧装备，能够另起炉灶建立起一支全新的装甲兵部队。德制坦克并未受到当时已有设计的影响，而是根据德国装甲战理论先驱们所提出的需求设计。总的来说，这使得德国的装甲车辆设计更为前卫，同时也使得德国装甲兵部队在组建后无须像其他国家装甲兵那样委曲求全。

袖珍坦克和装甲汽车

在两次世界大战期间诞生了袖珍坦克（Tankettes），这种轻型装甲车酷似缩小版的坦克，且配有轻型装甲和武器。大多数"袖珍坦克"都仅配有1挺机枪，装甲防护也仅限于抵挡步兵武器。袖珍坦克在作为火力支援车辆支援步兵时效果不错，且车体装

▲
实验型装甲车
图中这辆莫里斯（Morris）"战锤"（Martel）袖珍坦克采用了独树一帜的行走系统，车体后部的尾轮负责转向，而车身的大部分重量则由前部的履带系统承担。不过这种尝试未能成功。

步坦协同作战

苏制BT-7坦克拥有极佳的机动性和出色的火力。虽然该型坦克的装甲较薄，但大部分位置的装甲都有着不错的倾角。后继的苏联坦克，如T-34，都继承了这一特点。

甲也使得其至少比步兵更经打一些，但这种小型车辆并不能取代大型装甲战斗车辆。

袖珍坦克的一个突出优点便是便宜，能够让预算紧张的政府撑起一个相当规模的装甲部队架子，并利用袖珍坦克获得装甲与机械化作战的相关经验。袖珍坦克完全能够胜任英军和意军在两次世界大战之间执行的殖民地警察任务，并在20世纪30年代日本侵华期间被证明能够有效对付缺乏武器装备的民兵和游击队。

除了薄弱的装甲和火力之外，袖珍坦克的另一个主要缺陷便是其车组只有一到两人，且车组人员需要同时完成多项工作，这使得其作战效率要远低于大型坦克。但即便如此，英国还是于20世纪20年代中期在试验装甲部队（Experimental Armoured Force）编制下组建了一支袖珍坦克部队。而包括波兰在内的许多国家则因为别无选择而将袖珍坦克编入了一线作战力量。

袖珍坦克理念最终被证明是行不通的，但其出现为许多轻型装甲车辆的诞生铺平了道路。这些轻型装甲车辆要么派生自袖珍坦克，要么是由袖珍坦克改装而成，抑或是利用袖珍坦克的经验教训另起炉灶设计。这些轻型履带式车辆的任务涵盖了通用运

▼

M2中型坦克

美制M2中型坦克在车体中部设有多挺安装在舷台上的机枪，M2型是M3中型坦克服役前的过渡型号，仅被用于训练。

输、侦察和火力支援，其中最有名的莫过于由英国的约翰·卡尔登和维维安·洛伊德以袖珍坦克为基础研制的"通用运载车"（Universal Carrier）。该车因通常配备1挺"布伦"轻机枪而被俗称为"布伦运载车"，是一种多用途敞篷履带车，能够执行拖曳拖车/火炮、运输兵员、补给和武器等任务。"通用运载车"还是装甲车辆"车族化"的鼻祖。

相比为每一种用途单独研制一种车辆，为执行不同任务的车辆配备同一套底盘不仅更为廉价，在提升装备保养和后勤保障方面也极具吸引力。通用运载车既可以用作早期型的装甲输送车，也能用作火力支援车和炮兵牵引车，并在脱离道路的状况下具备优良的机动性。其他国家也诞生了与之类似的设计，且当这些轻型车辆只要不被用于取代坦克投入正面作战，通常都能获得成功。

装甲汽车的发展也贯穿了间战年代。在此期间，装甲汽车开始从改装型民用车转变为"带轮子的轻型坦克"。专门为军事用途设计的装甲汽车在20世纪30年代时已经拥有了更加优秀的野地机动能力，被广泛编入装甲部队用作侦察车辆。

▼

Mk I 中型坦克

Mk I 中型坦克是英国战后列装的第一种坦克，也是第一种采用回转炮塔与俯仰主炮基座的英制坦克。该型坦克配备有弹簧悬挂，从而显著改善了恶劣地形机动性。

虽然履带式车辆在崎岖和泥泞地形通过性更佳，且能够翻越障碍物，但轮式车辆也非一无是处。在平坦地形和道路上，轮式车辆的最高速度要远高于履带式车辆，在相同耗油量下的行驶距离通常也更远。轮式车辆并不需要像履带式车辆一样对行走机构进行频繁维护，且能够自持进行长距离机动，而坦克则需要铁路或者专门的坦克运输车才能实施长距离转移。

装甲汽车虽然战术机动性上略逊于坦克，但拥有更强大战略机动性。与袖珍坦克一样，装甲汽车也造价低廉，且不会受到军备条约限制。例如德国作为第一次世界大战的战败国被《凡尔赛和约》禁止设计和制造坦克，但却被允许装备用于治安的装甲汽车。一支庞大的装甲汽车部队让德军得以快速积累装甲作战的经验，并在未引起他国剧烈反弹的情况下组建起一支精锐坦克部队。1940年如入无人之境的德军所采用的是20世纪20、30年代，德军在连训练坦克都不得装备的时期（依靠汽车模拟）摸索出的技战术。

Mk II 中型坦克

作为 Mk I 坦克的改进型，Mk II 中型坦克在第二次世界大战爆发时已经彻底过时。一些该型车被埋入英格兰南部的工事中用作固定式碉堡。

与袖珍坦克一样，装甲汽车也在国与国之间的小规模冲突和殖民地作战中表现出色。优秀的机动性，轻装甲防护和反人员火力的组合使得装甲汽车在应对二流国家军队和殖民地反抗力量时表现优秀，但也让一些人产生了已经不再需要甲坚炮利的重型战斗坦克的错觉。例如在20世纪30年代，日本坦克设计师就曾提出过一种吨位较大的坦克设计，但被日军所否决。日军高层想要的是更多的轻型装甲车辆，因为面对当时的对手，轻型坦克的战斗力已经足够。

多炮塔狂热

对于坦克性能需求和作战能力的误判不仅出现在轻型坦克上。早期的装甲战斗车辆被称为"陆地战舰"，且坦克的诞生与海军之间千丝万缕的联系影响了许多当时的发展决策。这一情况在英国尤其明显，当时的英军将坦克划分为了3种类型。

其中最为强大的是被视作"陆地战列舰"（Land Battleship）的"战斗坦克"（Battle Tank）。战斗坦克车速缓慢，续航里程较短，但却配备有强大的火力和最厚重的装甲。这种坦克被用于突破敌军阵地，以便更加轻快灵活的坦克从突破口进入敌军纵

MS轻型坦克

脱胎自法制FT-17坦克的苏联MS轻型坦克采用了改进型发动机和重新设计的车体。在20世纪20年代该型车的性能依然优秀，但在1941年德军发起侵略时，仍在苏联军队中服役的MS坦克根本无力招架。

▲

**M3 "斯图亚特"轻
型坦克**

由M2 "斯图亚特"轻型
坦克发展而来的M3轻
型坦克采用了陀螺仪稳
定主炮，使得其能够在
行进间精确射击。后期
型 "斯图亚特"取消了
翼子板上安装的固定机
枪。

深。执行纵深作战任务的坦克续航里程更远，但火力与防护较弱，与战斗坦克之间的关
系类似于海军中的巡洋舰与战列舰，因此也被称为"巡洋舰坦克/巡航坦克"（Cruiser
Tank）。

按照最初的构想，巡航坦克将在战斗坦克突破敌军战线后深入敌军后方，在旷
野中寻机歼灭敌军目标并制造混乱。因此巡航坦克必须具备足够保护自身，甚至在单
车作战时击退敌军反击的火力与防护，因此巡航坦克应当配备有包括反人员的机枪和
坦克炮在内的混合武器配置。不过在当时，巡航坦克仍主要被视作为一种步兵支援车
辆。许多巡航坦克拥有优异的装甲防护，但却没有安装主炮。

轻型坦克的作战任务类似于海军中的护卫舰（Frigate），将担负"车队之眼"的
职责，甚至一些国家在当时直接将轻型坦克称为"护卫坦克"（Frigate Tank）。轻型
坦克的首要任务是侦察和支援更大型的坦克，但同时也非常适合用来包抄敌军步兵阵
地。当然，并非每个国家都接受了英国的战斗/巡航/护航坦克分类法，许多国家，尤其
是德国，都选择将坦克更加简单合理地划分为重型/中型/轻型，其中还包含侦察坦克和
突破坦克等专门用途的坦克。

　　"陆地战舰"理念催生出了昙花一现的产物：多炮塔坦克。这些坦克的设计思想与第一次世界大战时期如出一辙，早期坦克所配备的大量固定式枪炮是为了能同时向多个方向射击，用合适的武器对付合适的目标。而多炮塔坦克的设计目的也是对抗大量敌人，在用机枪消灭敌军步兵的同时，用火炮摧毁敌军的支撑点和炮兵阵地。

　　但在实际运用中，这些多炮塔怪物的表现往往令人一言难尽。多个炮塔意味着更多的车组乘员（以及其所需的空间）、武器和弹药，用于防护的装甲也因此水涨船高。每一座炮塔都需要独立的俯仰和回转装置，且必须错开安置于车体顶部以免相互阻挡射界。所有这些因素都使得多炮塔坦克变得又重又大，而这样的车体又需要一套更重更大传动装置和发动机来驱动，导致坦克的尺寸陷入"水多加面面多加水"的窘境。

　　设计上的痼疾使得多炮塔坦克大而缓慢，即便是最基本的多炮塔坦克也会配备一座主炮塔和一座自卫机枪炮塔；而最为疯狂的设计甚至拥有多达5座炮塔。虽然武器众多，但所有的多炮塔坦克战斗效能都极为低下，远不能达到从群敌中杀出一条血路，克敌制胜的要求。大多数多炮塔坦克项目都仅进行至原型车阶段。

　　现代坦克采用在炮塔内配备1门主炮与1挺同轴机枪，在需要时设置第2挺由车长操作的机枪，这样的武器配置是有着深刻的理由的。单炮塔布局不仅更加灵活，也能降低重量，因此从20世纪30年代开始大多数坦克都采用了单炮塔布局。不过成为当今主流的主战坦克（Main Battle Tank）要等到第二次世界大战结束后才出现，这种坦克将中型坦克的卓越机动性与装甲防护，和重型坦克的强大火力结合了起来。

　　虽然多炮塔理念在间战时期逐步退出了历史舞台，但研制人员还是希望能够给坦克多配备一些武器。部分坦克在炮塔内设置了1挺与主炮朝向一致的同轴机枪，在车体前部安装机枪也成为普遍现象。车体前射机枪射界有限，且主要被用作进攻武器而非自卫武器。车体机枪的任务并非防止步兵偷袭坦克的侧翼，而是瞄准前方，消灭坦克前进方向上的敌人。

　　当时的一些坦克还会携带1挺自卫机枪，这挺机枪有时会安装在炮塔尾部。后射自卫机枪在第二次世界大战结束后也消失了，这既是因为这挺机枪的实战效果较差，也是因为在主武器仍在开火时，炮塔内的车组成员很难有机会操控后射机枪。在一些坦克上还设置有被固定在翼子板上的机枪，但这种设计也逐渐退出了历史舞台。虽然就大口径火炮而言，将火炮安置在射界有限的车体基座上的制造难度要低于为其配备一个大型炮塔，但车体固定式枪炮在很多方面都存在缺陷。

　　首先，车身固定式枪炮很难快速调转至侧翼来袭目标的方向，其次，车体武器也无法越过障碍物开火。在车身上安装反坦克炮的坦克在遭遇敌军炮塔式坦克时往往需要很长时间才能找到开火还击的时机。将主炮安装在车身对于以打击坦克为主要使命的坦克歼击车尚可接受，但在高度机动的装甲作战中却是一大缺陷。

列宁格勒

苏 联

雅罗斯拉夫

伊凡诺沃

莫斯科

喀山

萨马拉

萨拉托夫

基辅

沃罗涅日

哈尔科夫

叶卡捷林诺斯托夫
（第聂伯罗彼得罗夫斯克）

顿涅茨克

察里津

伏尔加河

克里沃罗格

扎波罗热

顿河畔罗斯托夫

北

塞瓦斯托波尔

新罗西斯克

0   200千米

0   200页

里 海

第比利斯

克拉斯诺夫斯克

巴库

苏联兴起的坦克工业

- 🔴 1926年至1939年期间
  人口大幅度增加的城市
- 🔲 铁矿
- △ 工程/武器装备工业
- ▲ 原油开采点
- 🔲 主要的坦克工厂
- ▤ 煤矿开采区
- —— 主要的铁路线路

迈向现代坦克

20世纪30年代，坦克的外观开始变得越来越"现代化"。悬挂系统与传动系统的进步使得坦克能够更快地通过恶劣地形，而简易的火控系统也使得坦克不再需要停车才能保证射击精度。那些在20世纪30年后期设计，并投入第二次世界大战的坦克已经与第一次世界大战中那些步履蹒跚的钢铁怪物相差甚远。但此时坦克运用理念的发展却仍未完成。

坦克在战争中应当扮演何种角色在当时仍然是一个尚未获得解答的问题。大多数国家都针对坦克的不同用途分门别类地提出多种设计，而在第二次世界大战结束后，这些五花八门的坦克都将被一种通用的设计取代。这些专用型坦克的黯然退场，主要还是因为在与其他坦克的对阵时表现极为蹩脚。

战前的许多坦克，尤其是英制坦克所配备的小口径坦克炮无法击穿其他国家的巡航坦克和中型坦克。许多体型不小的坦克甚至只配备了机枪，承担反人员任务，以打击软目标、轻型火炮阵地与运输车辆为主。即便安装大口径火炮通常也是短身管低初速的型号，在面对装甲车辆时效果有限。

从20世纪30年代后期，尤其是汲取了西班牙内战的经验后，情况发生了改变。在西班牙内战期间，国民军仅配备机枪的I号坦克只有在极近距离上才能用穿甲弹击穿苏联为共和军提供的坦克，因此德军将该型坦克的主要武器升级为20毫米（$^3/_4$英寸）火炮。坦克设计也从这一时期开始适于执行反坦克作战，但此时的坦克依然非常轻小。根据间战时期的战术思想与1939年的战场经验，30至40毫米（$1 \sim 1^1/_2$英寸）火炮似乎已经足以执行反坦克任务。不过随着坦克设计在第二次世界大战爆发后的快速迭代，间战时期的认识很快就过时了。

◄◄

苏联坦克工业
苏联建立起了庞大的坦克工业，并博采众长，通过借鉴其他国家的先进理念奠定了俄制坦克的设计基础。

皇家坦克兵——实验装甲部队

THE ROYAL TANK CORPS EXPERIMENTAL FORCE

在第一次世界大战期间首度登场时，坦克隶属于英军机枪兵部队下属的重型分队。在1914年将装甲汽车部署至欧洲大陆后，英军又在1916年将坦克投入索姆河战场。到战争结束前，英军已经组建起了25个坦克营，另有8个被加强至营级规模的坦克连。从1916年秋季首度服役到1918年12月战争结束，英军坦克部队的兵力已经得到了显著的增长。

在第一次世界大战中期，重型分队被从机枪兵中拆分出来，成为独立的坦克兵部队，首任司令为休·J.埃尔斯（Hugh J. Elles）上将。1918年4月24日，交战双方在法国卡希（Cachy）村近郊爆发了首场坦克之间的交战，当时德军的1辆代号"女水妖"（Nixe）的A7V坦克向3辆英军Mark IV型坦克发起了攻击。英军坦克中有2辆被击伤，随后德军坦克因倾覆而退出战斗。

前景黯淡

随着第一次世界大战的结束，英国武装部队，尤其是坦克兵部队的地位更是一落千丈。战时军队的庞大规模导致维持费用高涨，而对于坦克在战场上的价值持怀疑态度的人也不在少数。英军坦克兵部队的规模很快被裁减到5个营，在俄国内战期间，英军坦克兵曾派出部队赴俄参战，另有一些装甲汽车和坦克被派往了中东。

但即便是在军费紧张的情况下，英国陆军依然对装甲部队给予了高度重视，在1923年，英王乔治五世下令授予坦克兵 "皇家"头衔。在第二次世界大战即将爆发的1939年，皇家坦克兵部队又被改称为"皇家坦克团"，并已经新建了14个营。在头衔被定为"团"的同时，皇家坦克团下属的部队也开始被合编为坦克团。1933年，英军在埃及组建了1个坦克营。而到第二次世界大战结束时，皇家坦克团下属的坦克营中有

多个已经被升格为团，总计有24个坦克团伴随着英军征战于世界各处。

冷战合并

1945年，皇家坦克团再度遭到裁减。在裁减后，英军仅编制有8个坦克团，这些团被频繁部署到如中东、朝鲜半岛、东南亚和北爱尔兰等热点地区。在1969年，这8个团被整合缩编为第1和第2皇家坦克团，也就是如今皇家坦克团的全部作战力量。这2个团的部队先后参加了科索沃维和行动，1991年海湾战争，阿富汗战争和2003年的入侵伊拉克。

坦克战术

皇家坦克团的战术发展与其所经历的历次冲突息息相关。英军的坦克战术经历了反复讨论与修改，使得其能够适应现代条件下的战场环境。技术发展也使得坦克和反坦克武器的性能不断进化。

在第一次世界大战时期，装甲战理念的创始人却对于坦克能否在西线战场成功运用报以怀疑态度。在作为步兵军官参战两年后，J.F.C.富勒于1916年12月被任命为陆军机枪兵重型分队总参谋长。虽然他在当时对坦克并不熟悉，但富勒很快注意到坦克是一种能够打破堑壕战僵局的武器。富勒很早便断言这种新型武器必须被部署于适于重型履带式车辆行驶的地带。根据早期的作战经验，许多坦克在战斗中都会深陷泥泞或者栽进弹坑中动弹不得。

富勒与康布雷

在经历了1916年伊普雷战役以及索姆河战役的出师不利后，英军内部对于坦克的质疑达到了空前绝后的程度。但与此同时，英制Mark IV型坦克已经披挂上阵，准备在1916年血战过的索姆河以东的康布雷一雪前耻。相比索姆河前线，康布雷的地形更适合坦克

▼
装甲先驱

休·J.埃尔斯上将是英国陆军坦克兵在独立后的首任司令。英军坦克部队最初以"重型分队"为名组建于机枪兵部队建制下。

行动。

　　富勒抓住这一机会制订了一份装甲进攻计划，充分发挥康布雷的地形优势。他计划在进攻发起前和进攻期间对敌实施猛烈的炮火覆盖，并利用一道与坦克一同向前推进的徐进弹幕掩护进攻。富勒还打算为这场攻势投入300辆坦克，并将其集中而非分散使用。英军坦克将在对地攻击飞机的掩护下快速推进，并在后续的步兵占领阵地后脱离战斗。

　　这场攻势在最初阶段进展良好，但随后1名英军师长犯下了错误，他将负责掩护坦克的步兵与坦克之间的距离定为200米（218码）而非此前定下的100米（109码），使得坦克失去了至关重要的步兵掩护。而德军则趁此机会利用集束手榴弹、简易反坦克炸弹和77毫米野战炮对翻过一处山脊线的英军Mk IV坦克发起猛烈攻击，短短几分钟内就在这处狭窄的战场上让近30辆英军坦克丧失战斗力。

　　在持续1周后，康布雷攻势终于失去了势头。英军坦克部队因敌军火力、操作失误或是机械故障而损失惨重，参战英军部队也已经疲惫不堪。

远见者富勒

　　康布雷攻势的惨痛教训让富勒认识到坦克必须拥有更高的机械可靠性，这对于坦克部队内部保持能够相互掩护的合理距离以及作战配合至关重要。此外，富勒还意识到装甲战斗车辆必须具

早期装甲车辆

图中这辆英制Mk IV型坦克充分展现了第一次世界大战时期坦克的典型设计。注意位于两侧舷台的坦克炮与位于驾驶室正中的前射机枪。英军的3辆Mk IV坦克与德军的1辆A7V坦克爆发了世界上第一场坦克对坦克的战斗。

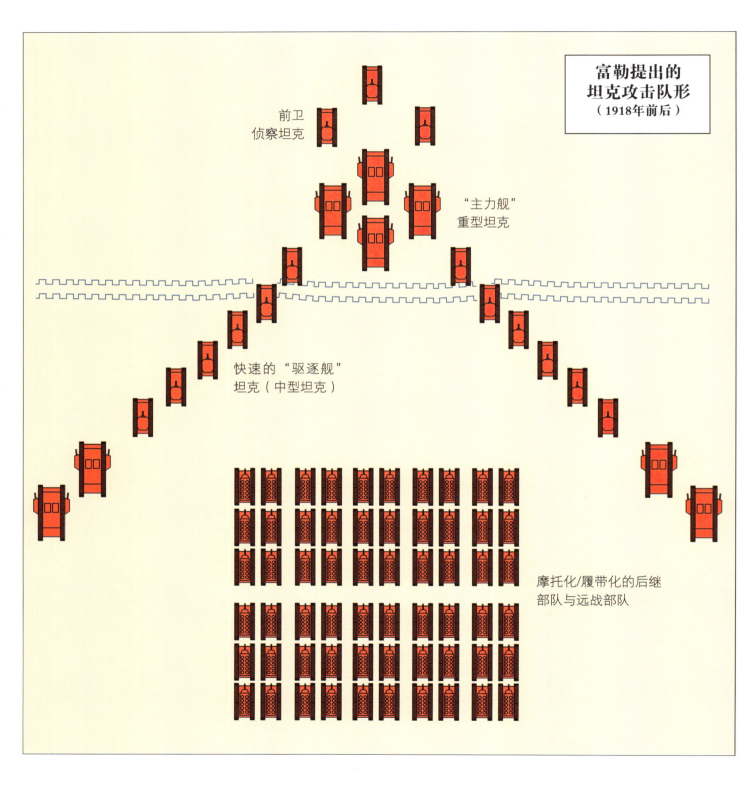

前卫
侦察坦克

富勒提出的
坦克攻击队形
（1918年前后）

"主力舰"
重型坦克

快速的"驱逐舰"
坦克（中型坦克）

摩托化/履带化的后继
部队与远战部队

备较高的行驶速度以及在各种地形上自由行动的能力。

随着具备更佳装甲防护的低空飞机的装备，英国皇家飞行兵团的对地支援能力得到增强，而富勒也打算再次实践实地验证装甲矛头理论的有效性。1918年7月，一支由60辆Mk IV型坦克组成的装甲矛头在飞机以及近600门火炮的掩护下，在哈梅尔战场表现出色。

次月，英军在亚眠首次投入了速度更快，机动更为灵活的"灵犬"坦克，这种轻巧的车辆能够在德军防线被撕开突破口后快速深入德军纵深。"灵犬"也被称为"A型中型坦克"，配备有4挺7.7毫米（$\frac{1}{3}$英寸）机枪，最高时速可达13千米/小时（8英里/小时），行程可达64千米（40英里）。"灵犬"仅需3人便可操纵，相比之下，笨重缓慢的德军A7V坦克则需要多达18名车组成员。

战术调整

在坦克兵部队认识到自身还具备着更大的潜力的同时，富勒也在继续改进着英军的装甲战术条令。在他看来，这场战争将持续到1918年后，他也看到了英国军队发起多兵种协同攻势的能力正在提升，并认识到坦克部队在战争中赢得胜利的关键是获得空中和炮兵的密切支援，并在向敌军控制区深入期间由步兵掩护坦克的死角和盲区。

富勒提出的协同战斗计划对于此后的地面战争产生了深远的影响，虽然由于1918年11月11日第一次是世界大战结束，英国陆军未能实施这一计划，但该计划将成为此后战争的模板。

根据富勒的计划，英军坦克将以一个巨大的楔形队形向敌军发起冲击。炮兵将用一轮弹幕覆盖削弱敌军防御，随后为先导部队提供近距离支援，大批飞机将打击敌方地面目标、扰乱敌方交通线，阻止敌军投送增援。少量的侦察坦克将承担侦察任务，并试探敌军战线上的弱点。在找到敌军的防守薄弱处之后，由重型的Mk V型坦克组成的"攻城锤"将"砸开"德军的防线。

一旦取得决定性突破，轻巧的"灵犬"坦克（以及直至战争结束仍未完成研制，但更为轻巧灵活的中型坦克）就将承担此前冲击骑兵（Shock Cavalry）的职能，沿突破口深入敌军纵深并在敌后方尽可能地造成混乱。当时最新型的轻型坦克已经具备30千

▲

英制"灵犬"坦克

英军将"灵犬"坦克视作是一种速度较快，机动灵活，能够在实现突破后担负远战任务的装甲车辆。英军在1918年的亚眠会战期间首度投入"灵犬"坦克。

◀◀

富勒方阵

英国装甲战理论家J.F.C.富勒提出部署一支以坦克为主力的合成部队。虽然他在1918年提出的作战计划未能付诸实施，但他提出的创新理论影响了下一代的装甲战术家。

▶▶

英制Mk V型坦克

Mk V型坦克于第一次世界大战末期进入英军服役，但仅参加了少数行动。该型车的车载武器包括2门6磅炮和4挺7.7毫米（¹⁄₃英寸）机枪。

▼

康布雷战场

在康布雷，1辆失去战斗力的英制Mk IV型坦克瘫在德军的一道铁丝网障碍边。由于指挥失当与德军炮兵的快速反应，英军坦克在康布雷战役中的表现令人失望。

米/小时（20英里/小时）的高速，富勒认为这一点对于进攻的成败非常重要。中型坦克将摧毁德军的指挥与控制体系，挫败德军的反击，甚至在理想情况下从后方与正面部队夹击敌军防线。

为了跟上机动快速的坦克，富勒的计划同样催生出了摩托化步兵。步兵将搭乘卡车伴随坦克冲入突破口，并在快速推进的过程中下车攻击敌军设防堡垒，瓦解被包围敌军的抵抗以及占领阵地。

实际应用

不论20世纪30年代的德国陆军是否接受了富勒的战术思想，并将其作为日后席卷欧洲的"闪电战"的理论基础。可以肯定的是，富勒的思想对于此后战术指挥官造成了深刻影响。虽然富勒曾和他的反对者就他的装甲战理论的价值论战不休，但他的思想最终在战场上得到了检验。

J.F.C.富勒是幸运的，他有机会在第一次世界大战的后期阶段将他的装甲战术条令付诸实践。西线战场的战役成为了他的创新思想的试验场，并让他得以通过试错修正自己的理论。如果没有这样的机会，他的理论很可能只能出现在训练手册或是兵棋规则书中。总而言之，皇家坦克兵的早期探索对装甲战斗车辆以及多兵种协同作战影响一直持续至今。

苏联 "大纵深战役" 学说

SOVIET DEEP PENETRATION THEORY

▼

殉道者元帅

印制在一张纪念邮票上的米哈伊尔·图哈切夫斯基元帅的肖像，他是"大纵深战役"学说的早期拥护者之一。不幸的是，他成为了斯大林的偏执的受害者，在对苏联军官团的大清洗中被处决。

苏联红军的作战指导方针 "大纵深战役" 学说诞生于俄罗斯的所经历的一连串军事失败之中——帝俄输掉了克里米亚战争（1854—1856），新生的苏俄则在1917年与德国媾和，设法退出了第一次世界大战。此外在1904至1905年的日俄战争中，沙俄军队被日军击败，而20世纪20年代的苏波战争当中，苏联红军也最终功败垂成。

在 "十月革命"（Bolshevik Revolution）后，许多有远见的红军高级指挥员开始检讨俄国在军事上表现欠佳的原因，并探索在战术和战略层面之间的多兵种合同作战。"大纵深" 作战的拥护者们为军事计划与指挥加入了第3个层面——战役（operation）层面。在缔造这套充满新意的战役理论的红军军官中，最为耀眼的莫过于米哈伊尔·图哈切夫斯基（Mikhail Tukhachevsky）和弗拉基米尔·特里安达菲洛夫（Vladimir Triandafillov）。图哈切夫斯基是一名经历了第一次世界大战和苏波战争的沙场宿将，但在20世纪30年代中期的大清洗中被苏联领袖约瑟夫·斯大林下令处决。特里安

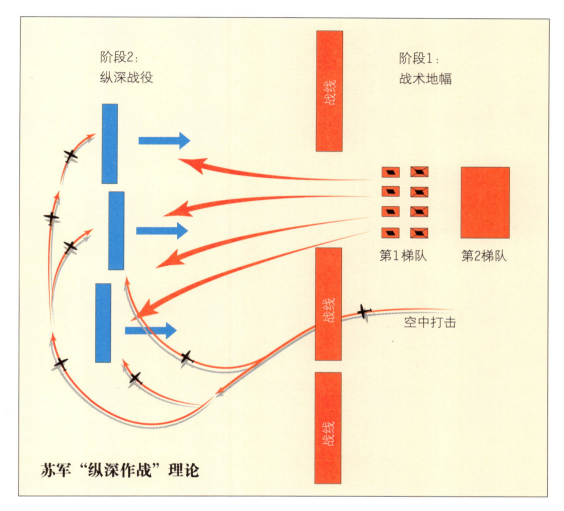

阶段2：
纵深战役

阶段1：
战术地幅

战线

战线

战线

战线

第1梯队　　　第2梯队

空中打击

苏军 "纵深作战" 理论

纵深突破战役

根据苏联军事学说，纵深突破战役将在扰乱敌军的同时打开突破口，随后将远战坦克部队投入纵深战斗。在实施 "大纵深作战" 时，苏军指挥官必须具备在发起首场战斗时就规划整场战役中的后续战斗的能力。

达菲洛夫也经历了第一次世界大战，并在随后升至副总参谋长，撰写了大量有关现代军事作战的文章，但天妒英才，特里安达菲洛夫于1931年在一场坠机事故中去世。

全新视角

"大纵深战役" 学说的核心，是在敌军整条战线的多个方向同时发起进攻，从而让敌军统帅顾此失彼，无法将预备队投入我方真正意图取得突破的地域。同时，进攻部队将深入敌方整个战场纵深，这样的纵深攻势将快速瓦解敌方的战斗力并在敌军战线上撕开一个决定性的突破口。

在达成突破后，快速部队（Mobile Force）将迅速沿突破口进入敌军后方纵深，消灭其指挥控制中心，破坏敌军的运输补给，切断敌增援通道，让敌军全面陷入混乱。

▲

KV-1坦克

装甲厚重的KV-1型坦克配备有1门76.2毫米主炮。德军的37毫米（1¹/₂英寸）反坦克炮弹几乎无法穿透其结实的装甲。但由于制造成本高昂，该型坦克被更为实惠的T-34型坦克所取代。

最终"大纵深"进攻战役将以夺取红军制订的战略目标结束。

在特里安达菲洛夫设计出"大纵深战役"学说的同时，图哈切夫斯基正尝试说服苏军指挥官转变他们对于战场的传统看法。在新的理论中，地面战斗不再是两军之间的线性对抗，一场战役将与其后续战役被视作一个整体，通盘考虑，连贯实施。能在这样的战场上取得胜利的指挥官必须目光长远，甚至在第一场战斗还未发起时就开始谋划整场战役中的最后一场战斗。

为遂行这种战役模式，苏军各兵种需要以前所未有的协同程度合同作战。普通部队的基本战术单位为师，负责延战线拖住敌人。在突破成功后，由坦克军和突击集团军组成的苏军快速部队将立刻以全速冲入敌军后方纵深，在意识到其后方已经遭到苏军突击后，敌军会很快瓦解，失去还手之力。重型炮兵与战术航空兵火力在这一过程中将成为空地协同攻势的关键组成部分。成功的"大纵深"进攻战役将对敌军产生巨大震慑，并会导致敌军难以对苏军的行动进行有效反制。

教员图哈切夫斯基

在特里安达菲洛夫因飞机失事去世后，图哈切夫斯基与红军的其他高层一道继续

完善"大纵深战役"学说。图哈切夫斯基的理论包括5个关键要素。其一，"大纵深战役"的实施者必须明确，战术部队必须服务于战役层面的行动。其二，在漫长战线上，以一点或多点展开的，持续不断的宽大正面连贯进攻作战能够有效阻止敌军封堵突破的尝试。其三，苏军实现突破的纵深越大，作为刀锋的快速部队推进速度越快，敌军前线与后方部队所受到的冲击和产生的混乱也就会越严重。其四，保证技术优势，图哈切夫斯基进一步阐释称，部队火力与机动性越强，与"大纵深"进攻战役的效果也就越好。最后，红军指挥官必须在拥有战略眼光的同时具备出色的战术技巧，能够将当前战斗与未来战斗作为一个统一的整体进行谋划，根据当前战斗的情况规划后继的战斗行动。

正式接纳

1933年，一本名为《组织纵深战斗的暂行方法》（*Provisional Instructions for Organizing the Deep Battle*）的手册开始印发红军部队。在"大纵深"作战的实践中，红军会调集多个方面军（其中包含大量的突击集团军），同时或顺次发动攻击，在瓦解敌军防御的同时让敌军难以对苏军的行动采取有力应对措施。连续的战役实施将有利于隐藏真正的战略目的，而苏联最高统帅部则可视需要在敌军防线上确立主要战略目标。

▼
领袖的钢铁洪流
苏制IS-2重型坦克于1943年秋季服役，并参加了库尔斯克会战（此处明显有误，IS-2坦克1943年10月才正式通过验收，1944年2月才在科尔松·谢夫琴科夫斯基战役中首次参战——译者注）。该型坦克不仅配备有1门122毫米（4³/₄英寸）大口径主炮，其厚重的装甲也足以抵御德制88毫米（3¹/₃英寸）炮发射的炮弹。

　　"大纵深"进攻战役的规划是以确定主要战略目标为起点。在确定主要目标后，战术方面的决策可以灵活进行调整。大体而言，突破作战在战术层面上的基本战斗单位是得到坦克与炮兵加强的步兵军。突破作战将由3个梯次的部队构成。第1梯队将负责在一个或者更多的战术区域内突破敌人防线，随后投入的第2梯队将巩固在突破点及浅近纵深取得的战果。最后，第3梯队将经突破口进入敌军后方，快速发展胜利。与此同时，主要由步兵军组成的防守部队将负责保卫远战部队的侧翼，击退敌军的反扑，同时凭借自身力量发动有限的进攻行动。

　　虽然"大纵深战役"学说强调进攻，但这套理论同样也为防御作战进行了考虑。在防御作战中，苏军首先会判明对于敌军有吸引力的目标周围的地形态势，随后在敌军将会来袭的战术地幅上构筑起坚固的防御，这些地域都会被筑垒化，并由步兵和炮兵部队防守。在防线外围埋设的绵密雷区将阻碍敌军部队的推进。而在距离要害战略位置还有一些距离的地方，苏军将这些战术地幅建立起一道主要防线，削弱敌军的战斗力并彻底消磨敌军的进攻势头，同时削弱敌军有生力量，为随即而来的决定性反击创造机会。

放弃的残骸

1943年冬天，一辆炮塔被炸飞，只剩底盘留在原地的德制IV号（PzKpfw IV）坦克被遗弃在荒凉的战场上。作为"德意志军马"，IV号坦克的产量比其他德制坦克都要大。

实际运用

　　"大纵深战役"学说非常适合20世纪30年代的苏联红军，当时的苏军拥有大量的部队，但其中的大多数都训练不足。红军指挥员可以在广袤的俄罗斯动用数量庞大的低素质部队在战斗、战役和战略层次上实施"大纵深"突破战术，以一个方面军负责若干公里宽的战线。在实现多处突破后，大批苏军部队和装甲车辆将快速直插敌军后方，彻底瓦解敌军的抵抗。

　　与"大纵深战役"学说相比，德国的闪电战理论更倾向于在战术层面上集中装甲力量于一点——"重点突破战术"（Schwerpunkt），通过多兵种的战术协同实现在单一点上的决定性突破。虽然两种作战理论都依赖于多兵种合同作战，但二者的相似之处仅限于此。

数量优势

　　在实施"大纵深"作战的过程中，苏军将尽可能地维持自身的数量优势。虽然某些部队在特定时期的编制可能有所不同，但到1943年时，1个步兵集团军下辖有3个军，多达12个步兵师，4个炮兵团（分别是野炮团、反坦克炮团、高炮团和迫击炮团），此外还有负责与航空兵以及其他部队联络的通信分队。步兵军下辖3个师，1个炮兵团，以及信号和工兵部队。每个步兵师下辖3个步兵团，1个炮兵团、1个反坦克营和其他支援部队。普遍而言，1个步兵师的兵员人数为9400人左右，装备44门间瞄火炮、近50门反坦克炮和160门甚至更多的迫击炮。精锐的近卫步兵师的兵员人数则多达10500人。

遂行战斗

　　显然，在遂行"大纵深战役"的过程中，保持进攻的势头对于战役的成功至关重要。堪堪打穿敌军防线并不足以取得胜利，第一次世界大战的经验也表明，即便进攻初期取得了战术胜利，随着敌军部队的恢复和增援力量的投入，进攻方也将丧失发展胜利的能力。因此，推进速度和深度成为了苏军战术指导方针中的关键组成部分，苏联的武器研制也着重于适应在现代战场上执行"大纵深"作战任务的需要。苏军坦克的火力和行程逐步提高，使得快速部队能够迅速发展突破，红军总体机械化程度的提高也使得伴随的摩托化步兵和其他分队能够跟上坦克的脚步。新一代的苏制飞机也开始服役。

　　苏军中承担突破任务的主要力量是突击集团军，这种集团军在组建初期一度下辖

有多达18个步兵师，20个炮兵团和12个坦克营。一个集团军的兵力多达300000人，拥有3200门火炮，至少700架飞机和超过2800辆坦克。

　　苏军计划让各方面军下辖的突击集团军沿着宽广的战线相互配合实施战役。在特里安达菲洛夫去世后，突击集团军在执行进攻任务时的编制被正式确定下来，突击集团军将被分为2个梯次部队。第一梯次部队包括多个步兵军，而第二梯次部队内则编制了大量的预备队与增援部队，旨在维持攻势的势头。在担负突破任务的梯队将推进至敌军战术纵深后方，远战部队（Operational Troop）随即出动，以毁灭性的纵深突破攻势让敌方闻风丧胆，带领红军走向胜利。

　　在"大纵深"进攻理论成形的同时，红军内部也有人担心如果进攻梯队遭到敌军攻击，将导致突破部队无法集结足够的力量应对敌方以优势兵力发起的反攻。这一问题的解决方案是，在遭遇敌军反击时，其他梯队对敌军集结地域实施侧翼包抄，直至红军主力部队抵达。根据这一战法，红军将避免在己方后继部队抵达之前，力量对比尚未转入优势时与敌人爆发大规模战斗。

▼
被驯化的"老虎"

图中这辆德制"虎"式坦克于1943年在乌克兰被其车组遗弃，随后被苏军缴获。图中可以清楚地看到"虎"式坦克的88毫米（3$\frac{1}{2}$英寸）主炮和车体机枪。

大清洗的影响

　　讽刺的是，在20世纪30年代后期对苏联军官团的大清洗中，研究出"大纵深战役"学说的苏军高级指挥员中有许多被处决、投入监狱，或是开除军籍。而"大纵深战役"学说也因为与这些"罪人"有关而被斯大林束之高阁。当希特勒将矛头转向苏联，并在1941年6月对苏联发动侵略时，红军已经因为失去了一整代的高级指挥员而虚弱不堪。由于"大纵深战役"学说的缺席，红军在开战之初的防御作战中损失惨重。

　　1941年冬天，红军成功阻止了德军攻占莫斯科并稳住局势后，"大纵深战役"学说迎来了回归。斯大林开始认识到为了战胜纳粹德国，相比这套理论的优越性，苏联在德国宣战前的政治内斗根本无关紧要。虽然红军已经遭受了惨重的损失，但在庞大的后备人力与苏联强大的工业能力的输血下，苏军依然能够扭转局面。

　　1941年末至1942年初，红军试图用一场"大纵深战役"将德军从苏联首都击退。虽然苏军取得了一些初步胜利，但红军的"大纵深攻势"还是因为苏军机械化部队在战役阶段未能实现快速推进而功败垂成。苏军随后在哈尔科夫方向发起的一场进攻也遭遇失败。

▲

冬季废土

在冬季的大地上，撤退中的德军所遗弃的大量坦克和装甲车辆。到1944年初，已经恢复元气的红军发动的一系列冬季攻势使得德军只能仓皇退却。

▶▶

军级单位编制

从1942年到1943年，苏军坦克军在人员和装备的数量上有了显著的提升。坦克集团军成为了苏军装甲作战的支柱。

▼

"苏维埃巨兽"

装备1门152毫米（6英寸）主炮的苏制ISU-152自行火炮能够承担多种任务。该型车能够被作为坦克歼击车，步兵近距离支援火炮和自行火炮。这张照片中可以看到ISU-152的所有车组成员。

在应对德军在1943年夏对库尔斯克突出部发起的攻势时，苏军得以按照"大纵深"突破理论实施一场典型的反击作战。为了支援前沿的进攻部队，德军忽视了侧翼方向，因此苏军在北线的反击取得了很大的进展，威胁到了德军中央集团军群后方，但随后苏军的反击一度因德国空军的密集空中打击陷入停滞。在突出部的南线，德军部队突破了苏军防线并推进至库尔斯克西南方向的普罗霍罗夫卡，双方随即爆发了有史以来规模最大的坦克大混战，且在这场战斗中损失都极为惨重。在苏军将本应投入其他任务的增援部队调至该方向后，德军的势头最终被遏制。

苏军浪潮

在库尔斯克会战获胜后，苏军掌握了东线的主动权。在1944年，苏军通过运用大纵深战役学说取得了一连串令人印象深刻的胜利。在多场战役中，都曾出现过大批德军部队在被苏军包围，切断补给线和撤退通道后被迫投降的案例。苏军解放了大片领土，并运用这支几乎不可阻挡的力量继续向前推进。到1945年春，苏军已经推进至纳粹德国的首都——柏林的外围。

苏军坦克军编制，1942年

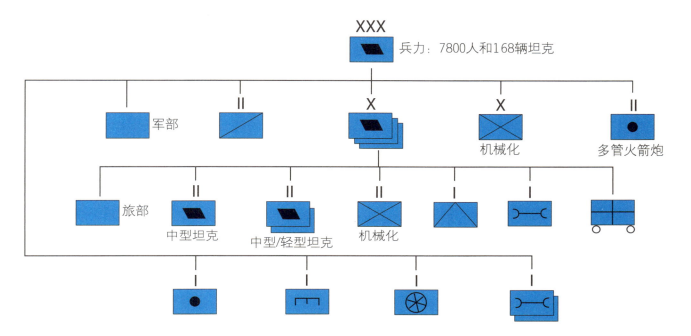

苏军坦克集团军编制，1943年

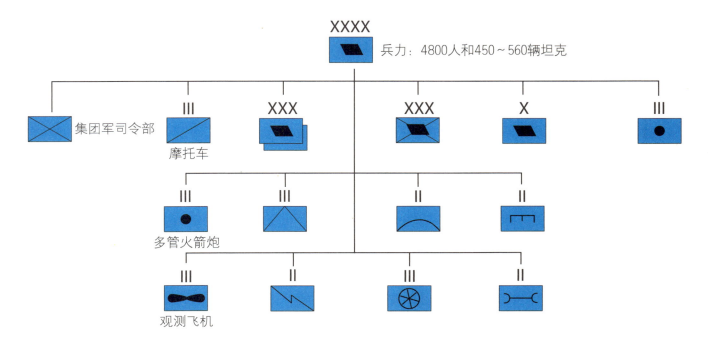

在苏军利用大规模钳形攻势合围柏林城后，被包围的德军部队试图向西突围。双方随即爆发激烈巷战，苏军部队此时必须消灭躲藏在建筑物残骸甚至城市下水道系统内的德军。苏军在1945年4月底将红旗插上了象征纳粹权力的最后堡垒。

后续影响

一些西方消息来源称"大纵深战役"学说在冷战期间依然是苏联军事理论体系的一部分。据称该理论还影响了北约的"后继部队攻击"（Follow-on Force Attack）理论。在该理论中，北约一线部队在牵制住华约一线部队后，后继部队将发起攻击并歼灭华约部队，而被牵制住的其他华约一线部队则分身乏术，无法提供支援。

"大纵深战役"学说不仅存在于第二次世界大战的东线战场上，其对现代地面战争的影响已经持续了近一个世纪。不过更具破坏力的，囊括了战术和战略核武器的现代化"大纵深战役"行动目前仅存在于理论研究与推演领域。

▼
强大的ISU-152
1辆苏制ISU-152型自行火炮驶过柏林市郊的街道，与道旁一道墙上涂刷的"柏林永远属于德国"标语共同构成了一幅戏谑的图景。

注意！坦克！

ACHTUNG PANZER!

　　令人感到讽刺的是，在第二次世界大战中将装甲部队在现代战场下的进攻能力展现得淋漓尽致的国家是德国。在第一次世界大战期间，德国是第一个感受敌军装甲力量威力的国家，并由此诞生了一批汲取了一战经验教训、富有远见的军官。其中执牛耳者当属海因茨·古德里安大将，他在间战年代表现突出，并因将名为"闪电战"的战术理论付诸实践而闻名于世。

　　虽然一些军史学者认为德军的军事理论中并不存在有形的"闪电战"学说，但毫无疑问，德军装甲部队在1939年的战斗中已经展现出了通过装甲、步兵、炮兵和空军

力量的合同作战快速动摇并击败德军的能力。在闪击波兰，以及1940年春横扫法国和低地国家的德军装甲部队中，被集中起来，用于实施攻击行动和机动投送火力的坦克无疑是当时风头最盛的武器装备。

秘密发展

在第一次世界大战结束后，德国的军事力量受到了《凡尔赛条约》的严格限制。德国常备军的员额被限制为100000人，并被禁止装备坦克、装甲汽车以及其他具备进攻能力的运输车辆。但即便如此，魏玛国防军总司令部还是从20世纪20年代中期开始了秘密的训练与装备研制计划。

当时尚处于襁褓之中的德国装甲兵（Panzerwaffe）在一处位于苏联喀山的秘密训练设施展开训练，在这里，德军坦克兵开始学习驾驶英制、法制和苏制坦克，在协约国看来，此举明显违反了《凡尔赛条约》。与此同时，魏玛国防军还维持着一个同样被《凡尔赛和约》所禁止的高层指挥体系。20世纪20年代末，德国生产出战后第一批坦克，并将这些坦克编成了7个"运输营"。这些部队表面上是被组建用来运输补给和搬运装备，但实际上却是用于战斗目的，且定期进行战斗训练。但在这一时期，德国的坦克研制依然受到了很大阻力，时任摩托化兵总监（Inspector of Motorized Troops）的奥托·冯·施图普纳格尔（General Otto von Stulpnagel）上将就曾告诉古德里安："你太心急了。相信我，你我在有生之年都看不到德国坦克投入实战。"

坦克力量

虽然存在着政治倾轧和顽固的反抗声音，古德里安还是得到了一名军方高层的支持——他就是接替施图普纳格尔出任摩托化兵总监的奥斯瓦尔德·鲁兹（Oswald Lutz）少将。鲁兹认识到了坦克在现代战争中的巨大潜力，并将古德里安提拔为摩托化兵参谋长。他们二人通过紧密的合作，成功在发展装甲作战的同时平息了反对声浪。在德军继续以步兵、"假坦克"、炮兵和数量越来越少的骑兵部队实施训练演习的同时，第二次世界大战中那些威力强大，机动性能优异的德制装甲战斗车辆的鼻祖也粉墨登场。

在经过一年多的设计、制造和实地测试后，全称为"I号装甲战斗车辆A型"（Panzerkampfwagen

机动车产量对比			
（各国产量占全球总产量百分比）			
1935年		**1936年**	
美国	74.1%	美国	77.2%
英国	9.1%	英国	7.8%
法国	5.3%	德国	4.8%
德国	4.7%	法国	3.5%
加拿大	3.1%	加拿大	3.4%
意大利	1.2%	意大利	0.9%
其他国家	2.5%	其他国家	2.4%

坦克性能诸元

1916—1933年

坦克名称	生产国家	车组人数	武器		备弹	装甲厚度（毫米）	最大车速（千米/小时）	单车行（千米
			主炮数量与口径（毫米）	机枪数量				
Mk I重型坦克（1916）	英国	8	2×57	4	–	5～11	5.2	24
Mk V重型坦克（1917）	英国	8	2×57	4	200枚炮弹/7800发机枪弹	6～15	7.5	64
"施耐德"重型坦克（1917）	法国	6	75	2	96枚炮弹/4000发机枪弹	5.4～24	6	75
雷诺FT轻型坦克（1917）	法国	2	37	1	240枚炮弹或4800发机枪弹	6～22	8	60
"圣沙蒙"重型坦克（1917）	法国	9	75	4	106枚炮弹/7488发机枪弹	5～17	8.5	60
"灵犬"中型坦克（1918）	英国	3	–	3	5400发机枪弹	6～14	12.5	100
维克斯Mk II中型坦克（1929）	英国	5	47	6	95枚炮弹/5000发机枪弹	8～15	26	220
A7V中型坦克（1918）	德国	18	57	6	300枚炮弹/18000发机枪弹	15～30	12	80
L K II轻型坦克（1918）	德国	4	–	1	3000发机枪弹	改进型14	18	
维克斯"独立"重型坦克（1926）	英国	10	47	4	–	20～25	32	320
夏尔3C重型坦克（1928）	法国	13	1×155 1×75	6	–	30～50	13	150
雷诺 N C 2轻型坦克（1932）	法国	2	–	2	–	20～30	19	120
T2中型坦克（1931）	美国	4	47	1×12 1×7.6	75枚炮弹/2000发重机枪弹/18000发机枪弹	6.35 改进型22	40	145
Mk II轻型坦克（1932）	英国	2	–	1	4000发机枪弹	8～13	56	210
雷诺 U E轻型坦克	法国	2	–	1	–	4～7	30	180
卡登洛依德（拉斯基）轻型坦克	英国	2	–	1	2500发机枪弹	改进型9	水中9.7 陆上64	260
克里斯蒂快速坦克	俄罗斯	3	47	1	–	6.35 改进型16	轮式状态110 履带状态62	400
菲亚特·安萨尔多轻型坦克（1933）	意大利	2		1	4800发机枪弹	5～13	42	110
卡登洛依德（拉斯基）空降坦克	俄罗斯	2	–	1	–	6～9	40	160
维克斯·盖伊武装侦察车	英国	6	–	2	6000发机枪弹	6～11	50	220
装甲侦察车，庞阿尔-克雷塞-因斯汀，1919	法国	3	37	1	100发主炮弹和3000发机关枪子弹	5～11.5	55	200

爬坡能力 （度）	涉水深度 （米）	车重 （吨）	发动机功率 （马力）	车长 （米）	车宽 （米）	车高 （米）	车底离地净高 （米）
22	1.00	31	105	8.6	3.9	2.61	0.45
达35	1.00	37	105	9.88	3.95	2.65	0.43
30	0.80	13.5	60	6	2	2.40	0.40
45	0.70	6.7	40	4.04	1.74	2.14	0.50
35	0.80	23	90	7.91	2.67	2.36	0.41
40	0.90	14	90	6.08	2.61	2.75	0.56
45	1.20	13.4	90	5.31	2.74	3.00	0.45
25	0.80	30	–	7.30	3.05	3.04	0.50
45	1.00	9.5	60	5.70	2.05	2.52	0.27
40	1.22	30	350	9.30	3.20	2.75	0.60
45	2.00	74	1980	12	2.92	4.04	0.45
46	0.60	9.5	75	4.41	1.83	2.13	0.45
35	1.20	13.6	323	4.88	2.44	2.77	0.44
45	0.75	3.6	75	3.96	1.83	1.68	0.26
38	0.70	2.86	35	2.70	1.70	1.17	0.26
30	两栖	3.1	56	3.96	2.08	1.83	0.26
40	1.00	10.2	343	5.76	2.15	2.31	0.38
45	0.90	3.3	40	3.03	1.40	1.20	0.29
45	0.66	1.7	200	2.46	1.70	1.22	0.29
–	–	9.25	75	6.58	2.35	2.86	0.25
35	1.20	6	66	4.75	1.78	2.46	0.25

◀

装甲性能诸元

欧洲各国在间战时期建造的装甲战斗车辆的行驶速度，行程，武器以及生产数量都在稳步提升。随着坦克战术的不断发展，不同类型的坦克也有了分工。

德军装甲师编制，1935年

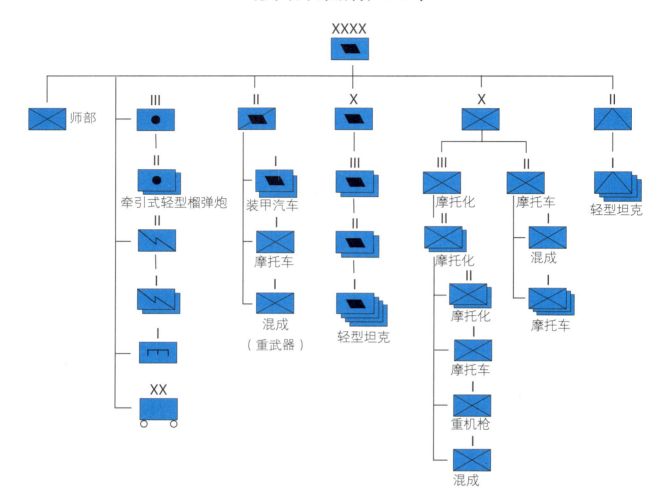

▲

1935年型装甲师

I号坦克是德军装甲师在成立初期的主要力量。虽然I号坦克仅装备有机枪，但较高的行驶速度使得该坦克能够从敌军战线的突破口快速深入敌纵深。

I Ausf. A）的I号A型坦克由传奇的克虏伯公司研制完成，并于1934年进入德军装甲兵服役。I号A型坦克的主武器为2挺7.92毫米（$\frac{1}{3}$英寸）MG13机枪，全重5.5吨，车组成员2人。在1934年冬天，希特勒在库梅尔斯多夫（Kummersdorf）的陆军演习场观摩了德军装甲车辆的性能演示。据称他对于坦克发动机的轰鸣以及将机动性与火力结合为一体印象深刻，并直言："这正是我想要，也是我应当拥有的。"

从阴影中崛起

1935年3月，希特勒公然撕毁《凡尔赛条约》，宣布德国恢复义务兵役制并加速推进德国的全面重新武装。同年10月，德军已经组建起了3个建制完整的装甲师。虽然纳

粹国防军（Wehrmacht）和武装党卫军（Waffen SS）的装甲师编制在后来的10年中几经调整，但这3个师已经为此后横扫西欧，并一路狂飙至莫斯科城下的铁甲劲旅绘制了蓝图。

　　德军第1装甲师最初下辖有2个各编有2个营的轻型坦克团、1个摩托化步兵旅、1个编有2个轻型野战榴弹炮营的炮兵团、1个反坦克营、1个侦察营、1个信号营和1个轻装工兵营。理论上，这种早期型装甲师至少能够在一定时间内独立遂行战斗。

　　随着德军装甲作战学说的不断演进，其装甲师的编制也开始适时调整。到1938年时，装甲师的2个装甲团各下辖有3个坦克营，合计共400余辆坦克，每个坦克营编制有3个坦克连，坦克连下辖3个坦克排，每个排5辆坦克。在战争爆发后，装甲师还增加了包括1个防空营和更多的战斗工兵在内的部队，侦察部队的力量也得到了增强。这些编制调整中，许多都源自波兰战役的经验。

古德里安的装甲铁拳

　　从古德里安建立的装甲战学说以及他于1937年出版的著作《注意！坦克！》中可以看出，他明显受到了如英国装甲战理论家J.F.C.富勒和巴塞尔·利德尔·哈特（Basil Liddell Hart）、苏联的米哈伊尔·图哈切夫斯基元帅、法国装甲战理论家夏尔·戴高乐

▼
国防军"军马"

德国在第二次世界大战爆发前和持续期间为德军建造了大量的IV号坦克。IV号坦克采用一门75毫米（3英寸）主炮，能够有效应对盟军坦克和工事。

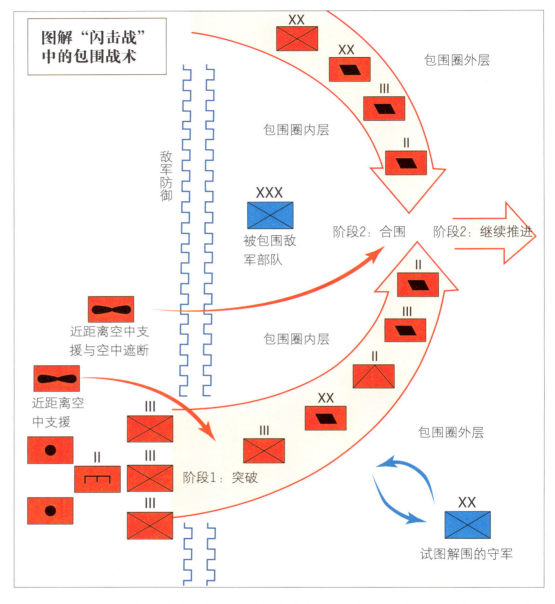

典型的闪击战

德军在闪击战中会运用空中和地面部队协同作战，大深度突破敌军防线，并合围大量敌军。这套战术与德军的传统陆战学说不谋而合。

（Charles de Gaulle）的影响。虽然坚信坦克将主宰地面战场，但古德里安还意识到其他武器系统和战术都必须实现现代化，才能与坦克配合作战。

　　这正是古德里安的真正天才之处。纳粹空军的俯冲轰炸机将成为装甲部队的"飞行炮兵"，而德军炮兵则被用作攻势的"攻城锤"，在二者的掩护下，伴随坦克快速机动的摩托化步兵将保护坦克免遭敌军步兵攻击。在这样高度配合的作战之下，德军将成为一支不可阻挡的力量。

　　对于多兵种合同作战的深刻理解是"闪电战"的基础。战术航空兵将负责打击敌军交通线，扰乱敌部队调动，而炮兵将为装甲部队的进攻打开道路。在发现敌军战线上的薄弱点之后，德军装甲部队将集中兵力，以一场决定性的突击突破敌军战线，并快速突入敌军后方制造混乱。摩托化步兵和反坦克部队将负责保护装甲部队的侧翼，但快速推进的坦克部队并不会坐等后续支援部队到达。古德里安长期呼吁为所有坦克配备无线电设备，他认为高效的通信将显著提升战斗单位的协同作战效能。

　　因此，适应现代化战场的闪电战和多兵种合同战术与德军长期奉行的主动进攻学说产生了结合。早在拿破仑时代，德军的前身普鲁士军队就提出深入敌军纵深进行穿插，在包围大批敌军后将其歼灭或迫使其投降。

准备进攻

　　1940年春，已经征服波兰的德军已经为闪击法国和低地国家集结起了部队，当时的德军坦克兵已经拥有10个装甲师，3465辆坦克。新一代火力更强，防护更好的坦克也开始出现。II号（PzKpfw II）坦克配备有1门20毫米（$\frac{3}{4}$英寸）机关炮，可被用作轻型装甲侦察和步兵支援车辆；III号（PzKpfw III）坦克则配备了1门当时认为可以有效对付坦克的37毫米（$1\frac{1}{2}$英寸）坦克炮，IV号（PzKpfw IV）坦克则配备了1门75毫米（3英寸）坦克炮，能够有效摧毁敌军工事和装甲车辆，这些坦克可达160千米（100英里）的行程使得德军能够对敌军实施纵深突破和大范围包抄。

　　在第二次世界大战期间，德军共组建了超过30个以数字为番号的装甲师，另有多个以知名人物或是部队组建地为名的装甲师。此外，德军还组建了15个独立装甲旅与超过40个 "装甲掷弹兵"（Panzergrenadier） 师——也就是摩托化步兵。德国坦克与自行突击炮的发展在1943至1944年迎来了顶峰，强大的V号（PzKpfw V）"黑豹"（Panther）中型坦克、VI号（PzKpfw VI）"虎"式、VI号B型（PzKpfw VI Ausf.B）"虎王/虎II"坦克相继登场。这几型坦克均配备有强大的75毫米（3英寸）和88毫米（$3\frac{1}{2}$英寸）高初速坦克炮。

　　但最终，不可一世的德国装甲部队遭遇了战败。虽然古德里安提出了先进的战术学说，但德军装甲兵部队还是在盟军逐步增多，最终占据压倒性数量优势的坦克部队面前转入守势，并被盟军强大的战术航空力量无情蹂躏。

西班牙内战

TH E SPANISH CIVIL WAR

▼

撤退中的共和军

1辆西班牙共和军的装甲汽车抵达法国勒佩尔蒂（Le Perthus）城。弗朗西斯科·弗朗哥指挥的西班牙共和军将这些共和军士兵驱赶到了邻国法国境内。

　　20世纪30年代，坦克技术不断演进，配套的装甲战略和战术也正在不断发展。1936年至1939年，西班牙爆发了内战。这场战争不仅是左右翼政治力量之间的意识形态冲突，也成为了当时最先进武器的实战测试场，并为新一代的战士们提供了战斗经验。

　　共和军与由弗朗西斯科·弗朗哥总司令指挥的国民军都从外界获得了军事物资援助甚至他国部队的直接助战。而在援助的硬件方面就包括了大量的坦克。在内战战场上，双方的坦克通常都拆分为小部队使用而非集中实施突击，且坦克车组的训练也很少（甚至干脆没有），在战况危急时尤为如此。参战的大多数坦克都火力不足、防护

由其他国家供应的坦克 1936—1939年			
坦克型号	**原产国**	**供应数量（辆）**	**使用方**
BT-5	苏联	50	共和军
菲亚特3000	意大利	1	共和军
雷诺 FT-17	法国 波兰	32 64	法方交付共和军 波兰交付国民军
L3/33和L3/35	意大利	155	国民军
I号坦克	德国	122	国民军
T-26	苏联	281	共和军
维克斯6吨	玻利维亚	1	共和军

外国武器

在西班牙内战期间，多个国家都为处于交战中的共和军与国民军提供了坦克和装甲车辆。此外，纳粹德国、意大利法西斯和苏联都向西班牙派出了部队助战。

薄弱，仅配备两挺机枪，被用作移动火力平台。

　　苏制T-26坦克则是西班牙战场上的一个例外，这型坦克是苏联在按许可证生产的英制维克斯6吨Mk E型坦克基础上发展而来，配备1门45毫米（1³/₄英寸）主炮。在战斗中，T-26坦克的表现明显优于对手装备的德制I号轻型坦克，意大利L3/33型与L3/35型轻型坦克。在战争期间，苏联一共向西班牙共和军提供了281辆T-26坦克，其他的是重量更轻的BT系列坦克。

　　共和军的T-26既有西班牙人车组，也有苏联车组驾驶参战，在塞塞纳（Sesena）镇附近的一场突袭行动中，15辆苏制坦克一面沿着村庄道路驶过，一面向敌军阵地开火。其中3辆坦克在战斗中因触雷而丧失战斗力，另外3辆被敌军火炮和"莫洛托夫鸡尾酒"燃烧瓶击毁。当国民军的3辆L3/33轻型坦克在一条土路上与共和军坦克遭遇时，其中1辆直接被1辆T-26坦克的45毫米主炮击毁，另外1辆则直接被体型更大的T-26坦克撞进路边的沟里翻倒。虽然共和军宣称给予了敌军沉重打击，但此战表明坦克依旧十分脆弱，尤其是在地形狭窄，行动受限的街道上。

德国的冒险

　　到1938年年底时，纳粹德国已经向西班牙部署了2个营，总计120辆配备机枪的I号

▲

战火中的西班牙

欧洲主要国家在西班牙内
战爆发后纷纷援助冲突双
方。共和军得到了苏联的
支持，而在纳粹德国和意
大利法西斯的帮助下，弗
朗哥领导的国民军最终赢
得了胜利。

坦克，但这些坦克并没有打算用于与其他坦克发生战斗。在遭遇苏制T–26坦克后，I号
坦克的表现证明未来的德制坦克需要更强的火力，更厚的装甲和更远的内油行程。在
配备7.92毫米（$\frac{1}{3}$英寸）穿甲弹后，I号坦克可以在不到150米（165码）的距离上击穿苏
制坦克的装甲；但苏制坦克的驾驶员很快学会了在安全的距离上发动攻击。有记载称
早在1936年秋苏制BA–10装甲车就与I号坦克发生了交战，并在超过500米（550码）的
距离上用45毫米火炮击毁了多辆坦克，而德军坦克的机枪则奈何不了苏制装甲车。

德国方面很快便认识到了I号坦克已经彻底过时，配备1门20毫米（$\frac{3}{4}$英寸）机关

炮的II号坦克也已经在20世纪30年代后期开始生产。通过这场战争，德军还意识到了用步兵、炮兵和航空兵等力量支援坦克作战，多兵种协同战斗的价值。同时，西班牙内战的经验也让德国坦克设计师们从追求制造大量装甲和火力都较弱的轻型坦克转为研制能够主宰战场的更大型坦克。

　　配备1门37毫米（1$\frac{1}{2}$英寸）主炮的法制FT-17坦克也参加了西班牙内战。法国和波兰都向西班牙提供了这种坦克，国民军和共和军都驾驶这种坦克参加了战争。FT-17坦克于1917年投入服役，是世界上第一种在回转式炮塔上安装主武器的坦克，确立了后世坦克的基本设计范式。FT-17坦克发动机在后，驾驶员在前，较为低矮的外形轮廓在第一次世界大战中独树一帜。虽然在20世纪30年代后期已经彻底过时，但该型坦克一直被使用至第二次世界大战结束。

　　专用反坦克炮同样是在西班牙中首度得到广泛使用，并成为间战时代火力和装甲均较弱的轻型坦克的巨大威胁。德制37毫米牵引式反坦克炮和苏制45毫米反坦克炮在对抗装甲目标时颇为高效，而反坦克武器与坦克之间的斗法也就此开始。

　　根据西班牙战场的经验，纳粹德国和苏联在装甲力量的发展上走上了不同的道路。在评估认为机械化部队与炮兵部队在突破行动期间无法跟上坦克的脚步后，苏联一度解散了坦克军。而德国军队则开始全面拥抱将在第二次世界大战初期展现出极强破坏力的装甲师理念。到苏联人纠正这一错误时，他们已经为此付出惨重代价。

▼

苏联装甲

在西班牙经历战火的BT系列快速坦克是当时世界上最优秀的坦克之一。如图中这辆BT-5坦克所配备的强大火力就在面对同一时期的德制和意大利坦克时具有显著优势。

英法重新武装，1938—1939年

ANGLO-FRENCH REARMA-MENT 1938-39

第一次世界大战让英国和法国损失了一整代的男性，更不用提战争高昂的经济代价。英国和法国在战争中都耗费甚巨，一度让政府濒临破产。在间战年代，两国都因经济无力承担而对实施重新武装计划踌躇再三。出于这样的原因，英法自第一次世界大战结束后便开始推动军备限制和裁减，并持续至20世纪30年代。在奉行绥靖政策的英法两国政府放任纳粹德国越来越激进的冒险主义的同时，在英国议会与法国国民大会内，一些有识之士已经认识到了局势的危险。

酣睡于他人榻侧

直到20世纪30年代后期，英法两国才因为希特勒得寸进尺的领土要求而开始警醒。20世纪30年代，由于政府内部争论不休，法国军方自己挑起大梁，主导了法国的坦克研制生产工作。在认识到装甲部队存在不同分工后，法国军方将发展突破，进攻敌军纵深的任务交给了骑兵坦克，而突破敌军战线的任务则由步兵坦克承担。

到20世纪30年代初时，雷诺FT-17轻型坦克依然是全世界装备数量最多的坦克，但法国坦克

设计师们早已认识到了未来战争需要在防护和火力方面都更加先进的，更重的坦克。实际上，法国在间战时代一度成为坦克研发的领先者。1935年（夏尔B1 bis直到1935年才开始批量生产）服役的夏尔B1 bis步兵坦克就展现出法国坦克设计师们的先见，该车的车体前部安装有1门75毫米（3英寸）车体炮，炮塔内另有1门47毫米炮。这型重达30吨的坦克在火力方面明显优于当时的其他坦克设计。

　　虽然法国在坦克技术上居于领导地位，但法军未能制定一套能够充分发挥坦克战斗力的战术。坦克依然被法军视作是一种配属于步兵和骑兵师的支援武器，以较小规模投入战斗。直到1938年12月，法国军方才批准组建装甲师，而当纳粹于1940年发动入侵时，这些装甲师仍在组建进程当中。

　　除了沿德法边境修建的，名为"马其顿防线"的坚固工事带之外，法国陆军在法国战役爆发时还有超过2350辆现代化坦克，但随着法国于1940年5月10日战败，这支强大的力量也随即灰飞烟灭。这批法制坦克中有很多都在火力和机动性方面优于德军坦克，尤其是从1936年开始服役，开战时已经装备超过250辆的索玛S35坦克。该型坦克配备的47毫米（$1\frac{3}{4}$英寸）主炮要远优于I号坦克的机枪和II号坦克的20毫米（$\frac{3}{4}$英寸）机关炮。因此，法军在保卫本土的生死战斗中所展现出的蹩脚表现应当更多地归咎于法军指挥官，而非他们的装备。

◄◄

法制AMC 35

AMC 35是法军在间战时期装备的轻型骑兵坦克，该型坦克配有1门47毫米（$1\frac{3}{4}$英寸）主炮，并得到了25毫米（1英寸）装甲的保护。

▼

雷诺UE

雷诺UE装甲车除了被用作袖珍坦克，也被用作弹药/补给运输车与轻型牵引车。从1932年至1941年，法国共生产了超过5000台雷诺UE。

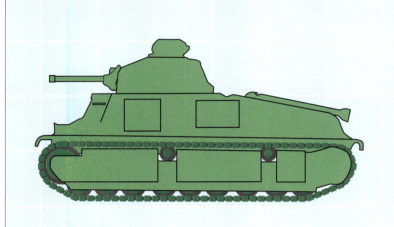

索玛S35坦克

投产年份：1936年
生产数量：430辆
车重：19.5吨
车长：5.38米
车组：3人
装甲厚度：47毫米
主武器：47毫米 SA35坦克炮
次要武器：1×7.5毫米 M1931坦克机枪
车速：40.7千米/小时（25.3英里/小时）

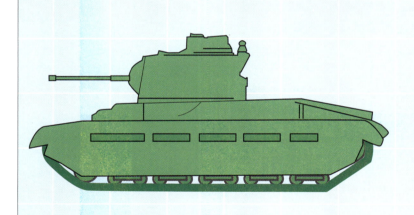

"玛蒂尔达II"坦克

投产年份：1937年
生产数量：2987辆
车重：25吨
车长：6米
车组：4人
装甲厚度：20～78毫米
主武器：40毫米坦克炮
次要武器：1×7.92毫米坦克机枪
车速：26千米/小时（16英里/小时）

▲
盟军技术优势
法制索玛S35坦克和英制"玛蒂尔达II"坦克都采用了较为新颖的设计和强大的火力，为间战时代的坦克技术划定了标准。在第二次世界大战爆发时，德军坦克充其量也只能望二者项背。

英国之幸

　　在20世纪30年代，以未来的首相丘吉尔为首的英国国务活动家们开始振臂疾呼，要求国家与公众正视已经在天际线上聚集的战争阴云。为了在希特勒的持续威胁下捍卫来之不易的和平，丘吉尔认为英国的重新武装迫在眉睫。1933年，在丘吉尔的大力推动下，英国政府成立了"国防需求委员会"，研究英国军队的需求，并在此后的5年中拨款7100万英镑经费提升英军多个军兵种的战斗力。

战斗吧，玛蒂尔达

　　虽然经费依然吃紧，英国依然在坦克动力技术方面居于领先地位。维克斯中型坦克在此前的10余年中一直是英国陆军装甲兵部队的主力坦克，这种坦克最初采用1门3磅（47毫米/1$\frac{3}{4}$英寸）主炮。由于英国军队的规模在第一次世界大战结束后的数年中发生了急剧缩减，维克斯中型坦克的装备数量较少。

　　20世纪30年代后期，英军开始装备"巡航者"系列轻型坦克，1937年，"玛蒂尔达II"步兵坦克也完成了设计。以1门2磅（40毫米/1$\frac{1}{2}$英寸）主炮为主要武器的"玛蒂尔达II"坦克装甲极为厚重，并在北非战场上赢得了不朽的声名。作为一种理想的步兵支援坦克，"玛蒂尔达II"在第二次世界大战中打满了全场，并和本打算用于替代它的"瓦伦丁"坦克一道服役。不过"玛蒂尔达II"并不完美，其速度极为缓慢，越野时速只有14千米/小时（9英里/小时）

▼
法国装甲

霍奇基斯H35轻型坦克从1936年开始进入法国陆军服役，并被用作骑兵和支援坦克。该型车采用1门37毫米（1½英寸）主炮。在被德军缴获后，H35继续在德军中服役。

诺门罕，1939年

NOMONHAN 1939

▼
恶劣地形

在中国东北地区向日军发起进攻期间，一辆苏军的T-26坦克正在泥泞的草原上艰难前行。对于所有战场上的装甲车辆而言，地形的好坏都是一个关键因素，很多时候甚至会决定己方兵力和坦克的调动。

20世纪30年代日本在亚洲大陆的侵略扩张对于苏联在远东地区的利益构成了直接威胁。在日本的侵略行径之中，又以对中国东北的侵略最能挑动苏联的神经。在强占东北后，日本扶持了傀儡政府伪"满洲国"。随着日本继续扩大在该地区的影响力，苏联红军于1936年开进中国东北边境一带，而此举又导致了日本对于苏联意图的猜忌。

在日本政客为侵略中国的政治与军事问题争论不休的同时，苏联正在稳步增强在远东地区的军事存在。到1936年，苏军已经在远东部署20个步兵师和100辆坦克，而在

1931年苏军仅在远东地区部署了6个步兵师。随着局势变得紧张，双方在绵延4800千米（3000英里）的中国边境地区时常爆发小规模战斗，总共发生了超过30场武装冲突。

铤而走险

　　1937年7月7日发生的卢沟桥事变对于日本而言是一场权衡利弊之后的冒险。虽然进一步侵占中国领土对苏联而言是显而易见的挑衅，东京政府中的军国主义者们还是认为可以通过步步蚕食的方式攫取亚洲大陆。

　　苏联对于日本侵略行径的回应是将下辖多达4个坦克旅和一个摩托化步兵师的第57特别步兵军（57th Special Rifle Corp）调动至边境地带。双方随后在另一处边境地区的高地张鼓峰发生了激烈战斗。日军第19军的指挥官在没有上级命令的情况下"独走"，下令部队夺取这处高地。在经过3周的战斗后，日军决定退却。双方在张鼓峰高地的激战只是日后更为激烈的战斗的预演。

诺门罕的决断

　　苏联领导人约瑟夫·斯大林在20世纪30年代中期对苏军军官团发动了大清洗，苏军士兵的战斗力也被日军轻视，以及苏联的主要注意力已经被纳粹德国的威胁所占

▲
坦克训练

1936年，基辅军区，一辆参加夏季大演习的苏军T-26指挥型坦克。环绕在炮塔周围的钢制栏杆其实是该车的无线电天线。到第二次世界大战爆发时，T-26坦克已经明显过时。

据，以上种种因素最终让日本决定，在1939年春季与苏联在远东摊牌。双方随即爆发了持续5个月的诺门罕战役（或称"哈拉哈河事变"），但出乎日本人意料的是，他们被击退了。

从1939年5月起，双方在东北边境地区的村庄诺门罕附近发生一系列的遭遇战。随着冲突的逐步升级，6月，日军第23师团在2个坦克联队的支援下发起攻势，将苏军向哈拉哈河一线逼退。此时的日军相信苏军会像张鼓峰事变时一样继续将装甲部队拆散使用，但当吉奥尔吉·朱可夫将军接手该地区苏军指挥权时，日军将大吃一惊。

在入夏后，朱可夫成功阻挡住了日军的攻势，并在7月运用己方远强于日军的装甲力量让日军遭受了一场惨败。虽然双方都计划在夏末时节发起进攻，但得到了源源不断增援的朱可夫抢先一步，在8月20日出动3个步兵师，2个摩托化步兵师、2个坦克师和2个坦克旅以及2个骑兵师的兵力对敌军发起猛攻。

手头拥有的近500辆坦克的朱可夫首先将日军牢牢牵制在阵地上，然后在战线中部发动总攻，同时出动装甲部队向两翼发起包抄，将日军第23师团合围在一个双层包围圈内。日军随即出动部队试图解除第23师团的包围圈，但面对苏军坦克，日军的反坦克火力却无能为力，且苏军坦克的45毫米（$1^{3}/_{4}$英寸）口径主炮使其拥有了巨大的火力优势。日军在诺门罕战役期间有超过40000人阵亡或负伤，第23师团的伤亡率高达73%。

苏联红军在诺门罕战场部署的主要是BT-5型和BT-4型坦克，取代二者的正是声名远播的T-34中型坦克。T-34于1940年开始量产，至1941年6月22日德国入侵苏联时已经生产了一定数量。技术更加先进的T-26坦克也有少量参加了诺门罕的战斗。值得一提的是，BT系列坦克与T-34等苏制坦克上最为显著的一个特征——克里斯蒂悬挂系统其实是由美国工程师瓦尔特·克里斯蒂（Walter Christie）发明的，这种悬挂系统不仅能够提高坦克的最高速度和越野性能，还能降低装甲车辆的底盘高度，更低的轮廓可以降低坦克在战斗中的中弹概率。

第4部分

全球装甲力量，1939年

THE WORLD'S ARMOURED FORCES 1939

到第二次世界大战爆发前夜时，全世界的装甲部队都已经或多或少地接受了装甲作战理念。英国和法国虽然在间战时代早期的坦克技术研发上取得了领先地位，但到1939年时，苏联红军已经建立起了世界上规模最大的坦克部队，装备有多达20000辆坦克。

相比之下，当时的美国虽然具备无与伦比的工业实力，但仅装备有不到100辆坦克。相较于生产大量的坦克，美国军方选择将资源投入到新型装甲车辆所需技术的研发中。虽然此时美国的坦克生产数量很少，但随着战争的到来，此前的技术研究为美军新型装甲车辆的快速投产发挥了巨大作用。美军在间战时代主要装备的是M1型和M2型系列轻型坦克，这两型坦克都仅安装有机枪。

装甲战理念革新

许多国家的军方高层依然对于如何有效运用坦克而争论不休，一些反对者甚至认为装甲车辆不可能对战局造成重大影响，但对于装甲战底层理念的改进仍在继续。早期坦克极不可靠，容易发生抛锚，采用的零件寿命也相对较低。因此，反对者们的抵制是有原因的——当时的坦克作战能力有限，己方装甲部队的出现可能会拖慢部队的脚步，甚至导致攻势丧失势头。

虽然当时的坦克存在着种种问题。但在逐渐兴起的装甲战学说大讨论中，上一场世界大战的交战国中涌现了一批实干家。英国的J.F.C.富勒和巴塞尔·利德尔·哈特两位装甲兵战术的先行者就预见了坦克在未来战场上的作用，他们指出，通过将坦克投入战线突破、纵深快速突击、火力打击以及步兵支援等任务，现代化陆军能够充分发挥协同作战与机械化的强大力量。西班牙战争的经验也证明快速的轻装甲坦克可以胜

任侦察和机动作战任务，同时也能一定程度地担负步兵支援任务。但随着牵引式反坦克炮的投入使用，轻装甲坦克防护不足的缺点暴露无遗。显然，未来的坦克需要更厚实的装甲与更强大的火力。

同盟国的实力

英国研制的维克斯"卡登·洛伊德"轻型坦克（其实是一种机动式机枪平台）影响了多个国家在20世纪20年代和30年代初的装甲车辆设计。当时的英国装甲部队将坦克划为3类：用于侦察的轻型坦克，用于发展突破和追击的巡航坦克，以及用于为步兵提供火力支援的步兵坦克。

第一次世界大战结束后，英军的现役坦克数量便开始大幅缩减，到1921年时仅剩5个坦克营和少量的侦察车。6年后，英军组建了用于验证的"试验机械化部队"，这支部队成为了第二次世界大战期间的装甲师的雏形。"皇家坦克兵"于20世纪20年代中期正式成立，随后被更名为"皇家坦克团"。到20世纪30年代后期时，英国陆军已经组建了2个装甲师，在第二次世界大战期间，英军的装甲师编制先后经历了不下9次调

▼
英制袖珍坦克

维克斯"卡登·洛伊德"Mk IV型袖珍坦克是英国企业在20世纪后期为英国陆军研制的一系列袖珍坦克中最为成功的型号，并被其他多个国家所接受。

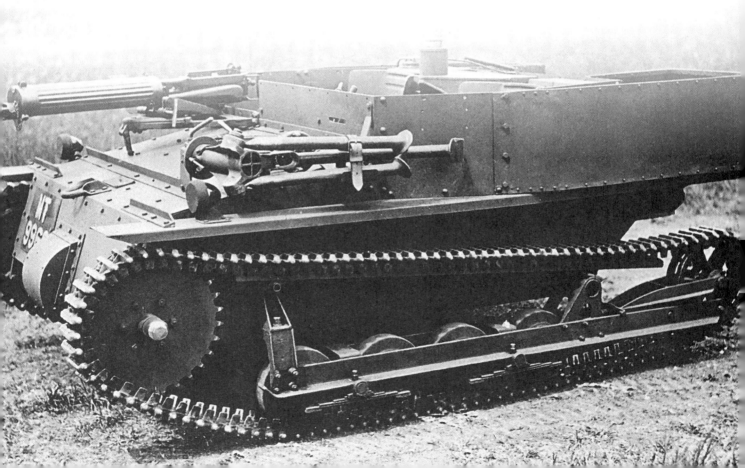

整。在1939年春天时，1个装甲师下辖2个旅，共装备349辆轻型、巡航和步兵坦克，此外还有负责支援的炮兵、工兵和侦察部队。

在法国，雷诺FT-17采用了颠覆性的设计，将用于指挥和发射武器的炮塔、低矮轮廓和紧凑车体等日后成为通行标准的设计集中到了1辆坦克上。此外，法国也是首个放弃铆接车体，采用焊接坦克车体的国家。焊接车体在中弹后不会出现铆钉被震断，致命的铆钉碎片在车体内四处弹跳的危险情况，有利于改善车组的生存性。

20世纪30年代，法国的坦克被分为两个不同类别——骑兵坦克和步兵坦克。其中

诸如索玛S35等骑兵坦克都是用于支援步兵和与敌军坦克交战的装甲战斗车辆；而如霍奇基斯H35等轻型骑兵坦克则主要执行侦察任务，作为主力部队的掩护幕使用。步兵坦克内部又被分为轻型、中型和重型，其中如雷诺R35等轻型步兵坦克主要负责支援步兵和实施侦察、而夏尔B1 bis等配备有较强火力的步兵坦克则被用作发展突破的进攻武器。法军对于重型步兵坦克的热情在20世纪30年代期间逐渐消散，只有少量重型步兵坦克直到第二次世界大战爆发时仍在服役。

虽然法国在间战年代期间引领了坦克技术的发展，且到1939年时已经生产了近

▼
早期轻型坦克

美军的M1/M2轻型坦克是M3"斯图亚特"轻型坦克的前身，最初仅配备机枪。后期型M2坦克换装了1门37毫米（1½英寸）主炮。M2轻型坦克参加了第二次世界大战初期的瓜达尔卡纳尔岛争夺战。

▲
全球坦克力量
第二次世界大战爆发前夜，苏联拥有着全世界规模最大的坦克部队。不过尽管苏联红军在战争爆发时装备有多达20000辆坦克，其中的许多都在德军发起"巴巴罗萨"行动后的几周内损失。

2000辆坦克，但法国军队的战术家们却没能为他们的装甲师找到在即将到来的欧陆大战中应当扮演的角色。法国坦克部队此时依然被分散部署于步兵和骑兵师中，因此无法集中发挥火力优势。直到1938年，法国军队才批准组建装甲师，而当1940年5月10日，战争在西线战场爆发时，相关组建工作依旧进展缓慢。

苏联前卫

苏联在20世纪20年代到30年代一直是坦克生产的领先者，苏军的战术家们也在推动将坦克与步兵和空中支援配合使用。但由于内部的权力倾轧与领导人约瑟夫·斯大林对苏军军官团发起的大清洗，苏联红军对于装甲战的重视程度有所降低，而苏联在西班牙内战中所获得的经验也有利于军内希望解散机械化军并将坦克部队拆散编入步兵部队的派系。

在20世纪20年代，苏联从英国和法国进口了一定数量的坦克，并购买了由美国设计师瓦尔特·克里斯蒂研制的坦克原型车。 "克里斯蒂"坦克成为了日后枝繁叶茂的BT系列快速坦克，以及在第二次世界大战中成为苏军胜利象征的T-34坦克的鼻祖。1939年秋，得益于苏军装甲部队在中国东北地区方向的表现，苏军重建了机械化军。此时的机械化军下辖3个师，2个坦克师和1个摩托化步兵师。每个装甲师下辖2个坦克团、1个摩托化步兵团和1个摩托化炮兵团。摩托化步兵师下辖2个摩托化步兵团、1个坦克团和1个摩托化炮兵团。到1940年，苏军已经组建了9个机械化军。

德国天才

虽然受到了《凡尔赛条约》的限制，德军的装甲师还是得到了相当成功的发展，苏联在此当中发挥了不小的作用，尤其是在两国在东俄罗斯的喀山城联合建设的装甲兵训练学校开课后。早期的德国坦克依然基于外国设计，在I号坦克于20世纪30年代中期开始服役后，德国的坦克研制进展迅速加快。在1938年吞并捷克斯洛伐克后，捷克军队装备的坦克落入了德军手中。到1939年时，德军已经装备了近3500辆坦克，在海因茨·古德里安将军的初期领导下，装甲兵成为了纳粹德军的精锐部队。

闪击波兰，1939年

BLITZKRIEG POLAND 1939

1939年9月1日，德军启动"白色"计划，开始入侵波兰。海因茨·古德里安将军在过去的10年间倾注了大量心血的德军装甲部队将在此战中向全世界展现"闪电战"的恐怖。德军装甲部队如入无人之境，在2周后从东面发起进攻的苏军的配合下很快就征服了这个国家。

虽然波兰战役并不是古德里安设想中的"经典式闪电战"，而是以维斯瓦河与布格河为轴线，旨在合围波军主力并夺取波兰首都华沙的钳形攻势，但此战极为成功地展现了坦克在现代战争中的地位。在波兰战役期间，德军的各装甲军被分别配属至2个此前以步兵部队为主力的集团军群内。虽然古德里安并没有获得他所期望的自主行动

▼

战火中的波兰

背景中，一座波兰村庄正在熊熊燃烧，而前景处的德军坦克的车长则探身查看坦克前方的地形。快速推进的德军装甲先头部队包围了大量的波军部队。

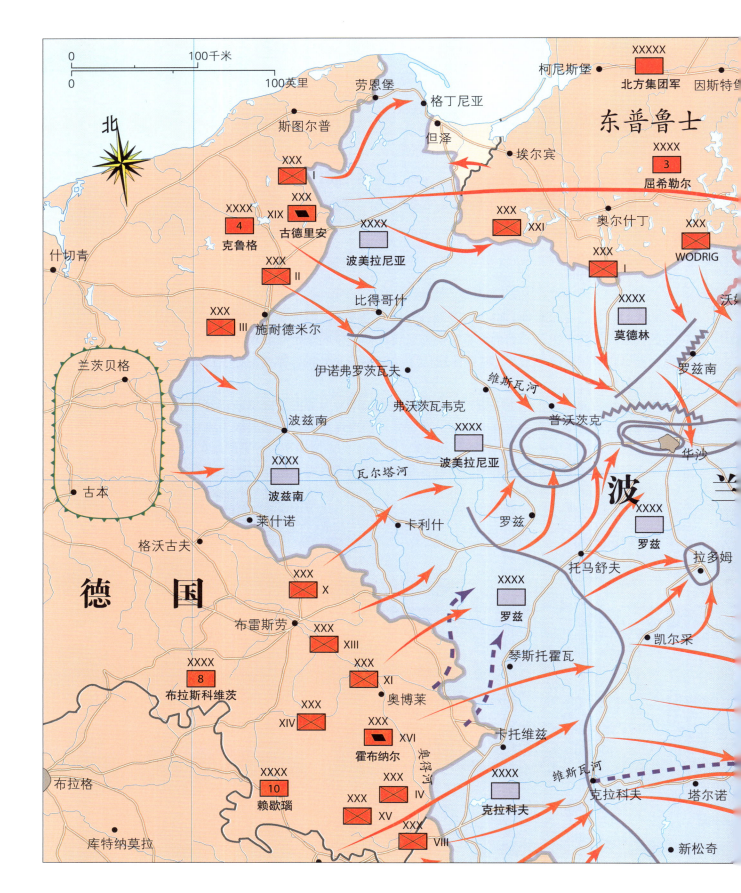

立陶宛

卡尔瓦利亚

苏瓦乌基

格罗德诺

那雷夫

XXXX

XXXXX

白俄罗斯
前线

比亚韦斯托克

德林和
雷夫

XXX

XIX

古德里安

布列斯特

与布林

XXXX

克拉科夫

XXXXX

乌克兰
前线

XXXX

利沃夫

普热梅希尔

桑博尔

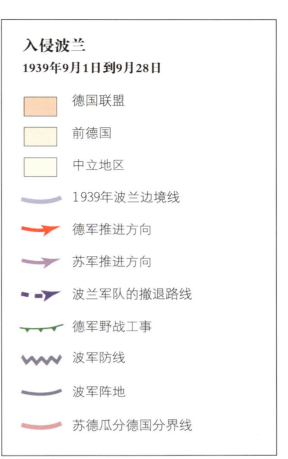

入侵波兰
1939年9月1日到9月28日

	德国联盟
	前德国
	中立地区
	1939年波兰边境线
	德军推进方向
	苏军推进方向
	波兰军队的撤退路线
	德军野战工事
	波军防线
	波军阵地
	苏德瓜分德国分界线

◄

闪击波兰

1939年9月1日拂晓前，德军部队快速越过了波德边境。早在"闪电战"发起的数个星期之前，德军就将坦克和部队预置在了边境上。

的权力，但依然被认为是这支可畏的装甲战斗力量的缔造者。

德军装甲部队的扩充

虽然闪击波兰的德军装甲部队是一支可畏的力量，但即便按1939年的标准，其部分部队的装备水平依然是较为低下的。到1939年春天时，德军共组建5个装甲师，各师各下辖1个旅，每个旅下辖2个团，每个团编有4个装甲营。第6装甲师当时已经接近具备战斗力，并出动部分部队参加了波兰战役。另外4个独立装甲团中有一些成为了1940年春新组建装甲师的种子部队，还有一些则被并入其他部队。此外德军还组建了4个摩托化步兵师，1个混编有国防军与武装党卫军部队的装甲师，以及4个轻型装甲师，轻型装甲师可以被视作是装甲师的缩水版，编有1个配备装甲车辆的侦察团和2个摩托化步兵团。

虽然从名称上似乎已经完全实现了机械化，但这15个师依然不同程度地以马匹作为运输手段。这些师配备的装甲车辆主要为已经开始落伍的I号和II号坦克。其中I号坦克至1939年已经服役5年，装甲薄弱且武器仅为2挺机枪，在面对牵引式反坦克炮时极为脆弱。II号坦克换装了1门20毫米（$^3/_4$英寸）机关炮，步兵支援能力稍有提升，但这样的火力增强只能算是杯水车薪，在面对诸如车体安装1门75毫米（3英寸）榴弹炮，炮塔安装1门47毫米（$1^3/_4$英寸）坦克炮的法制夏尔B1 bis等强大的重型坦克时几乎毫无用处。

第二次世界大战爆发时，德国工程技术人员已经完成了更重型坦克的设计工作。III号坦克配备有1门37（$1^1/_2$英寸）坦克炮，设计之初就考虑了与敌军坦克交战。更重型的IV号坦克采用1门75毫米（3英寸）主炮，行程增至160千米（100英里），足以在敌军防线后方实施纵深穿插，消灭敌军固定工事以及装甲力量。这两型坦克直到1939年秋季才开始批量部署。

波兰装甲力量

在抵抗德国和苏联侵略，保卫祖国的战斗中，波兰人能够动用约800辆装甲侦察车和轻型坦克，这些装甲车辆被编为了2个旅，共计11个装甲营。波军的坦克中有许多是按许可证生产的英制维克斯-阿姆斯特朗坦克和卡登·洛依德袖珍坦克。其他的坦克还包括法制雷诺FT-17、R35和霍奇基斯H35坦克。波军还装备了一批维克斯6吨坦克，并对这些坦克进行了改进，为其安装了一座配备博福斯wz 37毫米（$1^1/_2$英寸）坦克炮的炮塔，在对抗德军I号和II号坦克时占有优势。不过波兰仅生产了不到150辆维克斯6吨型坦克。这些波军编号为7TP的轻型坦克取得了一些胜利，但在面对德军的空军力量时毫

无防备，而且波军部队在战场上无法通过大规模的配合行动遏制德军地面部队的快速推进。

　　波军的部分骑兵旅也配备有轻型装甲车辆。以克拉科夫骑兵旅为例，该旅装备有13辆波兰国产的TK型袖珍坦克，均配备有7.92毫米（ $\frac{1}{3}$ 英寸）或7.7毫米（ $\frac{1}{3}$ 英寸）口径的机枪。该骑兵旅还装备有8辆Samochod pancerny wz.34型装甲汽车，WZ.34型装备有机枪或37毫米（ $1\frac{1}{2}$ 英寸）火炮。

闪电突袭

　　9月1日天还未亮，德军就出动5个集团军多达60个师的部队对波兰发起全面侵略。虽然波兰军队此时员额多达百万，但其中只有一半完成了动员。在炮兵和Ju 87 "斯图

▼
坦克！前进！

1名德军摩托车兵正在波兰西部一条泥泞的道路上行进，而一队I号坦克正在向东，朝着目的地——波兰首都华沙前进。大多数波军坦克都被德军在快速推进期间摧毁或是绕过。

卡"俯冲轰炸机的协同下，德军第29装甲军伴随着发动机的嘶吼向东直冲而去，并在15天后抵达了其预定目标布列斯特–利托夫斯克。如古德里安所料，德军对于波军战线的快速纵深穿插让波军陷入了混乱中。当波军试图建立防守时，他们的阵地总会被疾驰而来的德军坦克直接攻破或侧翼包抄。

波军对于德军如攻城锤般猛烈的攻击毫无准备，虽然曾准备在9月6日发起反击，但由于预备队未能及时完成动员，波军的反击未能按计划发起。在开战几个小时后，德军就攻占了波兰重镇克拉科夫并抓获了大量战俘，此举迫使波军为了避免被合围而后撤。此后最被寄予厚望的反击是波军在华沙以西的布楚拉镇一线发起的反击行动。在为期10天的反击中，波军一度实现了逆推，但由于补给不继，侧后面临威胁，波军的反击最终停下了脚步。在开战后短短1周时间内，德军坦克就完成了令人吃惊的225千米（140英里）推进，出现在华沙郊外。

古德里安的第29装甲军以第1、第2和第10装甲师为矛头，此外还下辖有"大德意志"摩托化步兵团。第22装甲军由埃瓦尔德·冯·克莱斯特上将指挥，这支部队同样快马加鞭，于9月月中与古德里安的部队在华沙以东会师。

虽然波兰的命运行将注定，但德军依然在华沙遭遇了顽强的抵抗。在于波兰军队的沿街巷战和逐屋争夺中，第4装甲师发现其长处难以发挥。德军快速席卷华沙的尝试在城郊的沃赫德和沃拉（Wola）遭遇了失败。多个被击败的波军集团军的残部也开始向华沙集结保卫首都，但此时波军仅有约40辆坦克仍可作战。虽然波兰败局已定，但牵引式反坦克炮在战斗中展现了其应有的价值，德军第4装甲师损失了80辆坦克，几乎占到其坦克总数的37%。在此后的两周中，波兰军民打退了德军的反复进攻，但华沙城一直在遭受纳粹空军的狂轰滥炸。在苏军从东侧逼近华沙之际，德军终于在1939年10月1日占领了华沙城。

战役之后

在波兰战役胜利后，德军经历了较长时间的蛰伏，以完成在1940年年初入侵法国和低地国家的准备。4个轻型师在加强了坦克和其他部队后被改编为第6、第7、第8和第9装甲师。第10装甲师此前已经以缺编的状态投入了波兰战役，在战后通过整补填满了建制。而在华沙方向的战斗中损失较为严重的第4装甲师则接收了1个摩托化步兵团。

▶▶
"黄色方案"
德军的对法战争计划中包括越过比利时的正面进攻，以及经由阿登森林发起的一场快速装甲卷击。德军装甲部队将在突破阿登地区后向西北转向，包围正在比利时作战的盟军。

色当：入侵西欧，1940年5月

SEDAN THE INVASION OF THE WEST MAY 1940

　　根据1918年第一次世界大战结束后签订的《凡尔赛条约》，德国军队名义上遭到了严重削弱，但在20世纪20和30年代，德军依旧是一支不容小觑的力量。虽然根据条约德军的员额不得超过10万人，但德国军队不仅保住了元气，还通过秘密扩军，以及与邻国订立密约增强了力量。当然，对于德军来说最为关键的还是纳粹党于1933年上台。

　　在汉斯·冯·泽克特上将的牵头下，德国一直在增强陆军的实力，并秘密保留了一整套陆军组织框架。随着希特勒在1935年宣布撕毁《凡尔赛条约》，这套框架也快速恢复成形。虽然直到1939年，在许多德国陆军高级将领眼中德军都尚未完成战争准备，但希特勒还是在9月1日发起了对波兰的"闪电战"。在短短

双方计划

- XXXXX B　德军集团军群
- XXXX 4　盟军集团军
- → 德军推进方向
- → 盟军推进方向

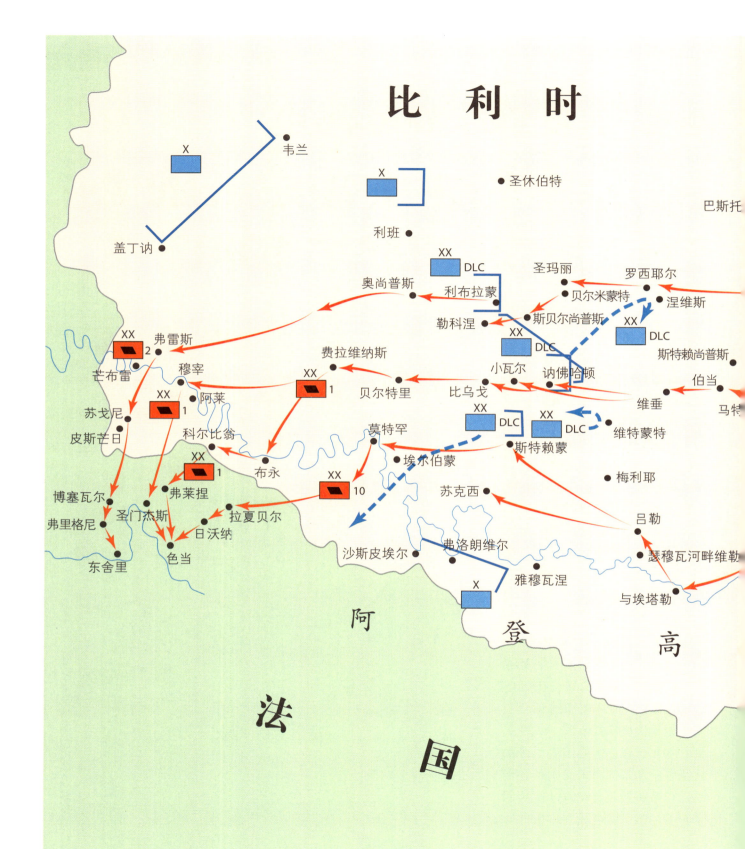

比 利 时

韦兰

X

盖丁讷

X

圣休伯特

巴斯托

利班

XX DLC

圣玛丽

罗西耶尔

利布拉蒙

贝尔米蒙特

涅维斯

奥尚普斯

勒科涅

斯贝尔尚普斯

XX DLC

斯特赖尚普斯

XX 2

弗雷斯

费拉维纳斯

小瓦尔

讷佛哈顿

XX DLC

芒布雷

穆宰

XX 1

贝尔特里

比乌戈

伯当

苏戈尼

阿莱

马特

维垂

皮斯芒日

科尔比翁

XX 1

莫特罕

XX DLC

XX DLC

斯特赖蒙

维特蒙特

博塞瓦尔

布永

埃尔伯蒙

梅利耶

弗莱捏

XX 1

XX 10

苏克西

吕勒

圣门杰斯

拉夏贝尔

弗里格尼

日沃纳

聂穆瓦河畔维勒

东舍里

色当

沙斯皮埃尔

弗洛朗维尔

雅穆瓦涅

与埃塔勒

X

阿

法

登

高

国

乌法利兹

北

0 ———— 10千米

0 ———— 10英里

德 国

阿尔朗日

维安登

XX 2

XX 1

瓦伦多夫

博伦多尔夫

XX 10

埃希特纳赫

卢 森 堡

特尔特

阿尔隆

卢森堡

迪帕

古德里安的推进

德军第29装甲军在海因茨·古德里安的指挥下快速穿过阿登地区，并突破法军在色当附近的防御。仅过了几天，古德里安的装甲部队便已经推进至英吉利海峡。

德军第29装甲军突破阿登森林

1940年5月10日至12日

⟵ 德军装甲师的主要前进路线

- - ➤ 法国军队的转移路线

] 法军占领的地区

—— 国界线

▰ 德国装甲师

▰ 法国军队

5月12日：因德军装甲汽车试图过桥，法军爆破了伊瓦尔大桥。

 5月12日：因德军坦克逼近，法军炸毁了迪南大桥。

 5月13日：胡尔附近的韦尔河被德军步兵渡过。

 5月13日4时45分：德军第7装甲师在隆美尔的指挥下渡过了默兹河。

 5月13日：德军第6装甲师渡过了默兹河。

⑥ 5月13/14日：德军第1、第2和第10装甲师渡过了默兹河。

阿登地区战况
1940年5月

← 德军推进方向

←--- 法军撤退方向

--- 盟军的阻击线

--- 法军第9和第2集团军防区的分界线

🟥 装甲师

🟦 法军

▶▶

战斗中的法军

法军装甲和步兵部队与跨过默兹河的德军爆发了战斗，并让一些德军部队遭受了惨重的伤亡。德军第7装甲师在迪南渡过默兹河后向英吉利海峡疾驰而去。

3周内，波军就被德军和苏军的东西对进所彻底击败。英法此前曾保证了波兰的主权完整，并宣布将在波兰遭到进攻时提供援助。在入侵波兰发生后，英法均向纳粹德国宣战，但并未立即采取实质性的军事措施。

"伪战争"

随着入侵波兰的迅速成功，希特勒和他的将军们意识到了他们在欧洲大陆的宿敌的威胁。英国已经派出了一支远征军协助法国抵抗德军势必发起的侵略。但德军在波兰取得令人震惊的胜利后的几个月中，双方却并未采取较大规模的作战行动，这一阶段也被称为"伪战争"（Phony War）或"静坐战"（德语：Sitzkrieg）。

法国高层指挥官们认为他们沿德法边境修筑的"马奇诺防线"是坚不可摧的。作为一项根据间战年代的战略规划设计的防御工事，马奇诺防线反映了法国人对于第一次世界大战期间堑壕战的惨重伤亡的痛苦记忆，并被视作是慑止德国侵略的手段。但这道坚固的防线却存在着巨大的弱点——马其顿防线仅从法国与瑞士的边境延伸至法国与比利时的边境，因此快速机动的德军只要攻破比利时和卢森堡就能对马奇诺防线发起侧后打击。

"黄色方案"

早在双方宣战前，德军总参谋部就已经耗费多个月制订了对法战争计划。早期的方案与第一次世界大战初期的方案极为相似，德军将从一个较宽的正面上席卷比利时，随后向南转向进攻法国的首都巴黎。这份计划是由陆军总参谋长弗朗茨·哈尔德大将与A集团军群司令埃里克·冯·曼施坦因大将共同制订的，但遭到了希特勒和德军总参谋部的反对。

直到第29装甲军军长海因茨·古德里安对方案提出激进修改，这份代号"黄色方案"（Fall Gelb）的对法战争计划才得以敲定。古德里安是德国最具威望的装甲兵战场指挥官，并在他成书于1937年的《注意！坦克！》一书中阐释了运用装甲部队凿穿敌军防线后快速在其后方制造混乱的作战理念。

古德里安提出应当将德军装甲部队的大部分兵力集中在色当地区，色当位于法国与比利时边境附近的默兹河沿岸，地处茂密的阿

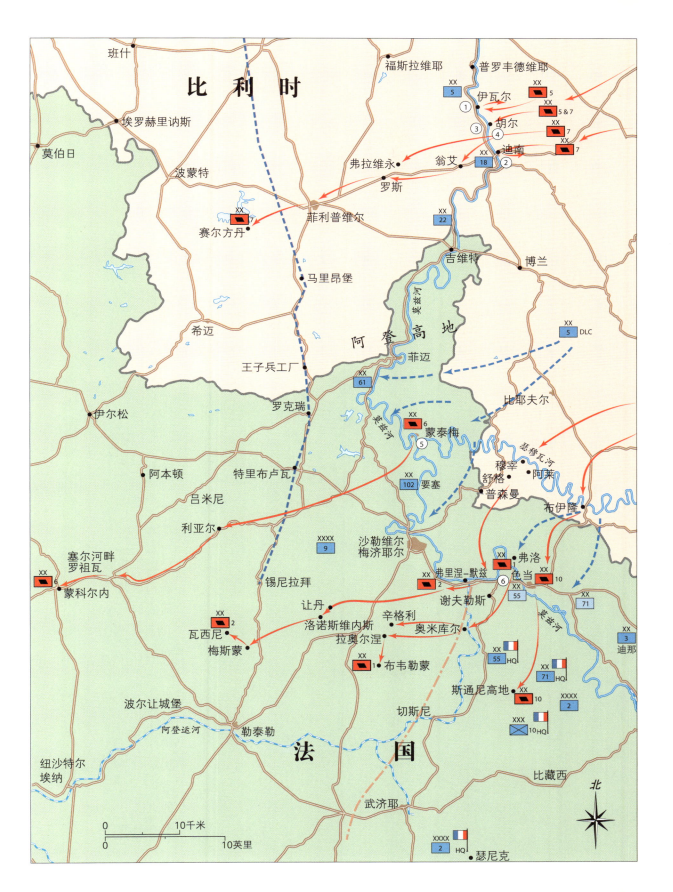

班什

比利时

福斯拉维耶　　普罗丰德维耶

埃罗赫里讷斯

伊瓦尔　5

莫伯日

①

波蒙特

③　胡尔　5 & 7

④

④

弗拉维永　　翁艾　　迪南

罗斯

菲利普维尔

赛尔方丹

吉维特　　博兰

马里昂堡

阿登高地

希迈

王子兵工厂

菲迈

罗克瑞

比耶夫尔

伊尔松

默兹河

蒙泰梅

特里布卢瓦　　要塞

阿本顿

吕米尼

穆宰　阿莱

舒格

普森曼

利亚尔

塞尔河畔罗祖瓦

布伊隆

蒙科尔内

沙勒维尔梅济耶尔

锡尼拉拜

弗洛

让丹

弗里涅-默兹　色当

蒙科尔内

谢夫勒斯

瓦西尼

洛诺斯维内斯　辛格利

梅斯蒙

拉奥尔涅　奥米库尔

布韦勒蒙

斯通尼高地

波尔让城堡

阿登运河

纽沙特尔埃纳

勒泰勒

法　国

切斯尼

武济耶

比藏西

北

0　　10千米

0　　　10英里

瑟尼克

H35轻型坦克

一支法军霍奇基斯H35
轻型坦克纵队正在法国
北部沿一条乡村道路前
进。配备有1门37毫米
（1½英寸）主炮的H35
坦克是一种优秀的侦察
和步兵支援坦克。

斯通尼战斗
1940年5月15日早晨

斯通尼

庞阿尔178

庞阿尔178

方丹-戴斯坎勃

德军坦克 | 法军25毫米反坦克炮

法军装甲汽车

城堡

0　　　　　　　　　1/4千米
0　　　　　　　　　1/4英寸

北

▲

坚守斯托尼

在斯托尼村，法军的夏尔B1 bis重型坦克和25毫米（1英寸）反坦克炮至少击毁了十余辆德军坦克。不过法军没能在德军压倒性的攻势面前守住这座城镇。

登森林内。法军一直认为阿登地区恶劣的地形、丛生的林木与稀少的道路都使得这一地区几乎不可攻破。但古德里安却反其道而行之，竭力鼓吹在色当实现突破，然后德军装甲部队转向西北方向实施侧后包抄，而非在比利时方向与盟军硬碰硬强攻巴黎。这一记向西北方向的快速包抄将导致法军的全面崩溃，并有机会合围大量的盟军部队。虽然招致了如风暴般的反对声浪，这份大胆的"黄色方案"还是在1940年初得到通过。

"德莱河计划"

以莫里斯·甘末林上将为首的法军指挥官将"德莱河计划"（Dyle Plan）视作应对德军经比利时和低地国家入侵的作战方案。该方案以比利时与荷兰军队的配合为基础，法军与英军将开进比利时与荷兰境内，以南面的马奇诺防线为锚点，沿德莱河共同构筑一道防线，阻止德军攻入法国。法军认为一场向北面与东面发起的攻势就足以在狭窄正面上阻挡住德军的攻势。但是，在官方的计划中，法军几乎没有考虑德军可能从阿登方向发起突击。

法军的实力

从纸面上看，法军的实力要显著优于德军。当时法军共拥有117个师，超过3200辆坦克，但法军极为依赖正在动员的预备役部队，而这些部队的战斗力很成问题，还有大量的法军部队必须驻守在马其顿防线的固定工事内，无法在德军突破盟军战线时北上驰援。

法军拥有索玛S-35和夏尔B1 bis这两型吨位较大的坦克，前者配备1门47毫米（$1\frac{3}{4}$英寸）坦克炮，后者则同时装备1门47毫米主炮和1门75毫米（3英寸）车体炮，两型坦克都拥有非常优良的装甲防护，在许多方面都显著优于德制的I、II、III和IV号坦克或至少与之相当。但相比装备上的优势，法国的装甲作战学说却拖了后腿。虽然诸如夏尔·戴高乐中校（在法国投降后，"自由法国"运动的领导人）等装甲战拥趸大声疾

占领鲁昂

1940年春，法国战役期间，照片正中的德军I号坦克正驶过法国鲁昂的一座被炮火重创的房屋。1辆被遗弃的法国汽车停在路边。

呼，法军高层仍将坦克视作步兵部队的支援装备，并将这些部队拆散部署而非集中使用。

1938年12月，法国政府批准法军组建装甲师；不过这些师的组建进程极为缓慢，直至1940年初这份命令依然没有得到执行。就在英法向纳粹德国宣战的几天前，戴高乐就任法军第5集团军的坦克部队指挥官，负责支援马奇诺防线的静态防御。戴高乐麾下的坦克部队依然是以营为编制，且并没有被用于进攻的打算。

德国战车

在准备西线战役期间，德军将地面部队编为了3个集团军群。在北线，由菲德尔·冯·博克上将指挥的B集团军群编制有29个师，负责扮作德军主攻力量，引诱盟军部队深入比利时境内。在南线编有18个师的C集团军群由里特尔·冯·勒布上将指挥，

▼
稳步推进
1940年5月，德国坦克和步兵大批涌入法国境内。这张照片中步兵正在向前方推进，而1辆Ⅲ号坦克则停在路边。坦克车组佩戴着标志性的黑色装甲兵软帽，正打量着徒步前进的步兵们。

负责牵制马奇诺防线的法军部队并防止盟军袭击德军侧翼。而德军的主力则是由超过45个师组成的A集团军群，由格尔德·冯·龙德施泰特大将指挥，集中了3个军10个装甲师的装甲力量。德军部队集结在与色当隔河相望的默兹河东岸与邻近的各处桥梁。A集团军群将快速穿过阿登森林进入开阔的原野，切断深入比利时与B集团军群对阵的盟军部队的后路。

攻破色当

第29装甲军是A集团军群的矛头部队，下辖第1、第2和第10装甲师以及"大德意志"摩托化步兵团。在古德里安的指挥下，该装甲军如闪电般穿过了卢森堡和比利时，于5月12日下午抵达色当的默兹河河岸，并几乎兵不血刃地夺取了这座城市。

虽然法军在默兹河以南修筑了大量的碉堡和工事，但此时这些工事还处于建造的不同阶段，有些甚至干脆只有一个混凝土壳子。法军第55步兵师是防守色当一线的主力部队。第55师和随后赶到的第71师都是法军中的B类师，缺乏训练和现代化的武器装备。

德军彻底控制了色当地区的制空权，因此纳粹空军的Ju 87"斯图卡"可以肆无忌惮地向法军发动持续打击。虽然法军在空袭中遭受的伤亡相对轻微，但德军的轰炸还是严重动摇了法军的士气，部分部队失去了组织开始逃离战场。

德军步兵乘小船或沿被夺取的桥梁渡过了默兹河，其间部分部队遭到了盟军的猛烈火力抗击，但德军还是在5月13日和14日在3个预定地点建立起了桥头堡。古德里安的坦克部队则继续向前，并在色当南部和西部与法军展开激战，双方在布尔逊岭（Bulson Ridge）和斯通尼镇附近的战斗尤为激烈。虽然在多个地点因法军的顽强抗击而一度放慢了脚步，但到5月14日入夜时，德军已经有超过500辆坦克渡过了默兹河。在守卫布尔逊岭期间，法军损失相当惨重，第7坦克营损失了30辆坦克，相当于其兵力的75%，而第213步兵团则因严重减员基本丧失战斗力。

在斯通尼，1辆法军的夏尔B1 bis重型坦克据称击毁了10余辆德军坦克。法军在斯通尼镇奋战多日，但最后还是没能守住这座城镇。双方的损失都相当惨重，在短短1周的战斗中，"大德意志"摩托化步兵团就已经遭受了近600人的伤亡。

到5月16日时，战况已成定局。德军成功突破了阿登森林并夺取了色当，渡过默兹河的速度远超法军总司令部的预料。在突破默兹河桥头堡后，古德里安的装甲部队便开始包抄北面开阔地带的盟军部队。德军坦克仅用了不到1周的时间便推进至英吉利海峡。

装甲车前进至英吉利海峡

1940年5月

← 德军前进路线

—— 国境

里尔

贝休恩

北郭运河

圣波尔

杜埃

阿拉斯 ● 博兰

旺库尔

XX 7

XX 6

索蒂

吕舍

诺亚利斯

XX 8

杜朗

蒙蒂库尔

巴波姆

弗莱斯基埃

阿布维尔

XX 2

索姆运河

阿尔伯特

XX 2

克莱里

佩罗讷

XX 1

圣

亚眠

法 国

波伊克斯

北

0   20千米

0   20英里

瓦兹河

比 利 时

● 图尔奈

● 蒙斯

沙勒罗瓦 ●

桑布尔河

那慕尔

莫伯日 ●

冲向海峡

德军装甲矛头如同"快刀切黄油"一般向西北方向的英吉利海峡疾驰而去，将行动较慢的步兵部队抛在身后。随着德军装甲部队的推进，希特勒愈发担心暴露的侧翼遭到盟军的反击，但他的暂停推进命令很大程度上遭到了无视。

XX 5

弗拉维永 ●

XX 5

XX 7

塞尔方丹 ●

朗德勒西

XX 7

拉加多

马尔拜

阿韦讷

桑布尔河

拉卡佩勒

XX 8

瓦兹河

伊尔松 ●

吉斯

XX 6

XX 8

努宗维尔 ●

XX 2

沙勒维尔 ●

布蒙

XX 1

克雷西

XX 6

苏瓦斯 ●

XX 2

塞尔河

莫尔捷

蒙科尔内

肖蒙 ●

XX 1

布韦勒蒙 ●

拉费尔

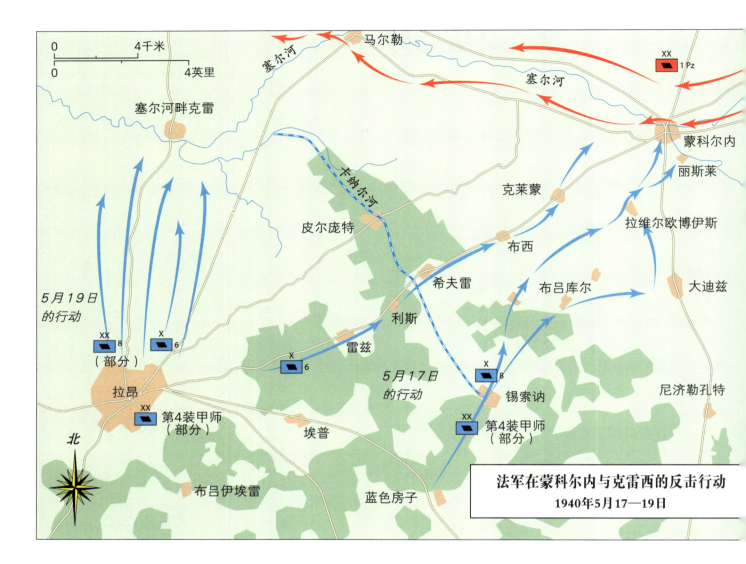

法军在蒙科尔内与克雷西的反击行动
1940年5月17—19日

▲

法军的垂死挣扎

法军对德军发动了英勇的反击，但这些反击
最终仍是徒劳。在这段时期法军涌现了少数
战斗英雄，夏尔·戴高乐将军便是其中之
一，他指挥的第4装甲师发起了两场反击。

法国陷落，1940年6月

THE FALL OF FRANCE JUNE 1940

古德里安的部队在拓宽默兹河桥头堡的战斗中遭受了相当程度的损失，部分渡河行动也被法军击退。在更北方，由埃尔温·隆美尔指挥的第7装甲师在法军第9集团军下属的第5摩托化师和第18步兵师的接合部处打开了一个突破口。5月13日，隆美尔的部队抵达了默兹河一线，并在迪南渡河。第7装甲师继续一路横扫所有抵抗，并在5月14日夜间直接发起突袭，击溃了一支因入夜而停下脚步的法军装甲部队。到6月第1周时，德军第7装甲师已经在阿比维尔（Abbeville）抵达英吉利海峡岸边。在这场快速推

装甲推进

1940年5月，1辆I号坦克（图右）和1辆38t坦克（图左）正在法国境内行进。更优秀的战术和无线电通信确保了德军轻型坦克能在面对更甲坚炮利的对手时取得胜利。

北 海

英 国

荷

德军占领区

多佛

福克斯顿

弗拉辛

鹿特丹

泽布吕赫

莫尔

奥斯坦德

布鲁日

安特卫普

XXXX
18

XXXXX
B
博克

鲁汶

阿赛尔

加莱

51°

迪克斯迈德

根特

XXXX
比利时

布鲁塞尔

敦刻尔克

XXXX
哥特 英国远征军

伊普尔

XXXX
6

5月27日至6月4日:
"发电机"行动，
228000名英国士兵
和110000名法国士
兵撤退到英格兰南部

布伦

圣奥马尔

里尔

图尔奈

比 利 时

沙勒罗伊

那慕尔

英吉利海峡

蒙特勒伊

贝蒂讷

圣波尔

阿拉斯

博蒙特

迪南

XXX

杜朗

XXXX
18

XXX

康布雷

阿韦讷

德 军 占 领 区

希迈

50°

阿布维尔

XXX

XXXX
4

迪耶普

纽沙特尔

XXXX
6

蒙迪迪耶

瓦兹河

圣康坦

梅济耶尔

色当

XXXX
12

XXXX
9

拉斐尔

拉翁

XXXX
2

博韦

贡比涅

默兹河畔

XXXX
10
(部分)

XXX

桑利

苏瓦松

兰斯

XXX

马恩河畔萨隆

49°

XXXX
7

蒂耶里城堡

杜勒克斯

塞纳河

拉尼

巴黎

非国界

XXXX
4

XXXX
2

XXXX
6

埃斯泰尔奈

维特里勒弗朗索瓦

奥布河

XXXXX
3
贝松

科贝伊

法   国

XXXXX
4
洪齐格

进中，隆美尔的指挥部平均每24小时就会向前推进48千米（30英里）。

古德里安的部队在肃清默兹河一线后开始稳步向前推进。但德军高层指挥军官开始担心装甲部队的脚步太快，已经脱离了行动较慢的步兵的掩护，在他们看来，步兵对装甲车辆的保护非常重要。由于德军装甲部队的战线越来越宽，侧翼也愈发暴露，希特勒亲自向古德里安下令暂停推进。不过这份来自"元首"的直接命令依然很大程度上被古德里安无视了。到5月15日时，德军坦克部队推进正面的宽度已经达到80千米（50英里）。

无力的反击

为了挽回默兹河一线崩溃的颓势，甘末林上将命令法军第7集团军的部分部队向南转移，另外7个防守马奇诺防线的师向北出击，向德军已经延伸至64千米（40英里）的侧翼发起反攻。就在反击发起前3天，戴高乐就任新组建的法军第4装甲师的师长，该师是在向德军开进期间收拢部队组建的，在整场战役中都未能以完整建制投入战斗。5月17日，戴高乐指挥部队在蒙科尔内（Montcornet）对德军侧翼发起进攻，用80辆坦克切断了德军向巴黎推进的道路。但纳粹空军的俯冲轰炸机和德军增援部队的投入使得法军的反击被阻滞，戴高乐只得退回最初的阵地。第二次反击作战同样遭遇失败，但法军一度威胁到了古德里安的指挥所，让这位德军指挥官感到了紧张。戴高乐还认识到了德军装甲矛头的真正目标不是巴黎，而是海峡沿岸。

在北面，德军B集团军群在5月18日攻陷了比利时的安特卫普港，并于5月21日推进至法国里尔一带。德军装甲部队冲入了亚眠和距离英吉利海峡仅64千米（40英里）的杜朗（Doullens）。古德里安的第2装甲师于5月20日推进至英吉利海峡并在与英军爱尔兰禁卫团第2营、威尔士禁卫团第1营、来复枪旅的3个营、第3皇家坦克团以及约800名法军

法国和比利时
1940年5月—6月

→ 德军攻击路线

→ 盟军反击战路线

⇢ 盟军撤退路线

⌒ 德军前线

〰 盟军防守线

◄◄

红色方案

"黄色方案"的巨大胜利使得德军决定发起后继的进攻行动。德军将盟军部队包围在敦刻尔克，并向巴黎胜利挺进。几天后，法国就被迫乞和。

步兵激战2天后夺取了布洛涅（Boulogne）。加莱于5月27日陷落。经过1周的战斗，古德里安的部队又向前推进了257千米（160英里）。

阿拉斯之战

英军于5月27日在阿拉斯发起的反攻是德军第7装甲师在法国战役期间所面临的最严峻的威胁，此战中英军出动了第4和第7皇家坦克团的74辆"玛蒂尔达"I型和II型坦克在达勒姆轻步兵团（Durham Light Infantry）的2个营伴随下向德军发起反击。在反击之初英军进展顺利，德军甚至一度将英军投入反击的兵力误判为5个师。但从不远离前线的隆美尔亲自接手指挥，命令德军88毫米（$3\frac{1}{2}$英寸）高射炮和105毫米（4英寸）野战加农炮向英军发起平射。英军的攻势由此被阻挡，随后被德军发起的反击击退。此次反击的失败让盟军处于极为不利的状态，隆美尔的装甲师则继续向英吉利海峡推进。

法国北部的法军残部和已经被包围的英国远征军部队随即开始向敦刻尔克港口靠拢。6月2日到4日期间，由各式各样的军民船舶组成的船队解救出了350000名盟军士

◄◄

战败的坦克

1940年6月，德军士兵正在检视一辆法军夏尔B1 bis重型坦克的残骸。在5月进行短暂休整后，德军很快便实现了征服法国全境的目标。

▼

战利品

在法国战役期间，德军缴获了大量的装备。图中德军士兵正将上半身探出被缴获的法制霍奇基斯H35轻型坦克。这辆坦克的车身上涂有一个德国铁十字徽记。

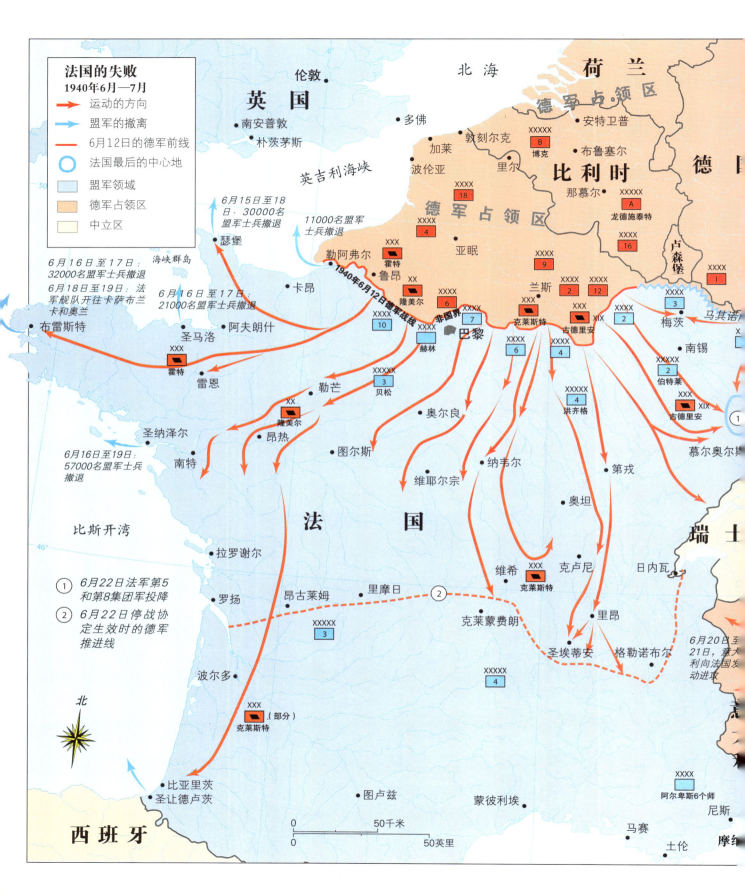

法国的失败
1940年6月—7月

→ 运动的方向
→ 盟军的撤离
— 6月12日的德军前线
○ 法国最后的中心地
■ 盟军领域
■ 德军占领区
■ 中立区

伦敦
多佛
北 海
荷 兰
德军占领区
安特卫普

英 国
南安普敦
朴茨茅斯
敦刻尔克
布鲁塞尔
比利时
博克 B
XXXX

英吉利海峡
加莱
波伦亚
里尔
那慕尔
龙德施泰特 A
XXXX

海峡群岛
6月15日至18日：30000名盟军士兵撤退
11000名盟军士兵撤退
勒阿弗尔
霍特 XXX
德军占领区
亚眠
16 XXXX
卢森堡

6月16日至17日：32000名盟军士兵撤退
6月18日至19日：法军舰队开往卡萨布兰卡和奥兰
瑟堡
鲁昂
隆美尔 XXX
1940年6月12日德军战线
兰斯
9 XXXX
2 XXXX 12 XXXX
I XXXX

布雷斯特
6月16日至17日：21000名盟军士兵撤退
卡昂
非国界
6 XXXX
克莱斯特 XXX
古德里安 XXXX XIX
2 XXXX
梅茨
马其诺

圣马洛
霍特 XXX
雷恩
阿夫朗什
10 XXXXX
7 XXXX
巴黎
赫林 XXXX
6 XXXXX
4 XXXX
洪齐格 XXXXX 4
南锡
伯特莱 XXXXX 2
古德里安 XXX XIX

圣纳泽尔
勒芒
隆美尔 XX
昂热
贝松 3 XXXXX
奥尔良
纳韦尔
第戎
慕尔奥尔斯

6月16日至19日：57000名盟军士兵撤退
南特
图尔斯
维耶尔宗
奥坦

法 国
拉罗谢尔
里摩日
维希
克莱斯特 XXX
克卢尼
日内瓦
瑞 士

比斯开湾
罗扬
昂古莱姆
克莱蒙费朗
圣埃蒂安
里昂
格勒诺布尔
6月20日至21日：意大利向法国发动进攻

① 6月22日法军第5和第8集团军投降
② 6月22日停战协定生效时的德军推进线
3 XXXXX
4 XXXXX

波尔多
克莱斯特 XXX （部分）

北

比亚里茨
圣让德卢茨
图卢兹
蒙彼利埃
阿尔卑斯6个师 XXXX
马赛

西 班 牙
0   50千米
0   50英里
尼斯
土伦

兵。希特勒下令已经逼近敦刻尔克装甲部队停止前进，将对已经被围困的敌军发起致命一击交给纳粹空军的决定此后招致了全方位的批评。希特勒的决定让盟军部队成功撤离至海峡对岸，从而让盟军获得了喘息之机，并因此错失了登陆英国的最佳机会。

"红色方案"

在此大难临头之际，有组织的法国陆军部队已经仅剩50个师，已经不到其总兵力的一半。在短暂的休整和补给后，德军将他们的注意力转向了巴黎，并打算一举征服法国。6月5日，德军开始沿埃纳河（Aisne）发起突击，并于6月8日在确保了渡过索姆河的桥头堡的同时在法军战线上撕开一个巨大突破口，威胁到法军沿埃纳河一线部队的侧翼。

◀◀
红色方案
多支德军部队分别向英吉利海峡港口和比斯开湾快速推进，同时包抄马奇诺防线，占领巴黎并向维希以南推进。

▼
纵深推进
德军第1装甲师的II号坦克在深入法国境内期间快速向前推进。短短几周内，德军装甲兵和步兵就彻底击败了法军，迫使法国新政府要求停战。

阿拉斯-英国反击战

卡朗希

小维米

维米

德军推进最远位置，
5月23/24日

纳维尔—圣瓦斯特

弗雷万卡佩勒

蒙特·圣·艾洛伊

拉特尔戈特

雷蒂耶尔斯

XX

7

(5月21日，第七
装甲师的位置)

6 RTR

斯卡尔普河

7 RTR

4 DLI

埃屈里

罗克兰库尔

马勒伊

8 DLI

伊特鲁

昂赞·圣奥宾

阿涅兹—迪藏

杜桑

圣·凯瑟琳

圣尼古拉斯

阿蒂

瓦根里尔

人工改造的斯卡尔普河

阿拉斯

瓦鲁斯

丹维尔

蒂卢瓦莱莫夫莱讷

贝内维尔

阿西库尔

博兰

诺尔巴克

阿尼

博梅斯雷逻各斯

瓦伊

讷伊—维塔斯

里维

圣·费尔蒙

梅尔卡泰勒

克兰松河

菲舍

10 DLI

北

0   3千米

0   3英里

英军反击方向

德军推进停止线

树林

　　法军在此后的3天中进行了英勇的战斗，第14步兵师的一次反击作战摧毁了德军第23军建立的桥头堡并俘虏了约1000名德军。但即便如此，侧面的暴露还是迫使法军撤退到了马恩河一线。6月12日，德军的4个装甲师突破了法军战线直取巴黎，并在2天后开进了这座"光明之城"。意大利法西斯也很快向英法宣战，并从南方对法国发起侵略。

屈辱的惨败

　　6月中旬，德军坦克已经推进至瑞士边境。法国政府先是搬迁至图尔，随后又转移至波尔多。以总理保罗·雷诺为首的政府倒台，已经老迈的菲利普·贝当元帅被任命为法国的新国家元首，并启动了与德国的停战谈判。他所领导的维希政府将因与纳粹德国合作而背负骂名。1940年6月25日，德国代表在香槟森林将法国的投降条款口述给了震惊的法国代表。1918年第一次世界大战结束后，正是在同一片森林的同一辆火车车厢里，法国代表向德国代表口述了德国的投降条款。

　　德国取得了彻底的胜利。短短42天，法国就被征服了。希特勒已经控制了整个西欧，英国只能孤军奋战。

◀◀
阿拉斯战役

英军装甲部队在阿拉斯镇一带向德军第7装甲师发起了反击，并一度让侵略者濒临战败边缘，但隆美尔将88毫米（3½英寸）高射炮用于反坦克任务，88毫米炮毁灭性的威力导致英军的反击功败垂成。

全球坦克部队，1941—1942年

WORLD TANK FORCES 1941-42

沙漠对阵

在阿拉曼战役的决战前夜，伯纳德·蒙哥马利上将指挥的英军第8集团军已经对埃尔温·隆美尔上将指挥的德军非洲军团建立起了两倍的装甲数量优势。此时的北非德军已经陷入了装备和补给短缺的困境。

军事历史学家普遍认为1942年是法西斯开始走向末路的年份。在太平洋战场上，美军通过登陆瓜达尔卡纳尔岛夺取了陆战的主动权，又在中途岛海战中让日本帝国海军遭遇决定性的失败。在东线战场，苏军将德军逐出了莫斯科，并将德军第6集团军合围在斯大林格勒。在北非，英军第8集团军在10月的阿拉曼战役中彻底击败了德军非洲装甲集团军。11月，美英联军发起了"火炬"行动，登陆奥兰、阿尔及尔和卡萨布兰卡。

在第二次世界大战局面的颠覆性转折背后，盟国，尤其是美国和苏联强大的工业实力可谓厥功至伟。但仅仅生产出数量巨大的战争物资尚不足以取得胜利，后勤和补

英军第8集团军与轴心国军队的坦克力量对比							
1942年10月—1943年1月							
		1942年10月23日	1942年11月5日	1942年11月15日	1942年11月25日	1942年12月11日	1942年12月30日	1943年1月15日
轴心国	德军	238	35	35	54	约60	60	34
	意军	279	0	45	42	约30	不详	57
	合计	517	35	80	96	约90	约60	91
英国	一线兵力	1029	537	395	418	454	367	532
	前方预备兵力	200	67	105	144	105	180	91
	合计	1229	604	500	562	559	547	623

给方面也需要得到良好的协调，包括坦克在内的各类武器经常需要绕过半个地球才能被送到战区。

"民主国家的兵工厂"

早在美国参战之前，美国总统富兰克林·D.罗斯福就将他的国家称作伟大的"民主国家兵工厂"，并推动国会通过了《租借法案》。根据该法案，正在与纳粹战斗的国家，尤其是英国，可以以借款的形式赊购武器，不再需要根据以前的法律限制"现购自运"。此后，苏联也根据《租借法案》得到大量援助，此外苏联还得到了英国和加拿大提供的大量装甲车辆，用于对抗纳粹侵略者。

▲
苏制BT-5型坦克
苏制BT-5型坦克在当时行动快速，机动灵活且火力强大，装甲防护也算得上优良。在西班牙内战期间，西班牙共和军的BT系列坦克要优于对阵的国民军所装备的德国和意大利坦克。

在战争期间英国共接收了不少于17000辆M4"谢尔曼"中型坦克，这几乎占到"谢尔曼"1941年至1945年产量的35%。为了满足《租借法案》的需要以及武装本国军队，美国在1941年至1942年期间生产了超过29000辆坦克，其中大部分为M3"斯图亚特"轻型坦克与M3"格兰特"/"李将军"中型坦克，以及日后几乎无所不在的M4"谢尔曼"坦克。美国的坦克生产在1943年达到高峰，产量高达29497辆，而在整场世界大战期间，共有超过100000辆美国坦克走下生产线。

英国也在战争期间持续改进着本国的坦克设计，并稳步提升装甲车辆产量。英国在1939年仅生产了不到1000辆坦克，而到1940年生产数量便升至4800辆。到1941年时，英国的坦克产量已经超过4800辆，1942年更是达到8600辆。

英国的坦克产量此时已经超过了纳粹德国。德军此时的主力III号和IV号坦克在1941年和1942年的总产量为7400辆。与盟国注重数量而非单车质量的策略不同，德国在战争的后续阶段更注重生产高度精密且技术先进的型号。

苏联的坦克生产在1941年6月纳粹德国发起侵略后增长迅速。性能优异的T-34中型坦克在1941年仅生产115辆，但在次年产量便急剧增长，仅在1942年就生产了超过15000辆。在1943年，T-34的产量进一步增加至近16000辆。KV-1中型坦克和重型自行火炮从1940年至1942年共生产了4300辆，到战争结束时重型坦克和重型自行火炮的产量则达到了14000辆。

▲
蒙哥马利子爵

伯纳德·劳·蒙哥马利上将因在北非战役期间指挥英军第8集团军而赢得了不朽的声名。作为阿拉曼战役的胜利者，他后来还负责指挥西欧战区的盟军地面部队。

苏联装甲力量

　　虽然发生于1936年至1937年的西班牙内战的经验表明，苏制坦克在火力上的优势能够带来决定性的战果，但苏联军方的保守派还是决定解散机械化军，将坦克部队分配给步兵师。1939年，日后因取得东线战场胜利而永载史册的吉奥尔吉·朱可夫将军在中国东北地区击败了日军，而有效运用装甲部队则是苏军实现胜利的重要因素。同时，苏军也在与芬兰爆发的冬季战争中发现己方坦克的表现不如人意，也见识了德军装甲师部队在波兰战役中取得的巨大成功。

　　因此，到1940年时，苏联红军已经重建了9个机械化军，每个机械化军下辖2个坦克师和1个摩托化步兵师。坦克师下辖2个坦克团，1个摩托化步兵团，和1个摩托化炮兵团。每个坦克师装备有约400辆BT系列、T-34和KV-1等各种型号的坦克。摩托化步兵师则下辖2个摩托化步兵团、1个坦克团和1个摩托化炮兵团。苏军计划在1941年秋将机械化军数量增加至20个，但这一计划因纳粹德国于当年6月发起侵略而化为泡影。

　　1942年春，苏军装甲部队的编制一直在进行着调整。在1942年年初时，1个坦克军下辖2个坦克旅和1个摩托化旅。坦克旅下辖3个坦克营，每营23辆坦克，1个摩托化步兵营、1个机枪火炮营、1个反坦克连、1个迫击炮连、1个高射炮营、1个侦察营。4月，坦克军的兵力被加强至3个坦克旅和1个摩托化旅。7月底，苏军组建了第1、第3、第4和第5坦克集团军，每个集团军下辖2个坦克军、1个独立坦克旅、1个步兵师、1个轻型炮兵师、1个近卫火箭炮团、1个防空团和配属的支援部队。9月，坦克集团军的编制增加了1个下辖1个坦克旅与3个摩托化旅的机械化军。

英国重剑

　　到阿拉曼战役发起前夕，伯纳德·蒙哥马利上将的第8集团军已经装备了超过1000辆坦克，是对阵的埃尔温·隆美尔上将指挥的德军非洲装甲集团军坦克数量的两倍。昵称"沙漠之鼠"的英军第7装甲师下辖4个装甲旅，分别是第4轻装甲旅，第8、第22装甲旅和女王属第131装甲旅。虽然双方都在阿拉曼战役和随后的追击战中损失惨重，但蒙哥马利能够用后方补充的坦克顶替退出战斗的坦克，而隆美尔的继任者们只能眼看着自己手中的坦克数量不断减少，最终无力维持战局。到1943年在突尼斯投降时，

在北非的德意联军仅剩不到100辆坦克。

在北非作战的英军装甲师在1942年全年都不断进行着调整。不过在1942年春，1个标准的英军装甲师下辖有2个装甲旅、1个步兵旅和1个摩托化营。此外师内还编制有大量的自行和牵引火炮部队以及侦察部队。

美国装甲

虽然当1942年到来时，美国仅参战数周，但陆军总参谋长乔治·C.马歇尔上将和陆军地面部队司令莱斯利·J.麦克奈尔中将已经为美国陆军的现代化工作奋战多月了。虽然在纸面上美军组建了多达16个装甲师，但坦克仍被视作是一种步兵支援武器，且为了尽量加快列装速度，当时的坦克在防护和火力上都很薄弱。

标准的1942年编制版美军装甲师下辖1个师部营、2个坦克团、1个装甲步兵团、3个105毫米（4英寸）自行榴弹炮营、1个侦察营和其他支援部队。坦克团下辖2个中型坦克营和1个轻型坦克营、装甲步兵团则下辖3个装甲步兵营。装甲师建制内编有2个战斗司令部，从而可以在师长的命令下将师属坦克、装甲步兵和炮兵营合编为旅级规模的特遣队，分别投入不同的任务。

德意志战车

1938年时的德军装甲师下辖有1个装甲旅、装甲旅下辖2个装甲团，根据装备条件和指挥部的偏好，装甲团下辖的装甲营数量为2到3个。每个装甲营下辖3个坦克连、每连下辖3个坦克排、每个排5辆坦克。在满编情况下，德军1个装甲师装备有多达400辆坦克，具备强大的战斗力。为了增强其攻击能力，装甲师往往编有摩托化步兵部队，通常是旅级规模，此外装甲师还编制有1个反坦克营、1个炮兵团（辖2个3连制轻型榴弹炮营），相应支援分

▼
Ⅲ号坦克
研制于20世纪30年代的Ⅲ号坦克，从一开始就被打算用于反坦克作战，并在第二次世界大战期间被德军广泛采用，其火力也在战争期间逐步得到增强。

队，以及一个轻型战斗工兵连。

在第二次世界大战的第1年中，德军装甲师的支援能力得到了增强，编制内增加了1个防空营、战斗工兵的规模也从连加强至营，侦察能力也得到了增强。从1940年秋开始，德军开始为计划在1941年6月入侵苏联进行准备。自1938年起，德军的装甲师数量已经增加了一倍。到1940年年中时，德军装甲兵已经扩充至10个装甲师和40个独立装甲营（Panzer Abteilung），共装备包括III号和IV号坦克在内的3465辆坦克。

虽然德军装甲师的数量在1940年秋季时已经翻番，但装备的坦克数量却并未水涨船高。根据1940年的编制表，1个装甲师仅下辖150至200辆坦克，即相当于此前编制数量的一半。由于在"巴巴罗萨"行动中德军共投入了多达4000辆坦克，其装甲师的编制调整更多的是为了让装甲部队在广袤的俄罗斯原野上更加自由地行动。

在整场战争期间，德军装甲师的兵员人数一直稳定在14000人左右。在1942年初，

▼
M3 "斯图亚特"

根据美军的军事学说，M3 "斯图亚特" 轻型坦克是一种快速的侦察和步兵支援坦克。该坦克配备有1门37毫米（1½）英寸主炮，在第二次世界大战的太平洋战场对抗日军时尤为有效。

装甲师下辖的摩托化步兵团被更名为"装甲掷弹兵"（Panzergrenadier）团，每个步兵营下辖的步兵连数量则从5个缩减到4个。不过由于机枪连和轻型步兵炮连的编入，步兵营的战斗力并未被削弱，此外装甲师的防空部队也得到了扩编。

德军从1938年起就开始组建装甲掷弹兵师，这些师最初被称作摩托化步兵师，师建制内下辖有步兵部队与"摩托化骑兵"部队。1942年夏，摩托化步兵师被正式更名为装甲掷弹兵师，每个师下辖2个步兵团、支援部队和1个坦克营或突击炮营。装甲掷弹兵师的兵力与装甲师相当，师内步兵既可能乘卡车机动，也有可能与普通步兵一样徒步机动。通常每个装甲掷弹兵师中只有1个装甲掷弹兵旅/团能够得到半履带车或是其他装甲车辆作为交通工具。

▼

胎死腹中的计划

在取得北非的巨大胜利之后，德军曾一度制订计划，打算向中东长驱直入，与向苏联进攻的部队在中东会合。但由于在阿拉曼战败，这一计划未能得以实施。

轴心国装甲部队计划向中东发动的进攻

1941年下半年—1943年

→ 前进路线

1942年11月的边境控制线

　　轴心国控制区

　　盟国控制区

苏联

塔甘罗格　●　罗斯托夫

敖德萨 ●

塞瓦斯托波尔 ●

黑海

格罗兹尼

第比利斯 ●

高加索山脉

巴库　里海

土耳其

波斯（伊朗）

摩苏尔 ●

叙利亚

大马士革 ●

地中海　　塞浦路斯

巴格达 ●

伊拉克

巴士拉 ●　阿巴丹 ●

北非，1941—1942年

NORTH AFRICA 1941-42

早在20世纪30年代，英军高层就已经认识到了意大利在北非的冒险主义扩张和部队集结将对埃及造成威胁，而埃及不仅有皇家海军在东地中海的最重要基地亚历山大港，还有着在战略上至关重要的苏伊士运河。正因如此，即便是1940年春天，英国远征军在欧洲大陆惨遭失败，英国本土面临着面临遭到德军入侵的威胁时，英军仍在加强北非的军力。不过，虽然英军正在努力驰援北非，意军还是在兵力和其他装备上占有数量优势。

正如英军所料，1940年意军发动侵略，攻占了英属索马里，以及肯尼亚与苏丹境内的多座城镇。9月，意军对埃及发起进攻。面对敌众我寡的局面，人数在最高峰时期也仅为10万左右的英军于1941年的1月，在东非发动了一场成功的反击。与此同时，西北方向的英军也向入侵埃及的意军发起了反击作战。

"罗盘"（又称"指南针"）行动

从1940年年底开始，英国和英联邦派遣的援军开始陆续抵达北非，北非英军总司令阿奇巴尔德·韦维尔上将受命发起"罗盘"行动。英军第7装甲师和英属印度第4师被合编为西部沙漠部队（Western Desert Force），该部队对意军发动了一场为期5天的突袭，成功拖慢了埃及境内意军的脚步。第7装甲师日后将会赢得"沙漠之鼠"这一光荣的称号。

理查德·奥康奈尔少将的指挥下，英军于12月9日向希迪·拉巴尼发起突袭，并一鼓作气打得意军望风而逃。很快这场突袭变成了一场全面进攻，在短短3周的时间内，英军就将意军逐出了埃及，夺取了卡普佐要塞，并在巴蒂亚打了一场漂亮仗。1月22日，英军攻占托布鲁克港，并在2月的第1周将大批后撤的意大利军队逼入了贝达富姆，迫使其大批投降。在"罗盘"行动期间，西部沙漠部队于1月被更名为第13军，并成为第8集团军的主力。该军俘虏了130000名意大利俘虏，其中包括22名将军，而自身仅遭受了不到1800人的伤亡。

隆美尔到来

　　由于北非的意军已经兵败如山倒，希特勒命令德军进入该战区驰援。就在"罗盘"行动成功结束几天后，意军增援部队开始在的黎波里上岸。除了意军部队之外，德军第90和第5轻型师也一并到达。他们的指挥官埃尔温·隆美尔将在这片战场上赢得"沙漠之狐"的美誉。2月19日，北非的德军被正式命名为"德意志非洲军团"，而轴心国在北非的军事力量则被统称为"非洲装甲集团军"。

　　隆美尔迅速稳定住了局势，在1941年的春天和夏天，连续挫败了英军的一系列攻势。4月，隆美在向日葵行动中"向日葵"（德语：Sonnenblume）行动中，隆美尔的装甲部队迅速出击，将英联邦军队赶出了利比亚，第5轻型师在梅基利堡抓获了2000名战俘，并围困了托布鲁克。

"罗盘"行动

1940年12月9日—1941年2月7日

→ 意军撤退方向

←-- 盟军推进方向

★ 主要战场

地 中 海

鲁克

甘布特机场

卡普佐壁垒

拜尔迪耶

塞卢姆

西迪·拜拉尼

马特鲁

奥康纳

意军营地

埃 及

盖塔拉洼地

西瓦绿洲

① 1940年12月19日：奥康纳将军指挥英军从格拉齐亚尼元帅指挥的意军的侧后发起卷击，在3天内夺回了塞卢姆和西迪·拜拉尼，并俘虏39000名意军。

② 1941年1月5日：巴拉迪亚被刚刚抵达的澳大利亚部队占领，该部队接替了英印军第4师。

③ 1月8日：澳军攻克托布鲁克，并俘虏25000名意军。

④ 意军经巴拉比亚沿海公路撤退，澳军展开追击。

⑤ 2月7日：意军在贝达富姆遭英军第7集团军伏击并被切断退路。奥康纳指挥的英军在为期10周的战斗中抓获了130000名战俘。

◀

意军惨败

"罗盘"行动本是一场计划只持续5天的突袭，但此战的发展远远超出了英军指挥层最为乐观的估计，因此英军将该行动扩大为了一场大规模攻势。

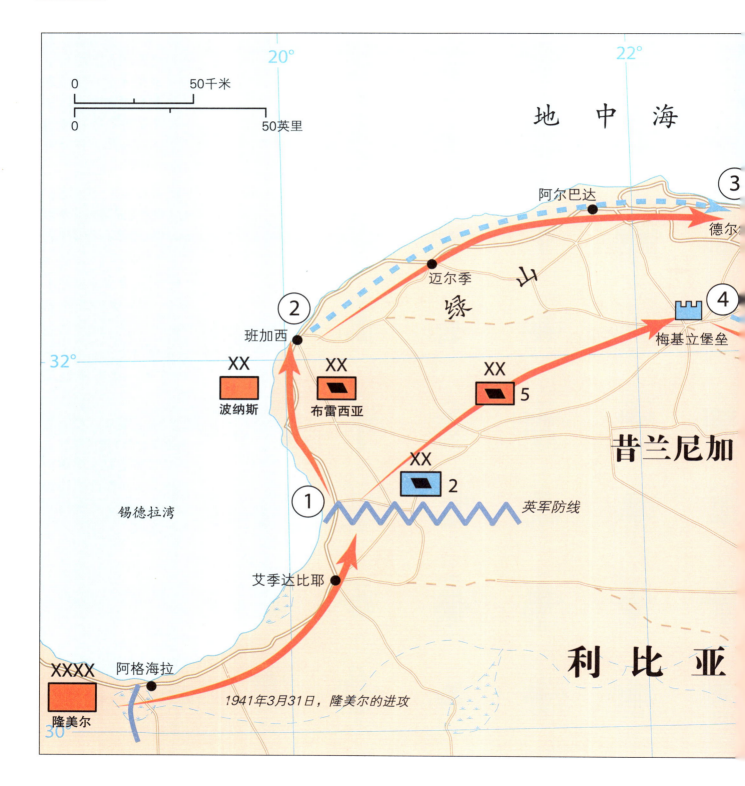

地 中 海

阿尔巴达

③

德尔

迈尔季

绿 山

班加西

②

④

梅基立堡垒

XX

波纳斯

XX

布雷西亚

XX

5

昔 兰 尼 加

XX

2

英军防线

①

锡德拉湾

艾季达比耶

利 比 亚

阿格海拉

XXXX

隆美尔

1941年3月31日，隆美尔的进攻

"向日葵"行动
1941年4月

→ 德军推进方向

⇢ 盟军撤退方向

北

格兹拉

⑤ 托布鲁克

甘布特飞机场

亚当

拜尔迪耶

西迪·拜拉尼

塞卢姆

埃　及

① 隆美尔采用分兵战术，命令布雷克西斯指挥的一个师和波纳斯指挥的一个小规模战斗群沿沿海公路推进。而第5轻型师则沿沙漠公路攻击梅基立要塞。

② 1941年4月3日：英军的撤退让隆美尔的部队得以直取班加西。

③ 4月7日：波纳斯战斗群在德尔纳附近俘虏了奥康纳将军。

④ 4月8日：甘比尔·帕里少将和2000名英军士兵在梅基立要塞撤退失败，被德军俘虏。少数士兵逃到了托布鲁克。

⑤ 4月11—13日：托布鲁克围城开始。在这个复活节周末，澳军和英军部队击退了德军的3次装甲进攻。

◀

隆美尔抵达

德军非洲军团的首批部队从利比亚的的黎波里上岸。埃尔温·隆美尔上将在1941年2月抵达北非后丝毫没有浪费时间，立即对英军发动了一场成功的反击。

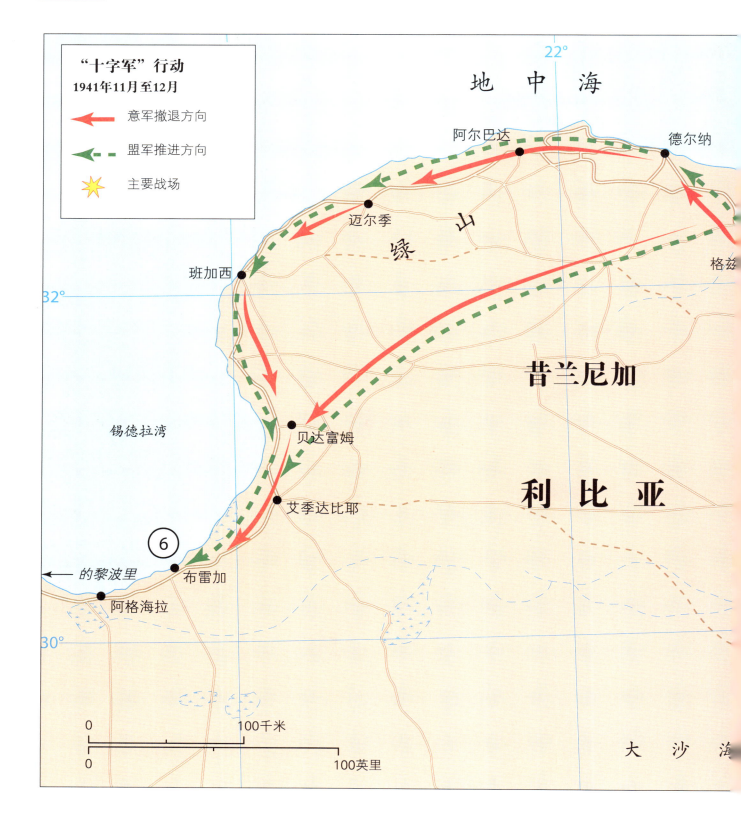

"十字军"行动
1941年11月至12月

→ 意军撤退方向

◄---- 盟军推进方向

★ 主要战场

地 中 海

阿尔巴达

德尔纳

迈尔季

绿

山

格兹

班加西

昔兰尼加

锡德拉湾

贝达富姆

利 比 亚

艾季达比耶

⑥

的黎波里

布雷加

阿格海拉

0   100千米

0   100英里

大 沙 漠

① 1941年11月18日：奥金莱克发动"十字军"行动。

② 11月19日：试图从托布鲁克突围的英军部队被德军第90轻型师击退。但第90轻型师遭到了新西兰步兵和英军第7装甲师的背后攻击，而这支英军又遭到了向西迪·里齐推进的德军装甲部队攻击。

③ 11月20日：意军"白羊座"装甲师击退了英军第22装甲旅的进攻。

④ 11月22日—12月7日：双方坦克部队在西迪·里齐发生混战，隆美尔的部队开始从昔兰尼加地区撤退。

⑤ 12月7日：托布鲁克解除了为期242天的围困。

⑥ 12月30日：隆美尔的部队在撤退至布雷加港后停止退却。

◀

拯救托布鲁克

英军在"十字军"中出动装甲部队在哈法雅隘口与德军装甲部队展开激战，并成功解救了自1941年春便遭到围困的托布鲁克。

▶

沙漠部队

从这张图中可以看到在北非地区作战的英军装甲师在编制上与在欧洲的同类部队有所区别。北非装甲师的战斗力量包括两个装甲旅、炮兵和摩托化步兵部队。

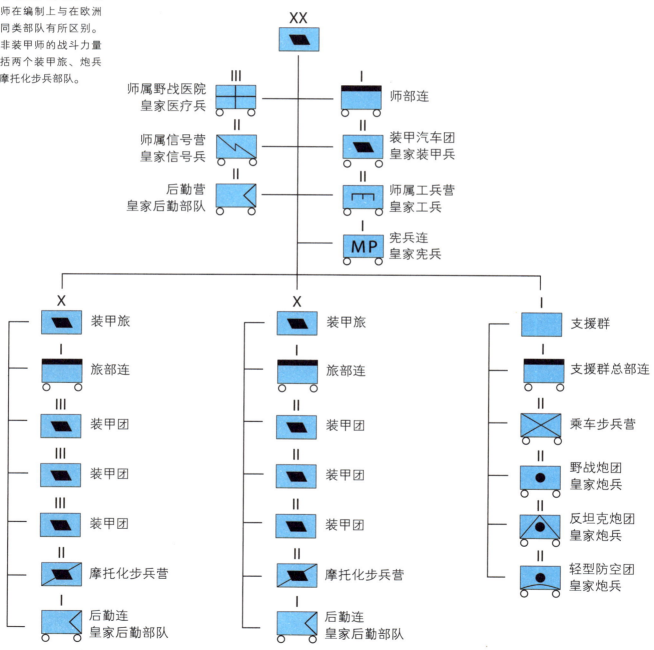

英军装甲师编制
1940—1943年

"十字军" 行动

　　在随后的7个月中，被围困的澳大利亚和英军部队在德军的进攻下坚守托布鲁克。11月18日，英军发起"十字军"行动，希望解除托布鲁克的围困，并引诱德军装甲部队出战。身经百战的英军第7装甲师和德军第15、第21装甲师在西迪·莱宰格（Sidi Rezegh）一带爆发了为期2天的激战。在亚瑟·坎宁安上将的指挥下，英军第8集团军第13军和第30军沿地中海海岸进军，通过哈法雅隘口后向西南转向，袭击隆美尔的侧翼，并试图切断德军装甲部队的后勤补给线。

　　英军第30军共装备超过450辆坦克，其中配属该军的第1陆军坦克旅装备有135辆全新的"马蒂尔达"和"瓦伦丁"坦克。在古比井（Bir el Gubi），英军第22装甲旅击

▼
被抛弃的"玛蒂尔达"
图中这些"玛蒂尔达"坦克在与德军坦克与反坦克炮的战斗中被击毁后，被英军丢弃在荒凉的沙漠中。双方在北非战役期间均损失了大量的坦克。

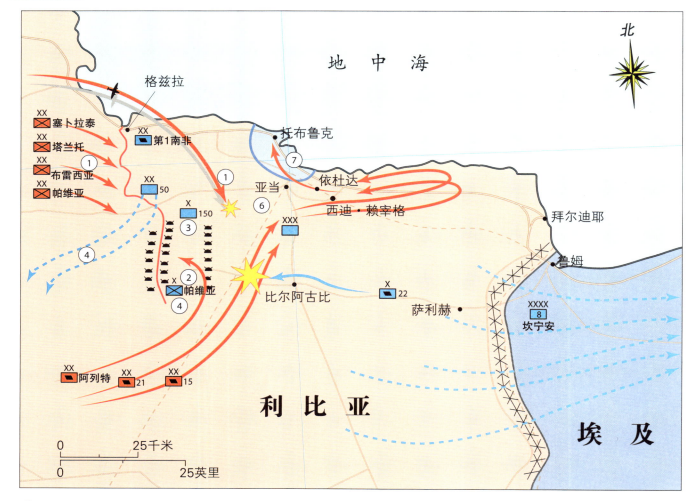

托布鲁克的陷落

1942年春，埃尔温·隆美尔将军终于夺取了他觊觎已久的目标，濒临地中海的港口城市托布鲁克。

贾扎拉与托布鲁克的陷落
1942年5月26日—6月21日

　盟军撤退方向
　盟军进攻方向
　盟军战线
　轴心国军队推进方向
　主要战场
　雷区

① 5月26日下午4时：攻势开始，科鲁维尔指挥的部队（以意大利部队为主力）从北面发起佯攻。

② 5月26—27日：隆美尔的主攻开始，他的装甲部队包抄背袭了比尔哈凯姆的法军支撑点。

③ 6月2日：英军第150装甲旅被歼灭，3000人被俘。

④ 6月10日：在经历长达两周的围攻后，由柯尼希指挥的自由法国旅从比尔哈凯姆支撑点撤退。

⑤ 6月14日：英军第50步兵师最初向西撤退，然后转向西南突破了轴心国战线突围。

⑥ 6月14日：苏格兰禁卫团和南非反坦克炮部队在阻滞德军推进的战斗中伤亡惨重。

⑦ 6月21日：隆美尔的部队冲破托布鲁克外围防线进入城市，并抓获35000名战俘。

毁了34辆意军"白羊座"师的坦克，但自身因敌军火力损失25辆，另有30辆因机械故障退出战斗。双方在此战中均遭受了惨重的损失，隆美尔也因此取消了一场在挫败英军推进的进攻，并因补给线暴露在敌军火力之下而被迫撤退。隆美尔惊讶于英军战斗意志的顽强，并因此放弃解救已经在哈法雅隘口奋战多时，疲惫不堪的己方部队。在12月的第1个星期，英军第70师突破了托布鲁克包围圈，与港内的新西兰部队取得联系，从而结束了这场为期242天的围困。

再战托布鲁克

虽然成功解除了托布鲁克的围困，但此时由克劳德·奥金莱克上将指挥的英军第8集团军已经在"十字军"行动中遭受了惨重的伤亡，且战线过度延伸。隆美尔的部队在1941年余下的时光中完成了休整并获得了急需的补给与增援。1942年1月，德军非洲装甲集团军再度发起攻势并将英军击退480千米（380英里）至贾扎拉防线（Gazala Line）。

随着英德两军开始休整，沙漠战场迎来了4个月的平静。到休整结束时，英军已经拥有超过850辆坦克，其中还有少量的美制"格兰特"坦克。"格兰特"坦克配备有一门75毫米车体炮和1门37毫米炮塔主炮。英军在贾扎拉防线精心构筑了6座能够相互掩护的坚固支撑点。隆美尔于5月底开始进攻，由英印军负责防守的两处坚固支撑点，很快陷落。而在西迪·穆夫塔（Sidi Muftah），英军第150旅击退了德军的6次突击，但该旅也几乎全军覆没。

在南边的比尔哈凯姆（Bir Hacheim），3600名"自由法国旅"士兵与意军的"的里亚斯特"师发生激战，并坚守了16天之久。到比尔哈凯姆陷落时，有2700名自由法国士兵成功撤离。但由于在被称为"大锅"（Cauldron）的地方发生的战斗，英军所面临的局势更加恶化。到6月中旬时，英军第21禁卫摩托化旅已经丢掉了"骑士桥"支撑点，仅1天时间内，英军第8集团军就有6000人阵亡、负伤或被俘，另有150辆坦克被击毁。

在英军第8集团军向东撤退期间，追击的隆美尔扫清了英军发起的一系列迟滞行动与小规模反击作战。6月21日，非洲装甲集团军的部队攻入了托布鲁克并缴获了大量的燃料与物资补给。

"巴巴罗萨" 行动 (1941年6月22日—10月1日)

BARBAROSSA (22 JUNE-1OCTOBER 1941)

1941年6月22日清晨，轴心国投入161个师的部队，发起了"巴巴罗萨"行动。该行动是基于1940年12月17日制定的计划实施的，根据计划，德军将在远至第聂伯河与德维纳河，距离边境400千米（250英里）的纵深内歼灭苏联红军主力。这场由以纳粹德国为首的轴心国集团发动的侵略是一场由意识形态驱使的种族灭绝战争，纳粹的最终战争目的是消灭苏联并奴役苏联人民，从而让第三帝国获利。在歼灭边境地区的苏军重兵集团之后，德军将长驱直入，一直推进至从北起白海边阿尔汉格尔斯克，沿乌拉尔山脉至南方高加索地区一线。为实现这一目标，德军部队必须大胆而快速地行动，运用装甲部队实施纵深战略穿插。德军的4个装甲集群将对苏军形成一系列的包围圈与双重包围圈，并将困在包围圈内的苏军部队歼灭。

在最终版本的"巴巴罗萨"计划中，德军动用了3个集团军群。负责北路的北方集团军群将从东普鲁士方向发起进攻，沿波罗的海国家攻占列宁格勒，并与沿卡累利阿地峡向南推进的芬兰军队取得联系。中央集团军群则沿白俄罗斯向斯摩棱斯克推进，并占领苏联首都莫斯科，随后经喀山抵达乌拉尔山脉。负责南线的南方集团军群则将攻占乌克兰境内的基辅和哈尔科夫，然后经罗斯托夫向盛产石油的高加索地区推进。这是一场规模空前的进攻：包括芬兰战线在内，攻击发起线长达1464千米（910英

▼
"坦克！向东"

在"巴巴罗萨"行动的开幕阶段，德军坦克隆隆驶过一望无际、尘土飞扬的俄罗斯原野。1941年6月22日开始的侵苏行动在初期取得了成功，歼灭了大批苏军部队并抢占了大量领土。

苏德两军的指挥结构
1941年6月22日

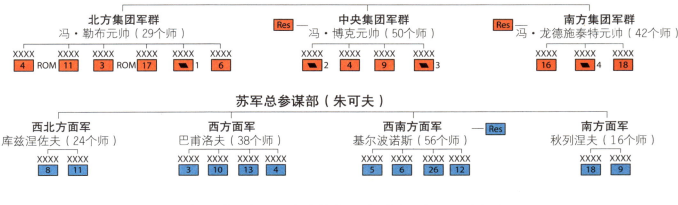

里），且距离莫斯科990千米（616英里），距离乌拉尔山脉更是远达2188千米（1360英里）。

德军为这场侵略行动集结了4个装甲集群（Panzergruppen），17个装甲师与12个摩托化步兵师作为先锋力量，共计装备3517辆坦克。在这场战役期间，轴心国部队共出动4431辆装甲战斗车辆。由霍普纳大将指挥的第4装甲集群将负责为北方集团军群打头阵。由海因茨·古德里安大将指挥的第2装甲集群和霍特大将指挥的第3装甲集群则配属于中央集团军群。由冯·克莱斯特大将指挥的第1装甲集群将成为南方集团军群的前卫。在这4个装甲集群后方，轴心国方面还有8个德国集团军，两个罗马尼亚集团军和一个芬兰集团军负责打扫战场与占领土地。德军在"巴巴罗萨"行动中投入了306万人，以及多达7189门火炮。抗击轴心国侵略的苏联红军共在欧洲方向部署有203个师，11000辆坦克，但其中只有1440辆现代化坦克。苏军全军当时共拥有304个师，约450万人部队以及20000辆坦克，苏军空军则部署有14600架飞机。除此之外，苏联还拥有强大的动员能力，仅在1941年的战斗中，苏军就动员了约550万预备役人员。

入侵俄国

1941年6月22日拂晓，希特勒的部队跨过苏联边境。德军的装甲突击最初完全达成了突然性，这主要是由于斯大林拒绝采信苏联情报部门传回的、德军即将发动侵略的情报。在6月22日至23日，纳粹空军的猛烈空袭摧毁了约2100架苏军飞机。德军装甲师很快撕碎了苏军设在边境的防御并开始向纵深推进。到7月2日，战役第11天时，北方集团军群的装甲矛头已经推进328千米（204英里），并在爱沙尼亚渡过了德维纳

▲
指挥结构

德军总司令部将参加"巴巴罗萨"行动的121个师编为了3个强大的集团军群。苏军最高统帅部（Stavka）则在德军的进攻面前毫无准备。

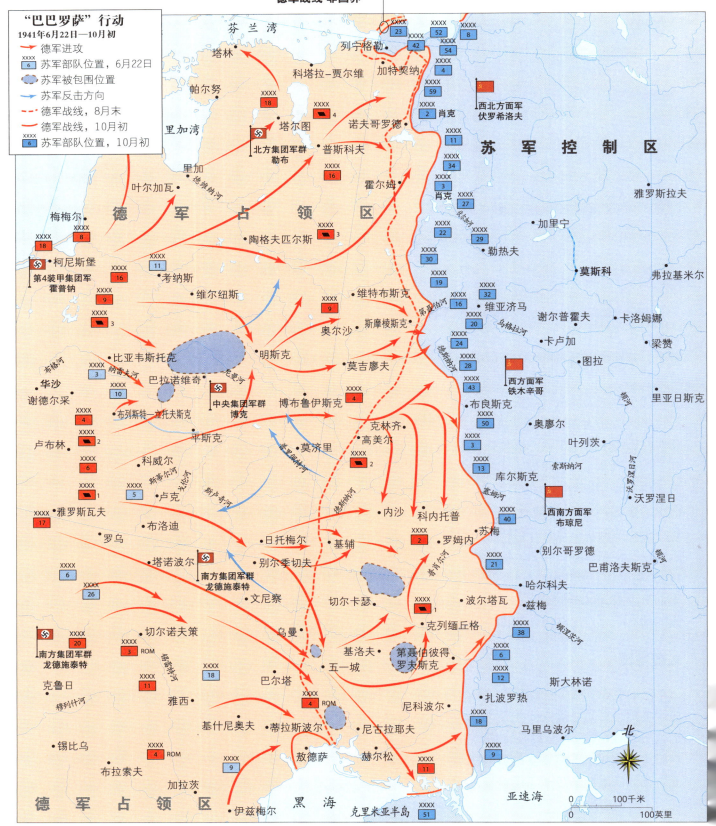

"巴巴罗萨"行动
1941年6月22日—10月初

→ 德军进攻

6 苏军部队位置，6月22日

苏军被包围位置

→ 苏军反击方向

德军战线，8月末

德军战线，10月初

6 苏军部队位置，10月初

德军战线 非国界

芬兰湾

苏 军 控 制 区

德 军 占 领 区

北方集团军群
勒布

中央集团军群
博克

南方集团军群
龙德施泰特

第4装甲集团军
霍普纳

西北方面军
伏罗希洛夫

西方面军
铁木辛哥

西南方面军
布琼尼

塔林
帕尔努
里加湾
里加
叶尔加瓦
梅梅尔
柯尼斯堡
考纳斯
维尔纽斯
华沙
谢德尔采
卢布林
布列斯特—立托夫斯克
比亚韦斯托克
巴拉诺维奇
明斯克
平斯克
科威尔
卢克
雅罗斯瓦夫
布洛迪
罗乌
塔诺波尔
文尼察
切尔诺夫策
克鲁日
雅西
基什尼奥夫
蒂拉斯波尔
锡比乌
布拉索夫
加拉茨
伊兹梅尔
敖德萨
赫尔松
尼古拉耶夫
尼科波尔
五一城
巴尔塔
乌曼
基洛夫
克列缅丘格
切尔卡瑟
基辅
别尔季切夫
日托梅尔
内沙
科内托普
罗姆内
苏梅
哈尔科夫
波尔塔瓦
兹梅
别尔哥罗德
巴甫洛夫斯克
库尔斯克
奥廖尔
叶列茨
图拉
梁赞
卡卢加
卡洛姆娜
里亚日斯克
谢尔普霍夫
弗拉基米尔
莫斯科
加里宁
勒热夫
维亚济马
雅罗斯拉夫
克林齐
高美尔
博布鲁伊斯克
莫吉廖夫
奥尔沙
斯摩棱斯克
维特布斯克
霍尔姆
普斯科夫
陶格夫匹尔斯
塔尔图
诺夫哥罗德
科塔拉-贾尔维
加特契纳
列宁格勒
莫济里
布良斯克
第聂伯彼得罗夫斯克
斯大林诺
扎波罗热
马里乌波尔
北

黑海
克里米亚半岛
亚速海

0   100千米
0   100英里

河。北方集团军群的装甲楔子第41摩托化军此时转变目标，经奥斯特洛夫和萨布斯克向列宁格勒直扑而去。而第56装甲军则为了保护中央集团军群暴露的北侧，沿东南方向的路线，经索利齐和诺夫哥罗德向列宁格勒进攻。在中部的进攻轴线上，到7月2日时，中央集团军群的2个装甲集群已经渡过了别列津河，深入苏联境内395千米（246英里）。在此期间，中央集团军群的装甲部队比亚斯托克和明斯克实施了两场漂亮的包围行动，一举困住了苏军29个师。而南方集团军群则由于受到更为顽强的苏军抵抗，进展较为缓慢。

第33号元首令

7月2日至15日，德军装甲矛头进展依旧顺利。在北线，第4装甲集群在渡过德维纳河之后又向萨布斯克和索利齐方向推进了253千米（157英里），距离列宁格勒仅160千米（100英里）。不过由于前方部队的快速推进，德军后勤补给线已经过度延伸，推进也只能暂时停止。中线方面，7月4日至20日，第2和第3装甲集群又向莫斯科方向推进了285千米（177英里），并在因后勤补给问题暂停推进前于斯摩棱斯克包围了285000

◄◄

"巴巴罗萨"行动

在入侵苏联的行动中，德军在1500千米（1000英里）长的战线上布置了100万士兵。在战争爆发之初，苏军节节败退，到冬季降临前德军已经开始威胁莫斯科。

▼

暂停推进

侵苏战役期间，在远处苏军坦克被击毁燃烧所产生的浓烟中，一支德军装甲部队的指挥官们停下了脚步，正在远眺地平线。

装甲师编制
1941年

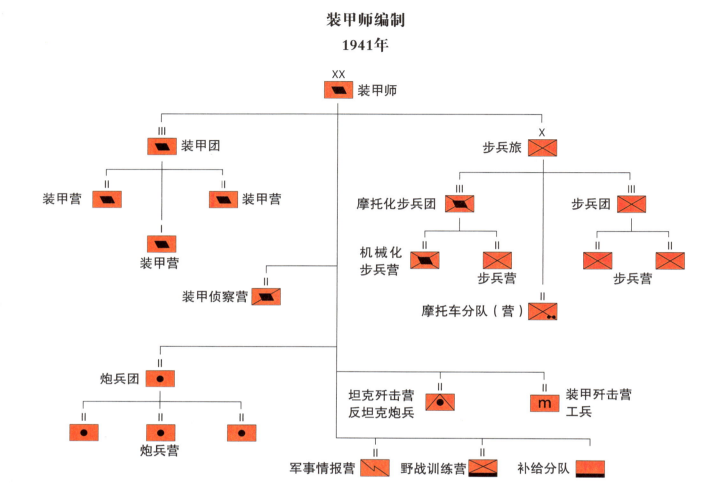

装甲编制

1941年的德军装甲师编有强大的坦克、装甲步兵（装甲掷弹兵）、炮兵、反坦克部队、工兵和其他支援部队。在第二次世界大战期间，德军装甲部队的编制经历了多次调整。

名苏军士兵。在南线，第1装甲集群正在向东推进，直指西乌克兰的第聂伯河一线。7月19日，希特勒签署第33号元首令。出于中央集团军群的南侧乌克兰方向依旧保有战斗力的红军部队的威胁，希特勒命令德军在中央集团军群恢复向莫斯科的推进前，消灭乌克兰的苏军部队。他将中央集团军群的第2装甲集群转隶给南方集团军群，同时命令中央集团军群仅剩的第3装甲集群向北发起进攻，协助北线德军向列宁格勒推进。德军向莫斯科方向的快速推进就此暂停，直到下一场战役中才恢复。

在中央集团军群为执行第33号元首令而准备部队时，苏军于7月下旬和8月在叶利尼亚和亚尔采沃地区反复发动强有力的反击，并一度将德军击退。由于苏军的反击，中央集团军群的2个装甲集群直到8月21日才开始调动。与此同时，南方集团军群的第1装甲集群向东进展顺利，并抵达乌曼，在此期间包围了20万苏军。在德军第1装甲集群

向莫斯科的装甲突击

1941年6月至9月

→ 德军主攻方向

— 苏军防线

┼┼┼ 中线具有重要战略意义的铁路

▲

向莫斯科前进

在向苏联首都莫斯科进军的过程中，德军试图展开一场规模巨大的钳形攻势。但在一支德军装甲部队已经推进至距离莫斯科12英里处时，气候开始转坏，且苏军防守越来越顽强，德军最终未能再前进一步。

▲

防御计划

在这张摆拍的照片中，苏军士兵正在莫斯科城外讨论防御计划。莫斯科的苏联平民在防御战斗中被大量动员。

的一部分部队封闭乌曼包围圈的同时，该集群的另一部分部队继续向东前进，并于8月12日攻占了第聂伯河河畔的克列缅丘格。此时德军的两根装甲矛头已经深入苏军防线后方182千米（113英里），随后两支装甲部队开始两路夹攻，分别从北方的高梅尔，东面的普里皮亚季沼泽向基辅发起进攻。南方集团军群的装甲部队如果能够顺利向北攻击，并同计划向南的古德里安的第2装甲集群会和，那么苏军将至少有5个集团军被包围。在短暂停止进攻，完成给养补充后，德军南方集团军群的装甲部队于8月26日开始向北进攻，古德里安的装甲部队也随后从罗斯拉夫尔和克里切夫向南进攻。随着两个集团军群的部队开始逐渐靠拢，德军有很大的机会将苏军沿南北方向一字排开的部队包围在切尔尼科夫—基辅—切尔卡瑟—线。

8月22日，古德里安命令他的装甲部队向南，从罗斯拉夫尔出发，深入沿南北方向在基辅周围展开的苏军5个集团军的后方。在经过26天的向南推进之后，第2装甲集群抵达了罗斯拉夫尔以南400千米（248英里）处的洛赫维察（Lokhvitsa）。9月15日，古德里安的装甲集群在洛赫维察与从南面赶来的第1装甲集群会师。到9月中旬时，两支装甲集群已经在切尔尼科夫至基辅一线包围了约50万苏军部队。跟随在装甲部队后方的轴心国步兵集团军开始加固包围圈，以防苏军突围。该包围圈内的最后一支苏军部队于9月下旬被歼灭。这场规模空前的战役级胜利，让轴心国扫清了中央集团军群在南翼面临的威胁。

与此同时，向列宁格勒方向推进的德军北方集团军群依然面临着苏军的顽强阻击。从8月下旬开始，第4装甲集群开始接收中央集团军群第3装甲集群提供的机动增援部队。第3装甲集群此前根据第33号元首令调离了莫斯科方向。在一直持续至9月7日的血腥战斗中，德军沿着位于列宁格勒东北方向的拉多加湖两岸艰难推进。至此，列宁格勒最后一条与外界的交通线被德军切断。9月8日，希特勒签署了新的作战命令。他命令已经打开局面的南方集团军群向哈尔科夫和克里米亚半岛推进。同时，他命令北方集团军群继续围困列宁格勒。而最为重要的，则是他在9月8日签署的另一道命令，根据该命令，中央集团军群将同时恢复向莫斯科的进攻，而莫斯科方向的推进原本早在7月就已经暂停。向莫斯科发动机进攻得到了新的行动代号"台风"，而行动代号的修改表明了一个不言自明的事实——原本的"巴巴罗萨"计划已经失败。

　　对莫斯科的进攻后，中央集团军群似乎成为了德军在东线战场的焦点，但与此同时，德军还需要支撑北面对列宁格勒的围攻，以及南面对罗斯托夫的进攻，使得中央集团军群难以得到急需的资源。9月9日至30日，北方集团军群继续在芬兰军队（此时正在卡累利阿地峡防守轴心国战线的北段）的支援下围攻已经被包围的列宁格勒。而

▼
集结起来的T-34坦克
苏联红军T-34中型坦克纵队在对纳粹侵略者发动反攻前集结于攻击出发阵地。T-34是一型高度成功的坦克。

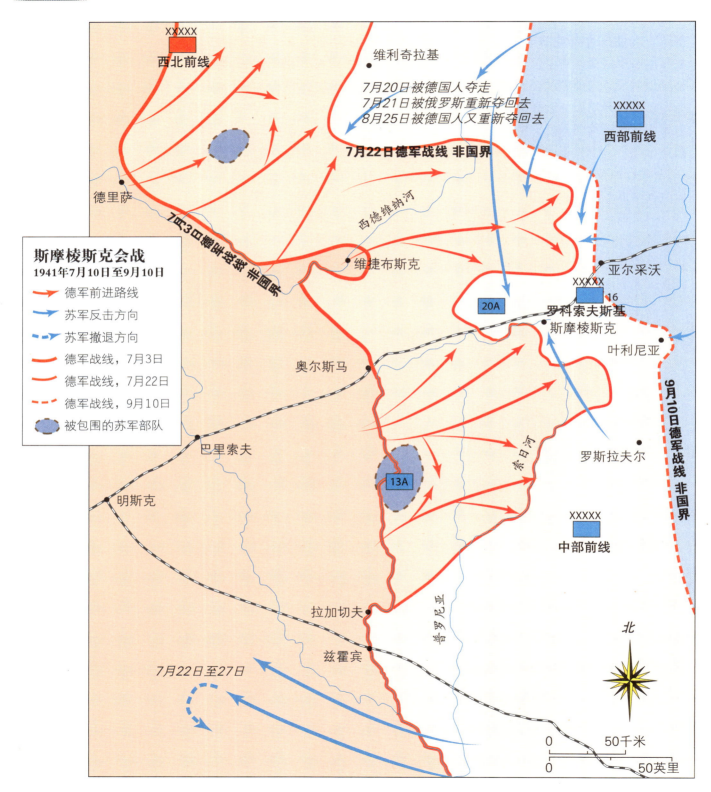

维利奇拉基

7月20日被德国人夺走
7月21日被俄罗斯重新夺回去
8月25日被德国人又重新夺回去

7月22日德军战线 非国界

西北前线

西部前线

德里萨

西德维纳河

维捷布斯克

亚尔采沃

斯摩棱斯克会战
1941年7月10日至9月10日

德军前进路线

苏军反击方向

苏军撤退方向

德军战线，7月3日

德军战线，7月22日

德军战线，9月10日

被包围的苏军部队

20A

16

罗科索夫斯基

斯摩棱斯克

叶利尼亚

奥尔斯马

索日河

罗斯拉夫尔

巴里索夫

13A

明斯克

中部前线

拉加切夫

普罗尼亚

9月10日德军战线 非国界

兹霍宾

北

7月22日至27日

0   50千米

0   50英里

在南面，轴心国军队从佩尔沃缅斯克出发，沿亚速海海岸向西北方向推进，从而将苏军第51集团军孤立在克里米亚；同时这些轴心国部队也开始准备沿亚速海沿岸，向罗斯托夫发起新一轮进攻。在南方集团军群的中央轴线上，轴心国军队继续向东，在苏军的顽强阻击下向哈尔科夫推进。而相比德军正在准备的"台风"行动（向莫斯科方向的突击），这些攻势都将黯然失色。虽然如此，"巴巴罗萨"行动还是攻占了大片土地。德军最远深入苏联境内1000千米（630英里）。虽然俘虏了超过200万部队，并对苏军造成了严重的人员伤亡和装备损失，但"巴巴罗萨"行动并未在战略上将苏军一举击败。新动员起来的士兵和新生产的坦克还将源源不断的抵达前线补充苏军所受到的损失。而此时，德军已经孤注一掷，将赢得这场战争的希望全部押在成功夺取莫斯科上。

◄◄

斯摩棱斯克惨败

德军开始入侵苏联后短短2个星期内，由海因茨·古德里安指挥的德军第2装甲集群和由赫尔曼·霍特指挥的第3装甲集群就对苏联城市斯摩棱斯克形成威胁，并包围了苏军4个方面军的大量部队。

▼

全力支援前线

即便是在德军装甲部队即将打到他们的厂房时，苏联工人们依旧在加班加点地为红军部队生产所需的坦克。苏联的强大工业能力是盟国赢得第二次世界大战的一个关键因素。

"台风—沃坦"行动，1941年

OPERATION TYPHOON - WOTAN 1941

　　根据1941年9月8日颁布的元首令，德军恢复了7月中旬就已暂停的对莫斯科的进攻。德军第2和第3装甲集群也因此在9月下旬从乌克兰东部和列宁格勒战场调回。在如此之晚的时节对莫斯科发起进攻无疑是一场豪赌，德军之所以敢如此冒险，是因为其气象学家预报称1941年秋季的高强度降雨将比往年（通常是10月底）更晚，这样德军就能够得到最多4个星期的时间用于攻占莫斯科。德军相信，攻占莫斯科，将奠定对

苏军坦克师编制表
1941年6月

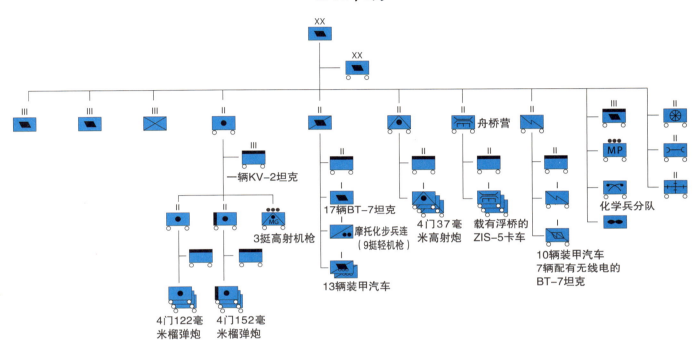

一辆KV-2坦克

3挺高射机枪

4门122毫米榴弹炮

4门152毫米榴弹炮

17辆BT-7坦克

摩托化步兵连（9挺轻机枪）

13辆装甲汽车

4门37毫米高射炮

载有浮桥的ZIS-5卡车

舟桥营

10辆装甲汽车7辆配有无线电的BT-7坦克

MP

化学兵分队

苏战争的战略胜利。1941年9月30日，中央集团军群的78个师（以1350辆坦克为先导）开始了初步进攻，但整场攻势直到10月2日才全面开始。在10月2日至14日期间，德军装甲师对苏军布良斯克和维亚季马方向的静态防御实施了包抄，两个包围圈困住了至少66万苏军部队，不过德军又花了11天才将这两个巨大的包围圈"彻底消化"。虽然耗时较长，但德军的这场巨大胜利已经摧毁了苏军在莫斯科方向防御体系的核心。但就在德军装甲部队开始向莫斯科推进时，秋季的大雨却按时到来，没有如同德国气象专家预计的那样拖后。倾盆大雨将地面化作一片泥泞，德军坦克只能在泥潭中缓慢爬行。同时，苏军投入了大量新近动员，但训练较为低劣的部队，以及刚刚生产的武器装备，在莫斯科正面的莫扎伊斯克建立起了一道临时性的防线。面对东拼西凑的苏军的顽强阻击，德军不得不在10月25日暂停"台风"行动，调整后勤体系。

11月初，冬季的第一场寒潮终于让泥泞的土地再度被冻得坚实，因此德军在15日重新启动"台风"行动。在900辆坦克的引导下，中央集团军群的120万德军恢复了进攻，但此时的苏军已经得到了大量的增援，且配备的装备更适应严酷的冬季环境。德军装甲部队发动了一场钳形攻势，北路的装甲部队经加里宁向莫斯科推进，而南路的装甲部队则经图拉包抄，旨在最终围困莫斯科。由于严重的后勤补给问题，在苏军的

▲

苏军坦克师

1941年的苏军坦克师下辖有KV重型坦克，BT轻型坦克，炮兵和反坦克部队，以及装甲汽车部队。在T-34坦克服役后，苏军坦克师的战斗力得到了显著增强。

◄◄

老旧坦克

在"巴巴罗萨"行动期间，已经彻底过时的I号坦克依旧在德军中服役。I号坦克的火力和防护均非常薄弱，无力对抗苏军坦克和反坦克炮，因此逐步撤装。

莫斯科攻势

为了在台风行动期间攻占莫斯科，德军出动第4集团军对莫斯科实施直接进攻，同时第3、第4装甲集群以及第2装甲集团军都对莫斯科发动了侧翼包抄。

普斯科夫

北方集团军 勒布

XXXX 16

加里宁前线 科涅夫

XXXX 22

XXXX 30

卢基

XXXX 9

波洛茨克

加里宁

勒热夫

XXXX 16

XXXX 5

莫斯科

弗拉基米尔

西部前线 朱可夫

维特布斯克

XXXX

奥尔沙

斯摩棱斯克

XXXX 4

维亚济马

莫扎伊斯克

XXXX 33

卡洛姆娜

谢尔普霍夫

XXXX 43

梁赞

明斯克

莫吉廖夫

XXXX 4

卡卢加

XXXX 49

XXXX 50

图拉

XXXX 10

博布鲁伊斯克

中央集团军 博克

9月30日德军战线 非国界

姆岑斯克

XXXX 3

高美尔

XXXX 2

布良斯克

奥缪尔

叶列茨

XXXX 13

科罗斯坚

切尔尼戈夫

科诺托普

库尔斯克

沃罗涅日

西南方面军 铁木辛哥

XXXX 40

XXXX 21

兹托梅尔

基辅

尼尔什

苏梅

别尔哥罗德

德 军 占 领 区

XXXX 6

哈尔科夫

12月5日德军战线 非国界

XXXX 38

XXXX 6

切尔卡瑟

波洛茨克

XXXX 12

南方面军 切列维琴科

乌曼

克列缅丘格

XXXX 17

卢甘斯克

XXXX 18

五一城

南方集团军群 龙德施泰特（后更换为赖歇瑙）

第聂伯彼得罗夫斯克

尼科波尔

扎波罗热

马克耶夫卡

XXXX 37

XXXX 9

尼古拉耶夫

XXXX 1

塔甘罗格

罗斯托夫

亚速

敖德萨

科尔松

梅利托波尔

叶伊斯克

XXXX 56

XXXX 11

滨海集团军

彼列科普湾

亚速海

克鲁特泡金

克里米亚半岛

黑海

"台风"行动
1941年9月—12月

→ 德军推进方向
→ 苏军反攻
― 德军战线，9月30日
― 德军战线，11月15日
― 德军战线，12月5日
⬯ 苏军防线
🔷 苏军被包围位置

0   100千米

0   100英里

被抛弃的坦克

1辆德军III号坦克大开着舱门，被抛弃在街道上。在从1941年9月开始的"台风"行动和"沃坦"行动期间，德军对莫斯科发动了一场并不成功的装甲攻势。恶劣的地形和严酷的天气是德军此次行动失败的原因之一。

顽强抗击之下，德军进展更为缓慢。12月1日，北路攻势终于艰难推进至距离莫斯科18千米（11英里）处，但此时德军仅剩40辆坦克尚能战斗。12月4日，德军的推进已经彻底停止。次日，中央集团军群转入守势。轴心国阵营1941年对苏联发动的侵略行动就此宣告失败。

苏军反击

1941年12月6日，苏军出动30个师，对实施"台风"行动后疲惫不堪的德军中央集团军群发动了反击。苏军部队将德军逐出了卡卢加和加里宁，并在利夫内、姆岑斯克和尤赫诺夫等地撕破德军战线，苏军装甲预备队在12月下旬经由这些突破口向德军纵深发起反击。出于对战略撤退最终演变为一场溃败的恐惧，希特勒强令部队就地防御。希特勒的命令，以及当时苏军缺乏发展初步胜利的能力，使得德军最终守住了一条犬牙交错的战线，长期坚守从斯摩棱斯克至维亚济马和勒热夫的突出部，并将苏军的多支反击部队包围在德军战线后方。但此时已经十分虚弱的德军，却无法歼灭得到游击队支援的苏军被围部队。从1942年1月5日至2月下旬，过于自信的斯大林扩大了反攻的规模，将其演变为一场横跨战线，多个地段的全面反击战役。过于宏大的目标也意味着这些反击作战收效甚微。在1942年春季的莫斯科战场，虽然战术态势极其不容乐观，但坚守在科尔姆、德米扬斯克和大卢基包围圈和突出部内的德军还是挡住了苏军的进攻。到6月时，苏军对德军中央集团军群正面发起的反击作战规模逐渐减小，参战部队也已经疲惫不堪。虽然德军中央集团军群曾在多场战斗中面临着被分割肢解的危险，但德军依旧守住了战线，直至敌军无力继续发起进攻。时机已至，德军最高统帅部打算还以颜色，发起1942年夏季的攻势行动。

莫斯科会战

在苏联红军的顽强阻击，以及秋季的大雨泥泞，冬季的严寒摧残之下，德军未能夺取苏联首都莫斯科。德军装甲部队一度推进至距离莫斯科仅有10余英里处，但随后再无法前进一步。

莫斯科会战

1942年1月至6月

- 德军推进方向
- 苏军反击方向
- 5月底的德军战线
- 6月的德军战线
- 苏军防线
- 在敌后活动的苏联游击队

熊熊燃烧的坦克

在俄罗斯草原上，1辆用树枝进行伪装的苏军坦克被击中起火，冒出滚滚浓烟。在德军的"台风"行动失败后，苏军出动30个师对德军发起了反击。

战斗中的T-34

T-34 IN ACTION

▼

T-34恐慌

苏军投入T-34中型坦克对德军造成了极大的震动,后者随即加紧研发V号"黑豹"坦克作为应对。图中,一支T-34坦克和补给卡车组成的纵队正在经过战火蹂躏的俄罗斯某处行进。

　　有趣的是,被许多历史学家和军事理论家认为是第二次世界大战期间最优秀坦克的苏制T-34坦克,有许多技术和设计灵感都来自于西方。如今,T-34坦克已经成为苏联在"伟大的卫国战争"中战胜纳粹德国的象征。

　　20世纪30年代初,苏联从美国进口了一型由美国工程师沃尔特·克里斯蒂设计的坦克原型车。克里斯蒂本想将他的设计出售给美国军方,但在这一梦想破产后,苏联买下了克里斯蒂的原型车,该车的许多部分都成为了苏联在20世纪30年代中期研制的

东线战场装甲战斗车辆实力对比 1941年至1945年											（辆）
1941年6月	1942年3月	1942年5月	1942年11月	1943年3月	1943年8月	1944年6月	1944年9月	1944年10月	1944年11月	1944年12月	1945年1月
28800	4690	6190	4940	7200	6200	11600	11200	11900	14000	15000	14200
3671	1503	3981	3133	2374	2555	4470	4186	4917	5202	4785	4881

BT系列轻型坦克的基础。在1939年爆发于中国东北地区的诺门坎事件中，BT轻型坦克在与日军的战斗当中表现出色。

位于哈尔科夫的莫洛佐夫机械设计局从1937年开始研制BT系列轻型坦克的后继型号，并很快开始将克里斯蒂系列坦克的优点糅合进一台更为重型的坦克中，从而使之拥有优秀的行驶速度和更为强大的火力。早期型号的T-34坦克全重29.5吨，采用一台12缸V-2发动机，最高行驶速度可达55千米/时（34英里/时）。T-34坦克继续保留了克里斯蒂坦克所采用的倾斜式装甲布局，使得该型坦克的实际防御能力要高于其45毫米（1³/₄英寸）的装甲厚度，且有时能够直接弹开敌军射来的炮弹。该型坦克采用1门76毫米（3英寸）主炮，足以对付德军的III号和IV号坦克。

T-34坦克于1940年开始生产，到1941年年底已经生产了近3000辆。虽然早期型T-34具备了诸多的创新之处，但在投产之初，只有指挥型T-34配备有电台，且战斗中坦克车长必须在装填主炮的同时操作无线电。

伟大的卫国战争

在希特勒发动"巴巴罗萨"行动后，德军的快速推进使得苏联红军在向东退却的过程中受了极为巨大的人员和装备损失。由于德军的步步紧逼，斯大林命令苏联工业企业向东疏散至安全的乌拉尔山脉以东地区，随后加紧生产挽回战局所需要的武器装备。此外，虽然德军逐渐逼近，但在伏尔加河河畔的斯大林格勒，还有一家工厂（捷

▲
非凡的产量
苏军坦克从远离德军入侵的乌拉尔山脉以东的工厂中隆隆驶下总装线。苏联工业在坦克生产上远远领先于德国。

T-34与V号坦克的产量对比 1940年至1945年							（辆）
类型	1940年	1941年	1942年	1943年	1944年	1945年	总计
T-34	115	2800	12553	15812	3500		34780
T34-85					10449	12110	22559
V号"黑豹"坦克				1122	3958	1398	6472

◀
数量和质量
德军并没有装备和T-34中型坦克一样兼顾了数量和质量的坦克。T-34坦克既有资格作为第二次世界大战期间最优秀的坦克，也是第二次世界大战中生产数量最多的坦克。

尔任斯基拖拉机厂）在1942年秋季持续生产着T-34坦克。在斯大林格勒战役打响后，据记载称一些拖拉机厂工人直接驾驶着刚刚驶下总装线，还没来得及上漆的坦克直接投入战斗中。

　　随着苏联工业全面转入战时状态，坦克产量快速提升，在1942年至1943年期间，苏联就生产了近30000辆T-34坦克。1944年，苏军开始装备T-34/85坦克，该型坦克配备的85毫米（3$\frac{1}{3}$英寸）高初速主炮足以在较近距离上击穿德军新一代的V号"黑豹"坦克和IV号"虎"式坦克。 T-34/85换装了尺寸更大的炮塔，从而可以在炮塔内容纳3名乘员，专职装填手的加入使得车长无须在战斗中继续负责装填炮弹。

　　到第二次世界大战结束时，苏联已经生产了超过57000辆T-34和 T-34/85坦克。相较之下，德国在战争期间仅生产了不到6500辆V号"黑豹"坦克和2000辆IV号"虎"式坦克。

▼
T-34对"黑豹"

德军用于应对T-34坦克的是强大的V号"黑豹"坦克，该坦克配备有1门75毫米（3英寸）主炮。"黑豹"坦克装甲防护更好且行驶速度比T-34略快，但在服役初期饱受机械故障的困扰。

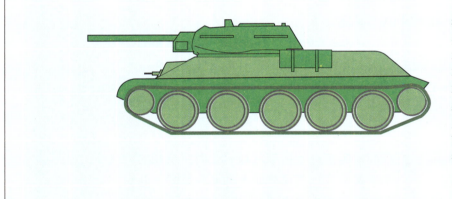

T-34坦克

投产时间：1940年
生产数量：57339辆（含T-34/85）
车重：26.5吨
车长：6.6米
车组人数：4人
装甲厚度：15～60毫米
主武器：F-34型76.2毫米坦克炮
副武器：2×7.62毫米坦克机枪
行驶速度：53千米/时（33英里/时）

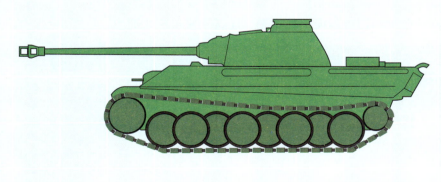

V号"黑豹"坦克

投产时间：1943年
生产数量：6472辆
车重：44.9吨
车长：6.87米
车组人数：5人
装甲厚度：15～120毫米
主武器：KwK 42型75毫米L/70坦克炮
副武器：2×7.92毫米坦克机枪
行驶速度：55千米/时（34英里/时）

德国对手

    "黑豹"坦克是德军专门为了应对1941年秋季开始出现的T-34坦克而研制的。在遭遇T-34坦克后,德军坦克战略和战术的权威海因茨·古德里安大将很快认识到苏军拥有一种不仅能够正面挑战德制III号和IV号坦克,还能在对战中取得胜利的先进坦克。古德里安很快起草了一份详细的报告,其中详细描述了这型苏制新型坦克的优异之处,并要求德国坦克设计师尽快拿出足以对抗的方案。

    在"黑豹"坦克服役后,该型坦克在多个方面都与T-34坦克互有长短。"黑豹"坦克,不仅同样快速,而且装甲更为厚重。其75毫米(3英寸)主炮足以在单挑中击败T-34坦克。但T-34非常皮实耐用,即便是只经历过短期训练的坦克车组,甚至是完全的新手,也都能驾驭这型坦克。苏军坦克压倒性的数量优势最终敲响了德军装甲车辆和德国工业能力的丧钟。

    苏军坦克部队在第二次世界大战期间遭受了令人惊愕的严重损失,仓促补充的坦克手也往往缺乏训练。同时,由于苏军装甲战术的改进过程较为缓慢,导致其时常动用大量坦克部队向敌军坚固设防阵地发动冲击,而下场往往极为惨痛。但即便如此,苏联的工厂依然能够生产出庞大数量的 T-34坦克弥补所遭受的损失,并最终压倒价格高昂且工艺复杂的德军坦克。

    直到今天,T-34坦克依然在一些国家的军队中服役。长达75年的服役历程充分证明了这型历久弥新的坦克设计的卓越之处。

"飞机 VS 坦克"

AIRCRAFT VS TANK

虽然坦克是一种致命的武器，但一辆成功的坦克需要将速度、火力和防护三个要素结合起来，如何让这三个要素取得平衡，对于坦克设计师来说是一项巨大的挑战。任何一项关键性能的细微变化都往往会导致另一项性能的降低。虽然坦克在战场上是一种强大的兵器，但人们必须认识到坦克面对来自四面八方的攻击并非坚不可摧。坦克在战场上所面临的威胁包括敌方坦克、反坦克炮、步兵武器、地雷、曲射火炮以及飞机。飞机可以瞄准坦克相对薄弱的顶部装甲，通过投掷炸弹或发射火箭弹摧毁坦克。

"飞行大炮"

早在第二次世界大战爆发前，德军便认识到了纳粹空军（Luftwaffe）可以作为飞行炮兵使用，摧毁敌军的部队集结点，扰乱敌军的交通线，并在白天摧毁暴露在道路或开阔地带的敌军装甲纵队。在波兰战役期间，纳粹空军的容克Ju 87俯冲轰炸机在俯冲时发出的骇人尖啸声中，摧毁了大量波兰军队装甲车辆，为地面部队在3周内征服这个国家铺平了道路。

在东线战场上，"斯图卡"逐渐演化成了专门的反坦克攻击机。一些"斯图卡"在机翼下方加装了2门37毫米（$1^1/_2$英寸）反坦克炮，能够将苏联坦克炸成碎片。在德军的"斯图卡"飞行员中最为著名的莫过于汉斯·乌尔里奇·鲁德尔，他在战争期间出动超过2500架次，击毁了超过500辆苏军坦克。鲁德尔是战争期间德军中获得荣誉最多的人之一，并先后5次负伤。他驾驶过多种型号的Ju 87，其中就包括挂载了反坦克炮的G-2型。

恐怖的"黑死神"

第二次世界大战中最优秀的对地攻击飞机当属苏联伊留申设计局设计的伊尔-2型强击机（Shturmovik，亦被译作"斯图莫维克"）。伊尔-2配备有2门23毫米（1英寸）

▲

"飞行坦克"

苏军的伊留申伊尔-2强击机是第二次世界大战期间产量最大的飞机。伊尔-2配有厚重的装甲，非常适合摧毁暴露在开阔地的德军坦克。

YVA-23型航炮，2挺7.62毫米（$\frac{1}{3}$英寸）机枪，1挺12.7毫米（$\frac{1}{2}$英寸）后射机枪，并可携带多达600千克（1320磅）的弹药，以及致命的 RS-82或 RS-132火箭弹。伊尔-2强击机拥有厚重的装甲，因此极难被击落，飞机的飞行员和后座炮手都被置于一个"装甲澡盆"中。该型机的防护装甲占到了机身重量的15%，因此也被昵称为"飞行坦克"。

从1941年到1945年，伊尔-2共计生产超过36000架，如果包括其后继型号伊尔-10，则总产量将超过42000架，这也使得该机成为历史上产量最多的飞机。伊尔-2强击机在伟大的卫国战争期间为苏军立下了汗马功劳，苏联领导人约瑟夫·斯大林曾评价称："红军需要伊尔-2强击机，就如同需要空气和面包一样。"

伊尔-2强击机是如此的成功，以至于东线战场的德军坦克手无不因其出现而胆

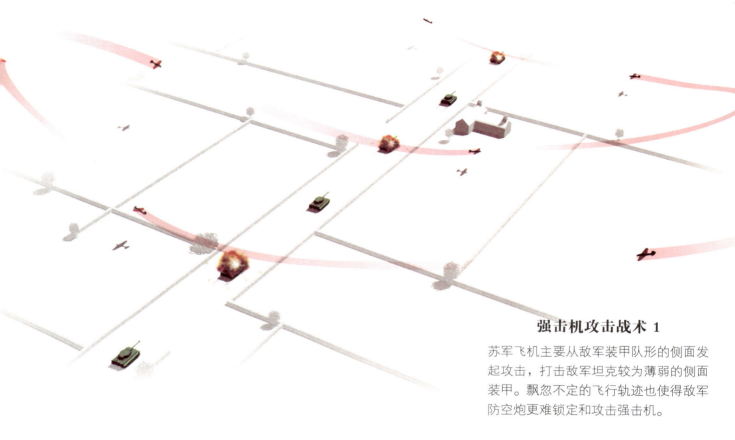

强击机攻击战术 1

苏军飞机主要从敌军装甲队形的侧面发起攻击，打击敌军坦克较为薄弱的侧面装甲。飘忽不定的飞行轨迹也使得敌军防空炮更难锁定和攻击强击机。

▲

"斯图莫维克"的攻击

苏制伊尔−2强击机通常以较低高度飞行，攻击如德军装甲纵队等临机出现的目标。伊尔−2强击机对德军坦克部队造成了沉重的打击，并为东线战场的胜利作出了重要贡献。

寒。最初，苏军强击机飞行员经常在低空飞行，并在仅50米（164英尺）的高度上以几乎水平的角度对地面目标发起攻击。后来随着战术的调整，苏军飞行员会从目标左侧进入，以30度的浅俯冲，使用航炮、火箭弹和炸弹攻击敌军，如果直接命中，即便是强大的Ⅵ号"虎"式坦克也会被炸得粉身碎骨。苏军强击机在以编队出动时时攻击效果最好，由4到12架强击机组成的编队会同时发起俯冲攻击，随后爬升、盘旋，然后再度发起攻击，如此循环往复。

西线之翼

1944年6月6日，盟军在诺曼底发起登陆，但此后盟军突破滩头阵地的过程痛苦且缓慢。至夏末时，德军终于无力抗击，开始撤退。如何阻挡盟军先头部队的前进此时成为了德军装甲师所面临的巨大问题，如果在白天行军，诸如共和P−47"雷电"和霍克"台风"等美英战斗轰炸机将蜂拥而至，对德军装甲部队发动猛烈的空中打击。"台风"可以在两侧翼下各携带1枚重达454千克（1000磅）的炸弹或4枚27千克（60

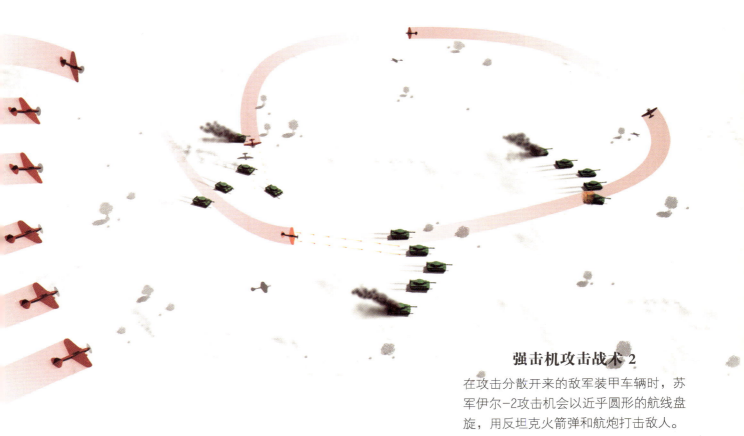

强击机攻击战术 2

在攻击分散开来的敌军装甲车辆时，苏军伊尔-2攻击机会以近乎圆形的航线盘旋，用反坦克火箭弹和航炮打击敌人。

▲
梯队攻击

苏军的"坦克杀手"——伊留申伊尔–2强击机有时会成群结队地攻击德军装甲部队。伊尔–2编队通常会沿左侧从不同高度对目标发起攻击，从而维持对敌军地面部队的压制。

磅）重的RP–3火箭弹。虽然火箭弹的精度相对较差，但只要直接命中，威力将是毁灭性的，重磅炸弹的威力也足以摧毁德军坦克。

结实强壮的对地攻击型"雷电"被昵称为"奶瓶"（Jug），可以携带2枚227千克（500磅）炸弹，机上的8挺12.7毫米（½英寸）机枪在发射穿甲弹时足以击穿大多数德军坦克的车体和炮塔顶部装甲。在战争后期，"雷电"还能够发射M8型114毫米（4.5英寸）火箭弹或127毫米（4或5英寸）HAVR（"高速空射火箭"）火箭弹。在从诺曼底撤退期间，约50000名德军士兵和大量的装甲车辆被包围在"法莱斯口袋"内。这些部队遭受了盟军空军和炮兵的反复袭击轰炸，据估计德军在包围圈内损失了多达500辆坦克和突击炮。

装甲 VS 火力

ARMOUR VS FIREPOWER

▼
"弓箭手"突击

采用开放式战斗室的
"瓦伦丁"Mk I "弓箭
手"坦克歼击车于1944
年9月开始装备英军部
队。这型装备了17磅反
坦克炮的战车在第二次
世界大战期间装备数量
相当有限，总产量不到
700辆。

　　第二次世界大战中，坦克所承担职能的多样化使得坦克设计师不得不让不同坦克
的性能有所侧重。对于执行侦察和纵深突破任务的坦克而言，速度往往是第一位的。
而对于执行反坦克和步兵支援任务的坦克来说，强大的防护与火力才是赖以克服挑战
的关键。为了提升现代化坦克的战斗力，轴心国和同盟国的坦克设计人员选择了不同
的道路。德国坦克设计师倾向于制造高度先进，配备有厚重装甲与强大火力的精锐战
车；而同盟国方面，尤其是美国的坦克设计人员，则青睐装甲和火力都更为轻巧的设
计。最终，西线盟军的M4"谢尔曼"和东线苏军的T-34坦克凭借压倒性的数量优势战
胜了德军的V号"黑豹"坦克与"VI"号"虎"式坦克。

坦克歼击车

第二次世界大战期间，交战双方都研制了专门用于消灭敌军坦克的装甲战斗车辆——坦克歼击车。早期的坦克歼击车，如德军的"黄鼠狼"（Marder），基本就是在底盘上安装一个带有75毫米（3英寸）反坦克炮的开放式战斗室。而后期型的德军坦克歼击车的火力和防护也在不断提升，改进型"黄鼠狼"、IV号坦克歼击车（Jagdpanzer IV）等新式坦克歼击车的主炮口径与身管长度都在逐步加码。重型的"犀牛"坦克歼击车配有1门88毫米（$3\frac{1}{2}$英寸）主炮，而庞大的"猎虎"（Panzerjäger Tiger）坦克歼击车车重将近72吨，采用的是1门威力空前的128毫米（5英寸）大威力反坦克炮。

美军装备的M10坦克歼击车则有所不同，虽然同为开放式战斗室，但75毫米（3英寸）高速反坦克炮安装在一座可以旋转的炮塔内。M10从1942年秋季开始进行了短期的生产。随后列装的M-18"地狱猫"（Hellcat）坦克歼击车是第二次世界大战中行驶速度最快的装甲车辆，极速可达88千米/时（55英里/时）。不过同其他坦克歼击车一样，"地狱猫"开放式炮塔也使得炮塔内乘员极易受到攻击。而为了提高速度，"地狱猫"还牺牲了绝大部分的装甲防护。

从1944年下半年起，英军开始装备新型的"弓箭手"坦克歼击车，这型歼击车采用"瓦伦丁"步兵坦克的底盘，配属于英军的皇家炮兵部队。"弓箭手"的17磅（口径为76.2毫米/3英寸）主炮炮口朝向车体后方，这种专门为了伏击而优化的设计在实际使用中获得了成功。在对敌军开火后，"弓箭手"可以以最快速度撤退的同时，依旧将主炮的炮口对准敌人。

反坦克炮

第二次世界大战中最令人耳熟能详的反坦克炮当属德制88毫米（$3\frac{1}{2}$英寸）火炮。88毫米炮最初被用作防空火炮，但在1940年5月的法国战役期间和北非战场上被用作反坦克武器。令人生畏的"88"炮威力足以主宰整个战场，除了发展出牵引式反坦克炮外，"88"炮还被搬上了坦克炮塔，成为VI号"虎"式坦克的主炮。

英军早期采用的QF 2磅（口径为40毫米/$1\frac{1}{2}$英寸）速射反坦克炮〔QF即"速射"（Quick Fire）的缩写〕足以应对德制I号和II号坦克的薄弱装甲，但在面对装甲更厚的德军坦克时无能为力。1941年下半年开始投入使用的QF 6磅（口径为57毫米/2¼英寸）反坦克炮在北非战场上表现出色，但在面对"黑豹"和"虎"式坦克时并不有效。口径更大的QF 17磅反坦克炮于1942年下半年投入使用，并成为了战争中最优秀的牵引式

反坦克炮之一。

　　苏联红军在战争初期的主力反坦克炮是45毫米（$1\frac{3}{4}$英寸）反坦克炮，随后又开始用76毫米（3英寸）Zis-3型野战炮执行平射反坦克任务。虽然45毫米反坦克炮以同期标准而言威力已经不足，但直到战争结束时仍有大量的45毫米反坦克炮依然在苏军中服役。美国陆军在参战时主要依靠37毫米（$1\frac{1}{2}$英寸）M3型反坦克炮，而37毫米炮很快被M1型57毫米（$2\frac{1}{4}$英寸）反坦克炮（仿制的英制QF 6磅反坦克炮）取代，并在战争后期换装M5型76毫米（3英寸）重型反坦克炮，M5型反坦克炮虽然威力令人满意，但极为笨重，搬运困难。

　　反坦克炮有时会被布置在固定防御阵地内，通常炮位周围都会挖掘防御工事，并布置伪装以防止被空中侦察发现。反坦克炮阵地周围通常会有步兵掩体，碉堡或散兵坑，共同形成交叉火力体系。有时，步兵防御阵地会通过交通壕相互联系起来，以便士兵在防线上隐蔽移动，安全抵达遭受敌军进攻的位置。

步兵反坦克武器

　　对于第二次世界大战中的步兵们而言，接近敌军坦克是一件

▶

迅捷的"地狱猫"

美制M18"地狱猫"坦克歼击车是第二次世界大战中行驶速度最快的履带式装甲车辆，极速甚至达到过97千米/时（60英里/时）。"地狱猫"采用顶部开放的炮塔式战斗室，配备1门3英寸反坦克炮。

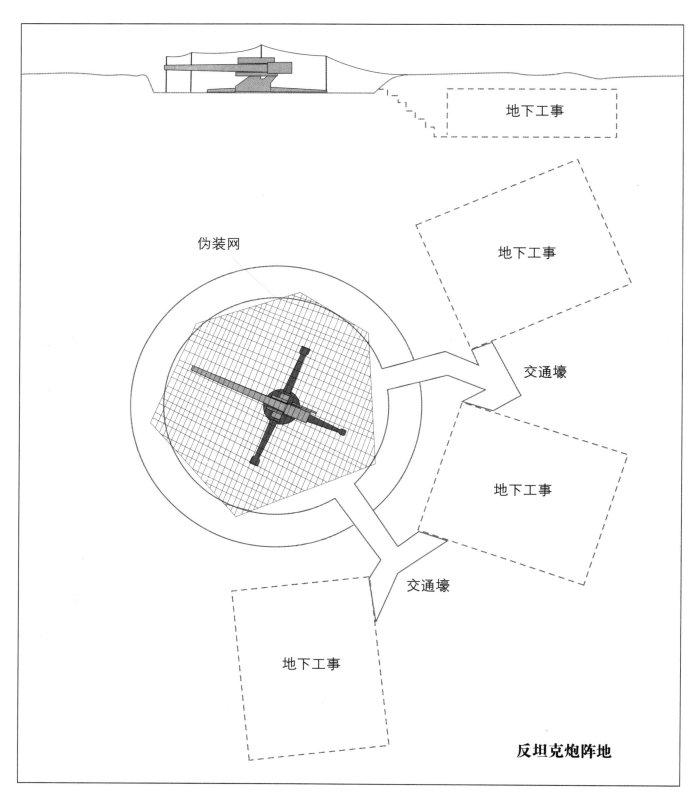

地下工事

地下工事

伪装网

交通壕

地下工事

交通壕

地下工事

反坦克炮阵地

极为危险的事情。显然，对于步兵，尤其是轻装的空降部队而言，一种威力足够的便携式肩射反坦克武器极为重要。在战争初期，参战国步兵部队曾广泛装备大口径反坦克枪，但随着敌军坦克的装甲逐渐增厚，反坦克枪逐渐变得低效。

1933年，美国陆军开始测试一种肩射式反坦克武器，这种火箭原理的反坦克武器成为了日后广为人知的"巴祖卡"火箭筒。"巴祖卡"的基本构造包括一根两头开口的钢制发射管，内部装填60毫米（23/8英寸）火箭弹。射手通过两根木制握把操控火箭筒，并利用后部握把的扳机发射火箭弹。"巴祖卡"火箭筒于1942年秋季在北非首次参战，有效射程约91米（100码）。

英军装备的PIAT（步兵反坦克抛射器"Projector, Infantry, Anti-Tank"的缩写）并没有采用火箭原理，而是一种弹簧蓄能的插口式迫击炮，能够发射空心装药反坦克弹药，有效射程约110米（115码）。PIAT通常需要两人配合使用。虽然PIAT产量较大（超过115000支），并一直服役至战争结束，但由于较大的重量和操作不便而普遍不受部队欢迎。

第二次世界大战期间，德军所装备的步兵反坦克武器中最为知名的当属"铁拳"（Panzerfaust）反坦克火箭（又被译作"浮士德"）。"铁拳"价格便宜，可以发射出一枚重达3.3千克（6.6磅）的空心装药弹头，威力不容小觑，且发射管在弹头射出后便可抛弃。"铁拳"可以击穿厚达140毫米（5$\frac{1}{2}$英寸）的装甲，在对抗敌军坦克时相当高效。不过射程不足是该型武器的一大弱点。由于有效射程仅为30米（33码）左右，携带"铁拳"的士兵经常暴露在敌军的猛烈还击火力之下。

德军步兵在转入守势后极为依赖"铁拳"。在战争后期，一些"人民冲锋队"（Volkssturm）在面对汹涌而来的盟军时，仅配备有"铁拳"，成为了与手中的火箭弹一样的消耗品。

"坦克杀手"

反坦克炮的炮位通常会进行伪装，并在周围构筑掩体工事以提供交叉火力掩护。通常而言，推进中的坦克的最佳防御手段是伴随的步兵，步兵能够消灭敌军的反坦克炮阵地。

高加索—俄罗斯南部，1942年

CAUCASUS - SOUTH RUSSIA 1942

▶▶

深入高加索

1942年春季，希特勒命令强大的南方集团军群分兵向南方和东方进攻，夺取高加索地区的石油产地和伏尔加河上的工业中心斯大林格勒。

▼

IV号坦克

广袤的俄罗斯原野上，1名坦克车长从指挥塔中探出上半身，手持望远镜，远眺着地平线方向。他的座车是1辆正停在茂盛的小麦田中的IV号坦克。IV号坦克是第二次世界大战期间德军装甲兵当之无愧的"军马"。

1942年6月28日，德军南方集团军群的北路部队开始实施"蓝色"行动（或称"蓝色"方案）。德军南方集团军从库尔斯克—别尔哥罗德方向对苏军发起突击，旨在夺取位于顿河河畔的俄罗斯重镇沃罗涅日。此次行动中南方集团军群共投入68个师，140万部队和1495辆装甲战斗车辆（AFV）。"蓝色"行动是"巴巴罗萨"行动的延续，旨在毕其功于一役，迫使苏联彻底投降。

到7月6日时，德军第4装甲集团军群已经成功向东推进至沃罗涅日郊外。7月9日，南方集团军群的其余部队（当天希特勒下达命令将该集团军群更名为"A集团军群"）在沿伊久姆地峡至塔甘罗格一线展开，向东面的罗斯托夫以及东南方向的顿河河口发起攻击。

7月25日，A集团军群的20个师向南方和东南方向推进，渡过顿河进入高加索地区。但就在此时，希特勒为"蓝色"行动制订了新的目标：B集团军群将攻占斯大林格勒，而A集团军群则将夺取里海沿岸的巴库油田。8月，A集团军群在东南方向快速推

高加索战场
1942年6月—11月

库尔斯克
沃罗涅日方面军 戈里科夫
沃罗涅日
斯沃博达
萨拉托夫
别尔哥罗德
帕夫洛夫斯克
西南方面军 瓦图京
卡米辛
哈尔科夫
匈牙利
近卫军
魏西斯
伊久姆
意大利
罗马尼亚
斯大林格勒方面军 叶廖缅科
巴斯库恰克
卢甘斯克
保卢斯
斯大林格勒
南方集团军群 博克
马里乌波尔
罗斯托夫
新切尔哈斯克
霍特
罗马尼亚
阿斯特拉罕
伊斯克
埃利斯塔
乌兰埃尔盖
阿索夫海
劳夫
李斯特
北高加索方面军 布琼尼
刻赤
塔曼
科鲁特泡金
阿尔维马尔
斯塔罗夫波尔
里海
新罗西斯克
克拉斯诺瓦尔
迈科普
克莱斯特
基斯里亚尔
格奥尔吉耶夫斯克
莫兹多克
图阿普谢
五山城
（皮亚季戈尔斯克）
格罗兹尼
索契
纳尔奇克
奥尔忠尼启则
马哈切卡拉

高
加
索
山
脉

图例：
德军进攻方向
德军撤退方向
德军战线
苏军撤退方向
油田

德军战线：
① 1942年6月
② 1942年7月23日
③ 1942年11月

北

0 ——— 100千米
0 ——— 100英里

苏呼米
外高加索方面军 秋列涅夫
波提
库塔伊斯
第比利斯
巴统
黑海

进，在停下脚步前已经深入高加索地区。与此同时，B集团军群的第6集团军向东抵达了斯大林格勒，并从北、西、南三面将这座背靠伏尔加河的城市包围。在1942年的9月至10月期间，德军第6集团军和第4装甲集团军的20个师在斯大林格勒的残垣断壁中与坚守的苏军展开了极为残酷的血腥巷战。希特勒坚信，只要拿下这座城市，苏联的士气将因这场战败而遭受重创，且根本无法恢复。

"天王星"行动

就在德军试图在斯大林格勒饱受炮火蹂躏的街巷中杀出一条通往伏尔加河河岸的道路时，苏军已经在斯城市的西北方向和南方集结了强大的预备队，准备实施决定性的战略反攻。到11月18日时，防守斯大林格勒的苏军部队已经被德军挤压得只剩一道沿南北走向长13千米，纵深1.5千米，紧靠伏尔加河河岸的防线内。虽然伤亡惨重，痛苦不堪，进展缓慢，但德军相信只要发起最后一击，就能夺下这座葬送了无数生命的城市。但就在城市西北方，顿河东岸的梅洛科列特斯基（Melokletski），由瓦图京大将指挥的苏军西南方面军已经集结起了强大的装甲部队，以及包括2个近卫集团军在内的强大反击部队。而在南面，由叶廖缅科大将指挥的斯大林格勒方面军也集结了包括第51、第57和第64集团军在内的强大预备队。

11月19日，苏联红军发动了筹划已久的反击，行动代号"天王星"行动（Operation Uranus）。苏军的反击完全出乎了轴心国军队的意料，布置在远离兵力密集的斯大林格勒战场的两翼战线的轴心国守军完全无力招架。瓦图京的装甲部队从苏军位于顿河西岸的桥头堡

▶▶

向斯大林格勒突击

随着不适宜实施作战的严冬的到来，德军在高加索地区原本一帆风顺的推进逐渐停下了脚步。与此同时，另一个方向的纳粹国防军部队正在为了夺取斯大林格勒的控制权而与苏军进行血腥的逐屋争夺。

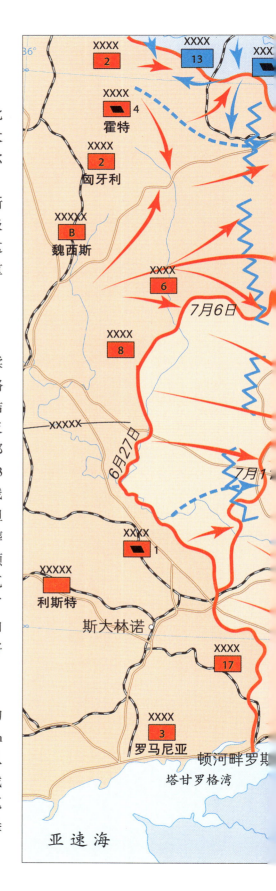

向斯大林格勒挺进
1942年6月—9月

→ 苏军推进方向

〜 苏军防线位置

→ 德军推进方向

— 德军在不同时期的战线位置

XXXX 1

XXXX 3

XXXX 6

XXXX 4

沃罗涅日方面军
瓦图京

XXXXX

XXXX 6

XXXX 1

苏军投入预备队
阻挡德军的推进

XXXX 21

XXXX 5

伏尔加河

XXXXX
斯大林格勒方面军
铁木辛哥

9月28日起被更名为顿河方面军。
从9月起，苏军仅向伏尔加河西岸
派出部分部队防守莫斯科，其余
部队作为预备队在莫斯科突出部
北部集结。

XXXX 63

顿河

德军的推进形成了
斯大林格勒突出部

德军战线 非国界

XXXXX

伯科夫斯卡娅

XXXX 62

XXXXX
东南方面军
叶廖缅科
从9月28日起更名为
斯大林格勒方面军

卡拉什

XXXX 1

斯大林格勒

XXXX 7

拉伊哥罗德

XXXX 57

顿涅茨河

XXXX 38

顿河

XXXX 64

7月23日

下奇尔斯卡索

德军第4装甲集团军调转方向，从
前往高加索转为进攻斯大林格勒

XXXX 37

萨尔河

南方面军
马利诺夫斯基

XXXX 12

XXXXX
北高加索方面军
布琼尼

北

0   100千米

0   100英里

▶▶

斯大林格勒围城

1942年11月，苏军发动"天王星"战役，投入大量调动自西伯利亚的有生力量对斯大林格勒方向的德军发起反击，并将第6集团军围困在这座城市。1943年2月，包围圈内的德军被全歼。

▼

苏军的顽强抵抗

在A集团军群向格罗兹尼西北方向的屏障——捷列克河推进期间，苏军的阻击愈发顽强。德军的目标是夺取位于阿塞拜疆的巴库，此处油田的产量占到了苏联石油总产量的八成。

乌斯季霍佩尔斯基（Ust-Khoperski）和梅洛科洛特斯基，而德军本应在好几个星期前消灭这几座关键的桥头堡。在南面，叶廖缅科的装甲部队沿安德烈耶夫卡—普洛多维托耶（Andreyevka-Plodovitoye)方向发起反击。两路部队快速突破了轴心国军队在这些地带的薄弱防御——轴心国主力部队此时已经深陷争夺斯大林格勒市区的战斗中。在11月20至22日的战斗中，两路苏军装甲部队快速向南侧和西侧推进，深入德军纵深并意图会师。1942年11月23日，苏军在斯大林格勒方向的钳形攻势完成合围，将多达255000名德军第6集团军士兵（以及少量的第4装甲集团军士兵）围困在斯大林格勒。苏军的"天王星"战役是一场"德国风味浓厚"的经典两路钳形攻势，可以说是"以彼之道还治彼身"。而被围人数之巨大，这场战役也堪称是德军在第二次世界大战期间所遭受的最严重的一场战败。11月30日，继续推进的苏军将德军第6集团军的西侧部队赶回了皮托尼克机场（Pitomnik airfield）一带，而东侧则继续被苏军前置在斯大林格勒城内。与此同时，位于卡拉什（Kalach）以西的苏军部队已经将重新被命名为"顿河集团军群"（Army Group Don）的包围圈外德军驱赶至齐尔河一线，不过德军第48装甲军还是设法维持住了一个距离被围的第6集团军较近的小型突出部。

苏军反击
1942年11月19日—12月1日

—— 11月19日战线德军

- - - 11月30日德军战线

← 苏军主攻方向

第1近卫军
上科佩尔斯基
XXX VIII
XXX I
XXXX 8
福尔波托夫基
XXXXX 霍利德
XXXX 2
XXX 3 罗马尼亚

V
XXX XXVI
拉斯普平斯卡亚
XXX 4
XXX 3 近卫
旧克列茨基
克列茨卡亚
新克列茨基

西南方面军
瓦图京
XXXX 21
顿河

XXXX 65
西罗托姆斯卡亚

顿河方面军
罗科索夫斯基
XXXX 24

XXX XVI
特雷克斯托洛夫斯卡亚
潘希诺
XXXX 66
厄尔佐夫卡
伏尔加河
XXXX 62

戈卢巴亚
波尔谢-那巴托夫斯基
维尔特亚奇
佩斯科夫瓦特卡
11月30日包围圈内缘
XXXX 6 保卢斯
古姆拉克
瑟雷德娜娅—阿克图巴
斯大林格勒
红斯洛波达

11月23日：斯大林格勒方面军和西南方面军会师

卡拉什

雷奇科夫
XXX XXXXVIII

皮托尼克
布兹洛夫卡
安德烈耶夫卡
红色城
XXXX 64
斯大林格勒方面军
叶廖缅科
XXX 13
XXXX 57

顿河集团军群
冯·曼施坦因

戈尔诺斯拉夫卡
普罗多维托耶
XXX IV
XXX IV

1942年11月30日德军战线 非国界

XXXX 51

阿克塞
马尔耶-德尔贝提

1942年11月19日德军战线 非国界

XXXX 4 罗马尼亚
科特尼科夫斯基
XXXX 4
XXX LVII
XXX VII 罗马尼亚
XXX VI 罗马尼亚

0 ——— 20千米
0 ——— 20英里

北

"冬季风暴"行动

　　在苏军成功将德军第6集团军围困在斯大林格勒一带后，希特勒命令顿河集团军群立刻向东发起解围行动，与此同时，第6集团军则猬集在这座以苏联领袖的名字命名的城市周围固守待援。虽然希特勒不愿放弃这座城市，但严峻的战术态势将给予这位"元首"一个惨痛的教训。希特勒希望结尾行动不仅能够为第6集团军打开一条陆路走廊，而且还能够让第6集团军继续维持对斯大林格勒大部分城区的控制，以便随后夺取城市的其余部分。可悲的是，这一构想实在是过于乐观。顿河集团军群司令埃里克·冯·曼施坦因元帅认为第6集团军的唯一生路便是在解围部队向东进攻的同时，向西突发起围，但希特勒亲令禁止突围。由于准备不足，曼施坦因直到12月12日才得以发动解围行动［行动代号"冬季风暴"（Winter Storm）］曼施坦因最初计划让德军第57和第48装甲军向斯大林格勒同时发动钳形攻势。在北侧，第48装甲军作为霍利德集

▼
苏军的T-26和T-34坦克

苏军滑雪步兵与T-26坦克，以及取代它的T-34坦克一同在路边小憩。在战时换装更先进的装甲车辆对于苏军的后勤系统是一项不小的挑战。

群（Army Detachment Hollidt）的一部分，将对苏军的雷奇科夫（Rychkov）突出部发动进攻。该军强渡顿河，并一度推进至距离第6集团军防线西南边缘仅61千米（38英里）处。而在南线，德军第4装甲集团军在赫尔曼·霍特大将指挥下沿北—东北方向进攻，推进至位于顿河东岸科的科特尔尼科夫（Kotelnikovo），距离第6集团军防御圈的西南角尚有145千米（90英里）。对于保卢斯大将和他深陷斯大林格勒的第6集团军而言，不幸的是，在苏军的猛烈进攻下，解围德军甚至连按预定计划准时发起"冬季风暴"行动都无法做到。苏军在齐尔河一线对德军部队发动了极为猛烈的进攻，导致第48装甲军不得不转入防御，无法加入到解围行动中。在此情况下，曼施坦因不得不在12月12日从东面沿单一轴线发起解围行动，并在北侧和南侧发动侧翼攻势支援主攻部队。

　　德军的攻势虽然脚步坚定，但收效甚微。在解围行动发起后的前4天中，由于苏军的顽强阻击，德军的进展已经极为缓慢。而在1942年12月19日，由于苏军新近投入的

▼
强大的T−34
身穿冬季迷彩服的苏军步兵冒着枪林弹雨从一辆T−34坦克上跃下投入战斗。早期型T−34采用1门76毫米（3英寸）主炮，后期型号换装的85毫米（$3\frac{1}{3}$英寸）主炮拥有更强的穿甲性能。

XXXX
2

0 ————————— 20千米
0 ————————— 20英里

XXXX
3

XXXXX
顿河前线
罗科索夫斯基

1942年12月19日德军战线 非国界

雷奇科夫

XXX
XXXXVIII

XXX
3
鲁姆

德军第4装甲集团军
的解围行动
1942年12月19日

11月30日前线

XXXXX
顿河
冯-曼施坦因

XXXX
4
鲁姆

XXXX
4

科捷利尼科
沃斯基

波尔什-纳巴托夫斯基

贝蒂亚基

佩斯克瓦特卡

XXXX
65

XXX
XVI

11月30日前线

XX
保

克拉奇

皮托尼克
斯

XXXX
57

XXX
IV

布济诺夫卡

XXX
VII

XXXX
2
近卫军

戈尔诺斯拉夫卡

XXXX

XXX
VI

阿卡赛

德军12月19日发动
的解围行动

XXX
LVII

XXX
VII
鲁姆

XXX
VI
鲁姆

◄◄

绝望的解围行动

在希特勒拒绝第6集团军发起突围后，第4装甲集团军的部分部队在赫尔曼·霍特大将的指挥下发起了"冬季风暴"行动，但未能解救出在斯大林格勒身陷重围的德军部队。

精锐部队——近卫第2集团军的顽强阻击，"冬季风暴"行动彻底陷入僵局。直至此时，参加"冬季风暴"行动的德军部队已经设法向东北方向推进90千米（56英里），抵达米希科瓦河一线。位于此地的第57装甲军先头部队已经距离第6集团军沿斯大林格勒城外建立起的防线的西南角只有58千米（36英里）。但不幸的是，第57集团军此后再未能前进一步。从12月16日起，苏军开始实施"小土星"（Little Saturn）行动，对曼施坦因指挥的顿河集团军群的北翼发起进攻。至19日时，苏军先头部队已经突入德军后方纵深，并开始威胁因参加"冬季风暴"行动而暴露于顿河东岸的第4装甲集团军的北翼。

苏军的 "小土星"行动让德军的"冬季风暴"行动功败垂成。但在接受现实之前，曼施坦因还是为了营救第6集团军发起了最后一搏。在12月19日至24日期间他设法说服了希特勒允许保卢斯突围，向第57装甲军在米希科瓦河一线的阵地靠拢。但希特勒错误地预计第6集团军还能够轻松坚守数周，枉顾包围圈内的德军补给和燃料已经短缺，战斗力大减的事实。这位自负的"元首"强令保卢斯不得突围，因为突围就意味着放弃斯大林格勒。但实际上，此时的第6集团军已经虚弱不堪，既无法突出重围，也无法守住斯大林格勒。到12月24日时，第6集团军已经回天乏术，燃料的短缺使得该部根本无法向西突围，与正在米希科瓦河奋战的德军部队会合。在"冬季风暴"行动失败后，第6集团军又在此后的几周中依托城市进行了漫长而绝望的防御战。被围部队也最终未能逃过投降或被消灭的命运。斯大林格勒战役，是德军在第二次世界大战中所经历的最为惨痛的失败。

斯大林格勒，1942—1943年

STALINGRAD 1942-1943

　　如上一章所述，至1942年11月23日时，苏军装甲部队发起的反击已经将保卢斯上将指挥的德军第6集团军的240000名德军士兵和15000名罗马尼亚士兵包围在斯大林格勒一带。希特勒命令这些部队沿包围圈建立起防线，固守待援。12月中旬，德军装甲部队向东发起解围行动，意图与包围圈内的部队取得联系。但解围的德军部队在距离斯大林格勒包围圈尚有58千米（36英里）时便被迫停下脚步。与此同时，纳粹空军则在尝试通过空运为包围圈内的德军提供抗击苏军突击所需的弹药、油料与口粮。但在

苏联空军的拦截下，纳粹空军未能为保卢斯的部队提供足够数量的物资，从而导致守军的战斗力大减。

1943年1月上旬，苏军对包围圈西部的德军部队持续发起突击，将守军击退38千米（24英里）。1月20日，轴心国部队已经被压缩到一个宽度仅40千米（25英里），东端仍在斯大林格勒城镇废墟中的狭小包围圈内。在1月16日至22日，苏军继续从西侧推进，并控制了关键的皮托尼克和古姆拉克机场，使得补给本已短缺的守军彻底失去了从外界获取补给的通道。次日，苏军部队成功突破德军在斯大林格勒城中的阵地，与仍旧坚守在伏尔加河西岸城区中的苏军部队会合。苏军的这轮进攻同时也将包围圈内的德军分割为北大南小的两部分。在随后的激烈巷战中，苏军继续压缩着已经耗尽弹药和食物的城内德军的控制范围。1月22日，保卢斯请求希特勒允许他投降。希特勒回绝了这一请求，并将这场战役称作是"德国历史中的一部英雄史诗"。

1月29日，走投无路的残存德军开始向苏军投降，包围圈内最后一支德军在1943年2月3日停止抵抗。轴心国军队在此战中有91000人被俘，其中仅有5000人活着走出了苏军的战俘营。斯大林格勒会战因其血腥残酷而为人们所铭记。不可一世的纳粹国防军在此战中终于被击败，使得此战成为了第二次世界大战的转折点之一。

▼
T-70轻型坦克

在进攻斯大林格勒包围圈内的德军阵地期间，苏军步兵冲过一辆被击毁的T-70轻型坦克。T-70于1942年开始服役，但火力和防护都较差，主要被用作步兵支援坦克和侦察坦克。

苏军战斗
机的截击

科特鲁班

萨摩法洛夫

顿河

XXXX
24

XXXXX
顿河方面军
罗科索夫斯基

索夫霍夫诺尔

博罗德金

XXXX
65

1

诺夫拉雅-纳德

马拉亚-罗索斯卡

2

巴布尔金

新亚厉克耶夫斯基

3

古姆拉

XXXX
21

马林诺夫卡

皮托尼克

普拉托诺夫斯基

弗洛希洛夫-拉格尔

卡尔泊夫卡

XXXX
6
保卢斯

北

德军战斗机
的掩护范围

XXXX
57

1

2

耶尔

12月20日，战
斗机在塔特斯卡
亚停留，为此飞
机场提供大约70
吨的供给

斯本科

XXXX
64

库普罗斯诺耶

耶尔吉

旧奥特

瓦尔瓦罗夫卡

苏军战
机的截击

德军前线，1942年：
① 1月9日　④ 1月23日
② 1月12日　⑤ 1月28日
③ 1月20日　⑥ 1月29日

埃尔佐夫卡

奥尔洛夫卡

文诺夫卡
雷诺克

戈罗季谢

斯巴达克夫卡

伏尔加河

斯塔文基

大林格勒

XXXX
62

克拉斯纳亚
斯洛波达

布里考斯基

1月31日，保卢斯投降，在这一个月的时间里共有140000名轴心国士兵死亡，91000人被俘

苏军战斗机的截击

XXXXX
斯大林格勒方面军
叶廖缅科

斯大林格勒的终结
1942年1月至1943年2月

苏军的进攻方向

德军的反击方向

德军的撤退方向

德军战线

苏军炮兵集结点

苏军战斗机截击空域

纳粹空军战斗机活动空域

消灭斯大林格勒包围圈

趁着德军无法通过空运获得足够补给的时机，苏军加紧了对斯大林格勒包围圈的挤压，逐步消灭已经弹尽粮绝的德军第6集团军，并迫使其最终投降。

坦克生产，1941—1945年

TANK PRODUCTION 1941-1945

▼

装甲车辆生产

随着第二次世界大战的持续，同盟国的工业伟力，尤其是美国和苏联的强大工业实力，最终生产出了成千上万的坦克和自行火炮，产量远远高于纳粹德国。

在整场第二次世界大战期间，坦克和装甲战斗车辆的生产都是主要参战国的重中之重，且投产的装甲车辆的多功能性与战斗性能也都因为战争实地检验而快速进化。

在第二次世界大战期间，随着坦克、自行火炮、装甲战斗车辆的大量生产，现代化的战斗条令也在稳步发展。各国对于坦克在战场上发挥作用的不同见解都经历了这场战争的考验，有的获得了令人难以置信的成功，而有的则遭受了决定性的失败。在

坦克和自行火炮生产							
1939年至1945年							（辆）
	1939年	1940年	1941年	1942年	1943年	1944年	1945年	合计
美国	—	331	4052	24997	29497	17565	11968	88410
苏联	2950	2794	6590	24446	24089	28963	15419	105251
英国	969	1399	4841	8611	7476	4600	—	27896
加拿大	—	—	—	—	—	—	—	5678
德国	247	1643	3790	6180	12063	19002	3932	46857
意大利	40	250	595	1252	336	—	—	2473
匈牙利					500		—	500
日本		315	595	557	558	353	137	2515
合计	4206	6732	20463	66209	74187	70649	31456	227235

战争爆发之初，纳粹德军充分展现出了"闪击战"的优越性，而"闪击战"的成功，则极其依赖于突然性与速度。不过随着战争的天平向着同盟国的方向逆转，数量上的巨大劣势预示着德国装甲部队的失败。苏联与美国的强大工业能力将彻底压倒轴心国装甲力量。

民主国家的兵工厂

虽然在1939年战争爆发时，美国并未立即参战，但富兰克林·D.罗斯福总统很早就认识到了美国的强大工业能力直接关乎着英国是否战败。美国工厂在1940年仅生产了约330辆坦克。伴随着罗斯福的《租借法案》获得通过，美国的工业开始进行战争动员，以武装同盟国军队。

自动化流水总装线此时已经被引入了坦克生产中。在1941年上半年，第1辆M3中型坦克驶出了克莱斯勒公司位于密歇根州底特律的总装线。随后，M4"谢尔曼"中型坦克的量产也开始启动，到美国于12月参战时，克莱斯勒工厂已经生产了500辆坦克。

其他的美国汽车制造商，包括通用汽车和福特公司，也开始加入装甲车辆的生产。到1945年时，美国工厂已经交付了超过88000辆坦克和自行火炮。

英国的影响

英国的坦克研制和生产两次世界大战之间，曾一度衰落。但到了1941年夏季，随着德军埃尔温·隆美尔将军在北非指挥部队大败英军，受到刺激的英国军方和工业界开始生产高性能的坦克。两次大战期间，英国的坦克生产主要由维克斯-阿姆斯特朗（Vickers-Armstrong）公司承担，但随后，诸如纽菲尔德（Nuffield）公司等其他制造商也加入进来。英国莫里斯汽车公司（Morris Motors）向美国派出了一个团队，前去研究美国坦克设计师J.克里斯蒂的作品。英国的坦克年产量，从最初到1000辆，最终增加至超过8600辆。到1945年时，英国和加拿大已经生产了超过33000辆坦克和自行火炮。

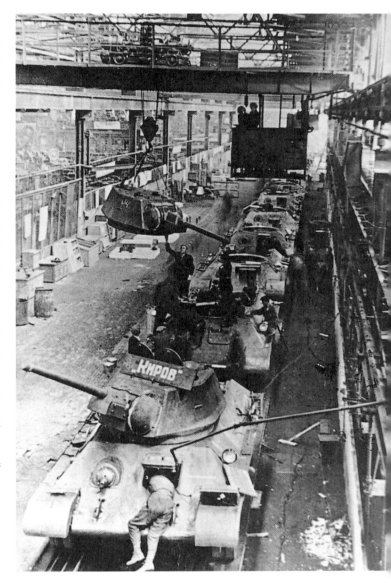

▲

苏联坦克生产

在一家忙碌的工厂内，生产线上的坦克正处于不同的制造阶段，工人们正在一辆T-34中型坦克的底盘边等待炮塔吊装到位。

苏联的输出

苏联在第二次世界大战期间，生产了数量最多的坦克和自行火炮。在德军前锋部队兵临莫斯科城下之际，一些刚刚完工的坦克甚至刚刚走下生产线，就被车组开出工厂投入战斗。苏联的整个工业体系，几乎全部被疏散至乌拉尔山脉以东进行重组。

苏联红军的顽强奋战与俄罗斯残酷的冬季拖延了德军的脚步，与此同时，苏联的多家坦克设计局与工厂开始奉命大批量生产传奇的T-34坦克。强大的苏联工业将坦克产量从1939年的不到3000辆提升至1944年的近29000辆，在整场战争期间，苏军共生产了超过10万辆各类坦克和自行火炮。

德国的精密

在战争爆发时，德军是当时世界上装甲车辆研制建造和相关战术最为先进的军事力量。德军在吃苦耐劳的IV号坦克和新锐强大V号"黑豹"坦克上展现了出色的设计创新，同时还研制了诸如VI号"虎I"和VI号B型"虎II"（即"虎王"）式这样的庞然大物。

但德国人重视质量甚于数量的理念，也使得德军很难轻松弥补战场损失，而同盟国的空中优势和装甲车辆数量优势则最终赢得了战争。虽然"虎"式和"黑豹"都是可怕的对手，但这两型坦克都比较容易出现机械故障。德国的坦克和自行火炮生产在1944年达到顶峰，虽然不断遭受了盟国军队的密集轰炸，但德国工业依旧在这一年生产了19000辆坦克和自行火炮。

▼
中坚"谢尔曼"
在第二次世界大战期间，M4"谢尔曼"中型坦克及其变形车总共生产了近50000辆，其巨大的数量优势对于消耗德军不易补充的精良装甲车辆功不可没。

北非， 1942—1943年

NORTH AFRICA 1942-1943

　　通过运用精明的战术手段，以及截获的盟军最高机密通信，隆美尔得以获取1942年夏天的最后胜利。他的装甲先头部队此时已经越过了埃及边境，并在马特鲁港（Mersa Matruh）重创了英军4个师，到6月26日时已经深入埃及境内160千米（100英里）。同样令人震惊的是，德军只出动了60辆坦克便获得了如此夸张的、一边倒的胜利。

　　德军向着英军设在铁路线上的枢纽阿拉曼继续前进。此处距离埃及首都开罗仅240千米，英军第8集团军决定在此处的荒漠坚守到底。奥金莱克上将选择的防御地形相当有利。在北面，英军的防御阵地紧邻着地中海海岸，而在南面则是盖塔拉洼地（Qattara Depression），洼地内松软的沙土会使得车辆根本无法通行，因此德军根本无法绕过英军的防御。

▼
布伦机枪运载车
几乎无处不在的履带式布伦机枪运载车在第二次世界大战的所有战场上被英联邦军队用于运输士兵、弹药、补给和伤员。这型运输车的生产持续了超过25年，总产量高达113000辆。

"跛脚"的"十字军"

英军士兵正在为一辆"十字军"巡逻坦克更换履带以恢复其战斗力。北非沙漠严酷的气候，对于双方的人员和装备都是极为严峻的考验。

你来我往

英军第8集团军在阿拉曼的防御阵地内部署了来自多个英联邦成员的部队，包括新西兰第6旅、印度第9旅和第18旅，以及南非第3旅。虽然英军第1和第7装甲师所装备的坦克加起来也只有155辆，但守军还是设法击退了隆美尔的试探性进攻以及6月21日至22日对鲁维沙特山脊（Ruweisat Ridge）发起的总攻。

鲁维沙特山脊的战斗拖慢了德军（此时已经更名为"非洲装甲集群"）的步伐，但尽管奥金莱克暂时阻挡了隆美尔的脚步，但英国首相温斯顿·丘吉尔已经对他丧失信心。丘吉尔指派哈罗德·亚历山大上将负责指挥地中海方向的大英帝国军队。同时，伯纳德·劳·蒙哥马利被任命为第8集团军的新任司令。

补给线的过度延伸，以及兵员和装甲车辆数量的不足，严重制约了隆美尔的推进。盟军对于经过地中海向北非轴心国军队提供补给的运输船队的遮断打击对北非战场的局势产生了巨大的影响，这位"沙漠之狐"也非常清楚地认识到，局势正在脱离他的掌控。但为了实现北非战场的最后胜利，隆美尔还是必须硬着头皮发动进攻。9月初，由于在鲁维沙特山脊与英军新抵达的第44步兵师和已经拥有400辆坦克的英军第7和第10装甲师的战斗中实力严重损耗，德军的进攻能力被进一步削弱。但在这场战斗中，英军的战斗能力同样因为德军15和第21装甲师强大的III号坦克以及反坦克炮而受到重创，其中一个装甲旅甚至损失了96辆坦克。

决胜阿拉曼

在隆美尔的实力锐减的同时，蒙哥马利的第8集团军却在阿拉姆海法（Alam Halfa）战斗后的几周内迅速得到大量增援。超过300辆崭新的美制M4"谢尔曼"中型坦克直接从美国运达，此时的第8集团军兵力已经达到20万人，拥有超过1000辆坦克和

地 中 海

战斗前夕
1942年10月23日

盟军战线
盟军目标区
轴心国雷区

XX 的里雅斯特
XX 90
XX 15
XX 利托里奥
XX 164 萨克松
艾撒 ▲
阿盖齐尔 ▲
基德尼 XX 特兰托
山脊
米特里亚
山脊
阿拉曼车站
沿海公路

XX 9 澳大利亚
XX 51 苏格兰高地
XX 2 新西兰 XXX
XX 1 南非 XXX X
XX 4 印度 XX 1
XX 希腊 XX 10
鲁维沙特山脊

"不毛之地",英
军第10军下属的装
甲部队的最终目标

XX 博洛尼亚
X Part 拉姆克
XX 布雷西亚
Part X 拉姆克
XX 21
XX 50

XX 阿列特
XX 福尔戈雷
XX 帕维亚

XX 44
XXX XIII

北

X Part 拉姆克

XX 7

埃尔塔卡平原

希迈马特山 ▲

XX 基尔侦察小组

XX 自由法国
科尼格

0   15千米
0   15英里
埃及盖塔拉洼地
(装甲车无法通行)

◀

阿拉曼战役的前夜

在1942年10月的阿拉
曼攻势发起前，伯纳
德·蒙哥马利上将集结
起了压倒性的坦克和炮
兵火力。英联邦军队无
情地猛攻，将德军装甲
力量打得节节败退，将
此前所遭受的惨败原样
奉还。

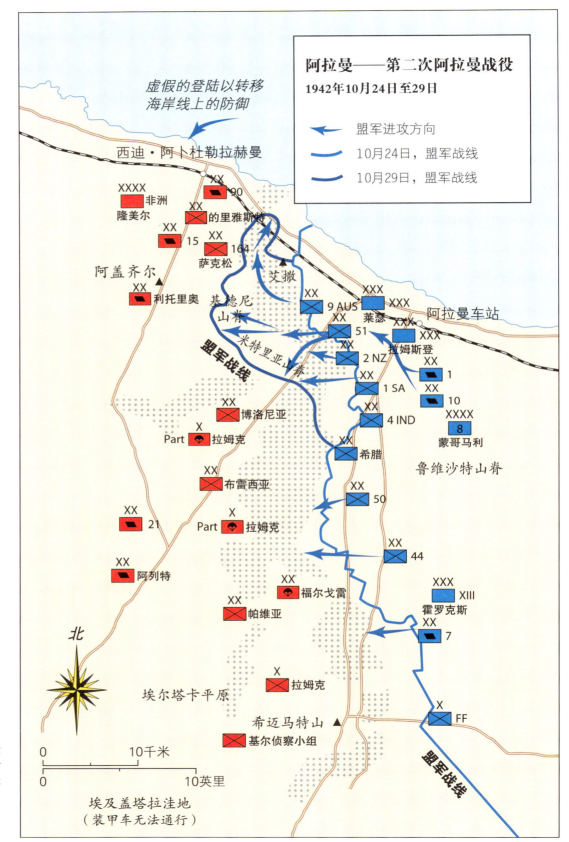

阿拉曼——第二次阿拉曼战役
1942年10月24日至29日

盟军进攻方向
10月24日，盟军战线
10月29日，盟军战线

虚假的登陆以转移
海岸线上的防御

西迪·阿卜杜勒拉赫曼

XXXX 非洲
隆美尔

XX 190
XX 的里雅斯特

XX 15
XX 164
萨克松

阿盖齐尔

XX 利托里奥

基德尼山脊

艾撒

XXX 9 AUS
XXX
莱茨
XXX 阿拉曼车站

XX
XX 51
米特里亚山脊

XX 2 NZ
拉姆斯登
XX

XX 1
XX 10

XX 1 SA
XX 4 IND

XXXX 8
蒙哥马利

盟军战线

XX 博洛尼亚
X Part 拉姆克

XX 希腊

鲁维沙特山脊

XX 布雷西亚

XX 50

XX 21
X Part 拉姆克

XX 44

XXX XIII
霍罗克斯

XX 阿列特

XX 福尔戈雷

XX 7

XX 帕维亚

北

X 拉姆克

埃尔塔卡平原

希迈马特山

X FF

基尔侦察小组

盟军战线

0   10千米

0   10英里

埃及盖塔拉洼地
（装甲车无法通行）

▶

"捷足"行动

10月下旬，蒙哥马利发动了"捷足"行动，阿拉曼战役的就此拉开序幕。

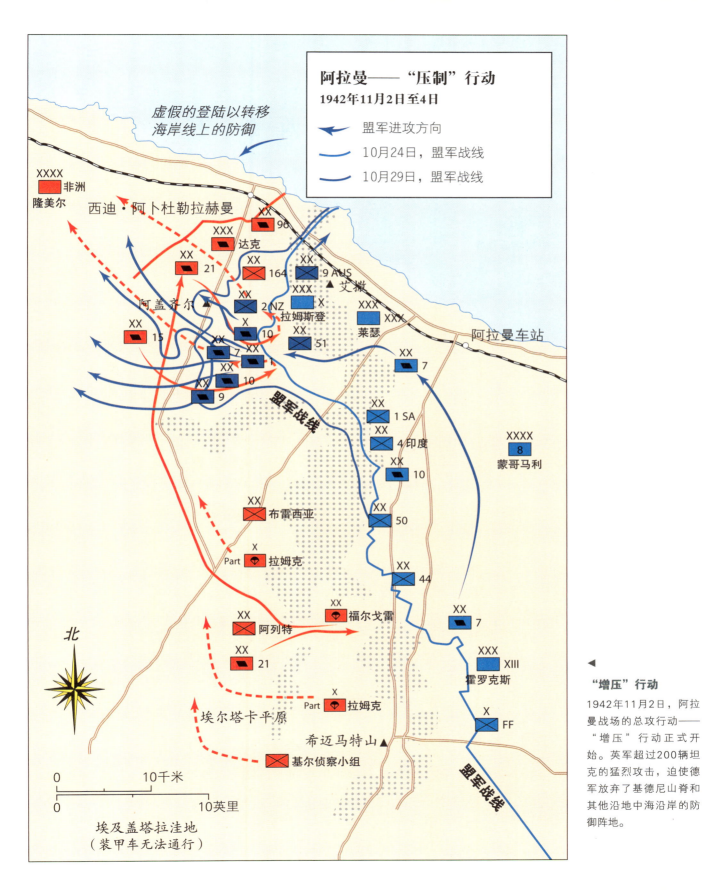

阿拉曼——"压制"行动
1942年11月2日至4日

→ 盟军进攻方向
⌒ 10月24日，盟军战线
⌒ 10月29日，盟军战线

虚假的登陆以转移
海岸线上的防御

XXXX 非洲
隆美尔

西迪·阿卜杜勒拉赫曼

XX 90
XXX 达克
XX 21
XX 164
XX 9 AUS 艾撒
阿盖齐尔▲
XXX 2 NZ
拉姆斯登
X
XX 15
X 10
莱瑟
XXX
XX 7
XX 1
XX 10
XX 51
XX 9
盟军战线
阿拉曼车站
XX 7
XX 1 SA
XX 4印度
XX 10
XXXX 8
蒙哥马利
XX 布雷西亚
XX 50
X Part 拉姆克
XX 44
XX 阿列特
▣ 福尔戈雷
XX 7
XX 21
XXX XIII
霍罗克斯
北
X Part 拉姆克
X FF

埃尔塔卡平原
希迈马特山▲
基尔侦察小组
盟军战线

0   10千米
0   10英里

埃及盖塔拉洼地
（装甲车无法通行）

◄

"增压"行动

1942年11月2日，阿拉曼战场的总攻行动——"增压"行动正式开始。英军超过200辆坦克的猛烈攻击，迫使德军放弃了基德尼山脊和其他沿地中海沿岸的防御阵地。

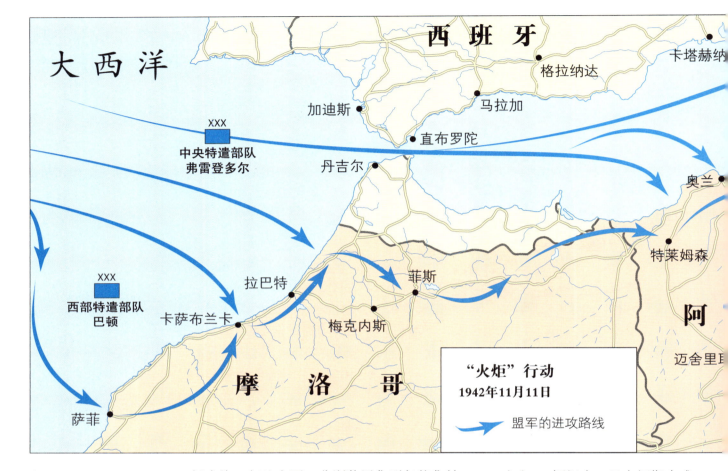

"火炬"行动
1942年11月11日
➜ 盟军的进攻路线

▲

"火炬"行动

在英军第8集团军一路将德军非洲装甲集团军向西击退的同时，盟军部队在东面的奥兰、阿尔及尔和卡萨布兰卡登陆，迫使北非的德意军队两线作战。

2300门火炮。相比之下，非洲装甲集群仅能集结115000人和560辆坦克，且在短期内难以从德国得到新的补给。蒙哥马利完善了奥金莱克制定的作战计划，定决心与德军在阿拉曼进行决战。

1942年10月23日清晨，蒙哥马利的进攻以900门大口径火炮的怒吼拉开序幕，随后英军、南非和新西兰部队开始向前推进，盟军工兵排除了德军埋设在这片被称为"恶魔花园"的区域内的，数以千计的地雷。英军第1和第10装甲师的部队随即开始对德军防御阵地发起突破，并与步兵一道发展胜利。

"捷足"行动

由于在行动初期，盟军主要依靠步兵而非坦克发起推进，"捷足"（Operation Lightfoot）这一行动代号可谓恰如其分。人体的重量远远轻于车辆，因此步兵不会触发反坦克地雷，在步兵向前推进的同时，工兵将紧随其后，负责为跟在他们后面的装甲

部队扫清一条道路。英军在进攻初期进展顺利，但德军的雷场将英军步兵和坦克部队引入了预先设好的火网之内。德军机枪和反坦克武器一齐开火，让英军步兵被压制了好几个小时。

在英军第10装甲师终于扫清德军埋设的雷场后，双方部队短兵相接，在米特里亚山脊（Miteirya Ridge）爆发激烈战斗。最终，新西兰第2师的部队付出惨重的伤亡代价后占领了该山脊的部分地区。同时，英军部队占领了基德尼山脊（Kidney Ridge），但在德军的疯狂反击下被迫转入守势。在鹬前哨（Outpost Snipe），1个英军6磅反坦克炮营伏击了两支前进中的德军和意军装甲车辆纵队，击毁了33辆坦克和5辆自行火炮，并击伤了另外20辆。这是隆美尔无法补充的惨重损失。

"增压"行动

11月2日，英军在阿拉曼发起决定性的总攻，行动代号"增压"（Operation

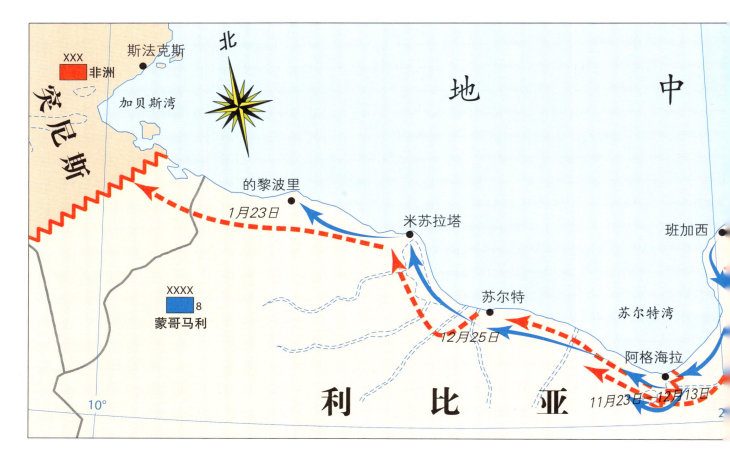

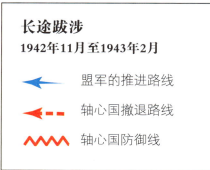

长途跋涉

1942年11月至1943年2月

→ 盟军的推进路线

╍╍► 轴心国撤退路线

〰〰 轴心国防御线

▲
艰难的撤退

在阿拉曼战役战败后，轴心国军队不得不穿越数百英里的沙漠退往突尼斯。隆美尔被召回德国，1943年春季，盟军在北非获得了完全胜利。

Supercharge）。英军第1装甲师的超过200辆坦克作为先头部队发起进攻，英军第7和第10装甲师紧随其后，第9装甲师和新西兰步兵部队则原地待命，等待战术态势的进展。英军部队的猛烈进攻迫使德军放弃了基德尼山脊与地中海海岸之间的防御阵地，同时第一装甲师正向着泰尔阿尔－阿恰齐尔（Tel el Aqqaqir）稳步推进。

隆美尔深知败局已定，到11月3日时，他手头尚可作战的坦克仅剩35辆。他反复请求上级下令撤退，从而尽可能地赶在英军坦克切断后退通道前将尽可能多的轴心国部队撤出来。在11天的战斗中，英军第8集团军摧毁了450辆德军坦克和1000门火炮，超过50000名德军和意军士兵阵亡，受伤或被俘。英军的损失则为13000人伤亡，另有500辆坦克被击毁或丧失战斗力。

战败的德军不得不一路边打边撤，退回突尼斯。这是一段困苦异常的，长达2250千米（1400英里），横跨沙漠的向西旅程。

"火炬"行动

　　在隆美尔开始向着突尼斯的艰难撤退的同时，盟军于1942年11月8日发起了"火炬"行动（Operation Torch）。近100000名盟军士兵分别在北非西部的奥兰、阿尔及尔以及卡萨布兰卡登陆。隆美尔因此不得不两线作战，北非战役也因此成为美军地面部队与德军的首次交战。

　　在西面的英军和美军第1集团军，以及东面的英军第8集团军的夹击之下，隆美尔意识到盟军正在封死自己的退路。2月中旬，隆美尔指挥部队在凯瑟琳山口给毫无经验的美军好好上了一课。超过6300名美军士兵阵亡，受伤或被俘。但凯瑟琳山口的挫折并没有阻挡盟军的脚步，美军第2军先头部队于1943年4月7日与英军第8集团军的第12枪骑兵团在赛法克斯（Sfax）会师。5月，隆美尔被召回德国。

　　三面被围，背靠大海的轴心国部队在威廉·里特·冯·托马（Wilhelm Ritter von Thoma）上将的带领下，于1943年5月12日投降。盟军最终获得了北非战场的彻底胜利。

大卢基战役，1942—1943年

VELIKIYE LUKI OPERATION 1942-1943

▶▶
北方的陷阱

希特勒拒绝批准德军从大卢基撤退，而对该城市发起的解围行动也全部宣告失败。

在战线南部的斯大林格勒，红军部队收拢对德军第6集团军的包围圈的同时，在北方，靠近洛瓦特河的战略重镇大卢基，德军第9集团军的官兵也正在为了避免被包围而拼死奋战。大卢基的战略意义极为重大，保障正在围攻列宁格勒的北方集团军群补给的铁路线就穿过了此处附近的新索科尔尼基。1942年11月，苏联红军的4个精锐近卫师多个装备有先进的T-34中型坦克和KV-1重型坦克的坦克团的掩护下对大卢基发动钳形攻势，这场攻势不仅将切断守军的退路，也会在德军中央集团军群和北方集团军群之间打入一个楔子，如果此次进攻获得成功，苏军不仅有机会解除列宁格勒的围困，也

▶
警戒观察

匍匐在KV-1重型坦克上的红军士兵正在警戒。本图拍摄于大卢基战役期间，此战中大量德军部队为了防守通往列宁格勒铁路的重要铁路枢纽而被苏军包围。

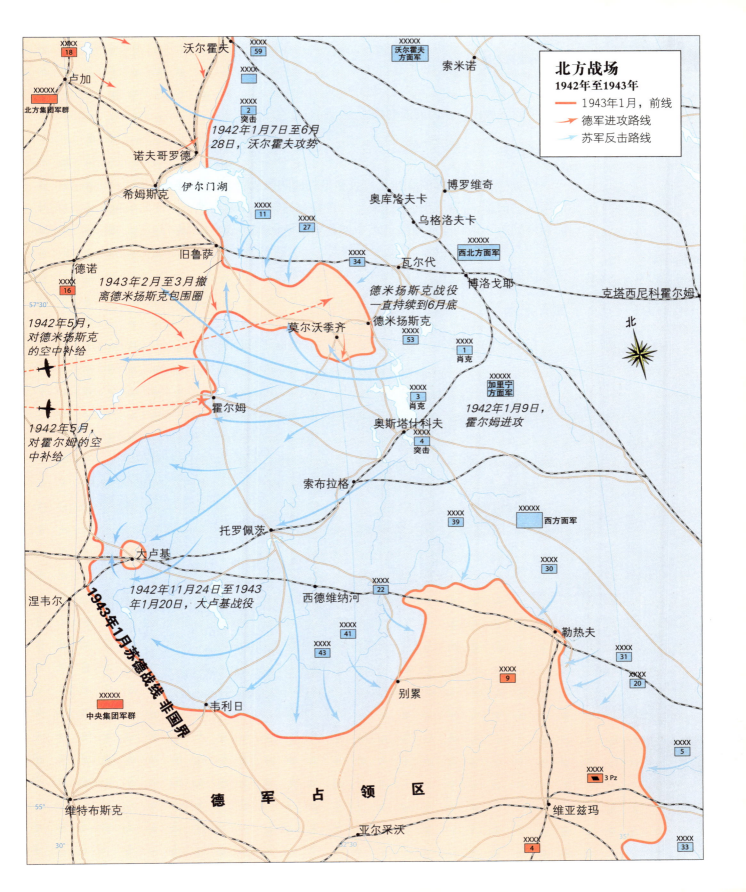

北方战场
1942年至1943年

1943年1月，前线
德军进攻路线
苏军反击路线

18
卢加
XXXXX
北方集团军群

沃尔霍夫
59
XXXXX
沃尔霍夫方面军
索米诺

XXXX
2
突击

1942年1月7日至6月28日，沃尔霍夫攻势

诺夫哥罗德
希姆斯克
伊尔门湖

博罗维奇
奥库洛夫卡
乌格洛夫卡

XXXX
11

XXXX
27

旧鲁萨
XXXX
34
瓦尔代
XXXXX
西北方面军

德诺
16
XXXXX

博洛戈耶
克塔西尼科霍尔姆

1943年2月至3月撤离德米扬斯克包围圈

德米扬斯克战役一直持续到6月底
德米扬斯克

莫尔沃季齐
XXXX
53

北

1942年5月，对德米扬斯克的空中补给

XXXX
1
肖克

XXXXX
加里宁方面军

霍尔姆
XXXX
3
肖克

1942年5月，对霍尔姆的空中补给

奥斯塔什科夫
XXXX
4
突击

1942年1月9日，霍尔姆进攻

索布拉格

XXXX
39

XXXXX
西方面军

XXXX
30

托罗佩茨

大卢基

1942年11月24日至1943年1月20日，大卢基战役

涅韦尔

西德维纳河
XXXX
22

勒热夫
XXXX
31

1943年1月苏德战线 非国界

XXXX
41

XXXX
43

XXXX
20

XXXX
9

别累

XXXX
5

XXXXX
中央集团军群

韦利日

XXXX
3 Pz

德 军 占 领 区

维特布斯克

亚尔采沃

维亚兹玛

XXXX
4

XXXX
33

能够进而解放位于西面的斯摩棱斯克。

快速包围

短短3天内，苏军的摩托化步兵和坦克部队便成功包围了大卢基，并将大量正准备向南调动的德军部队"包了饺子"。希特勒一如既往地拒绝被围部队突围，或是进行能够继续防守铁路线并威胁前进中的苏军部队侧翼的战术撤退。与斯大林格勒的时候一样，希特勒在下令组织部队解围的同时，要求被围的第83步兵师和第3山地师死守这座已经在德军多个月的战令中被建成要塞的城市。

回天乏术

在随后的几周中，大卢基守军成功地击退了苏军旨在所有夺取城市的进攻，但此时德军无法调集足够的部队实施解围，更何况斯大林格勒战场的情况正在急剧恶化。不过与此同时，苏军也未能达成最初的目标——完全控制新索科尔尼基（苏军曾在攻势初期夺下了该城）。到12月下旬时，德军集中不少于5个师的兵力发起的解围行动也被迫停下脚步。

1943年1月4日，德军发动了第2次解围，且这一次已经推进到距离城市只有8千米（5英里）的距离。但此时，解围部队中的第8装甲师仅剩32辆坦克还能战斗，且其中许多都是老旧的捷克制型号。次日，苏军以一场反击战成功将该城分割成两半。2周后，被围德军大部分向苏军投降，仅有少数成功逃出包围圈。对于苏军而言，这称得上是一场"皮洛士"式的胜利，战疫中有超过30000名红军士兵牺牲，但取得的战果却极为有限。

▼

装甲运输

1943年冬天，一个德军Ⅲ号坦克纵队正在前往战场，领头的Ⅲ号J型坦克配有1门短管的50毫米（2英寸）坦克炮。

战场上的"虎"式坦克

TIGERS ON THE BATTLEFIELD

虽然至1944年夏季，德军的VI号"虎"式坦克仅服役了1年多，但这型坦克已经成为了令西线盟军士兵感到恐怖的传说，也赢得了东线红军老兵们的敬畏。"虎"式坦克，及其强大的88毫米（$3\frac{1}{2}$英寸）坦克炮，甚至可以被视作第二次世界大战中知名度最高的坦克及其武器系统。这门威力巨大的主炮足以在1英里（约1600米）开外击毁盟军坦克，除了打击坦克之外，88毫米炮也非常适合对付敌军飞机。"虎"式坦克的炮塔和车体全重高达57吨，而其改进型"虎II"（即"虎王"）的全重更是超过了60吨。"虎"II坦克这型重型武器的出现甚至导致盟军时常为其专门调整战术计划，以应对

▼
"虎"之行迹

一长列德军"虎"式坦克正沿着一条积雪的林间小路行驶。"虎"式坦克拥有1门强大的主炮，但却较为容易发生机械故障。许多该型坦克都是因空袭损失，或是由于燃料不足被抛弃的。

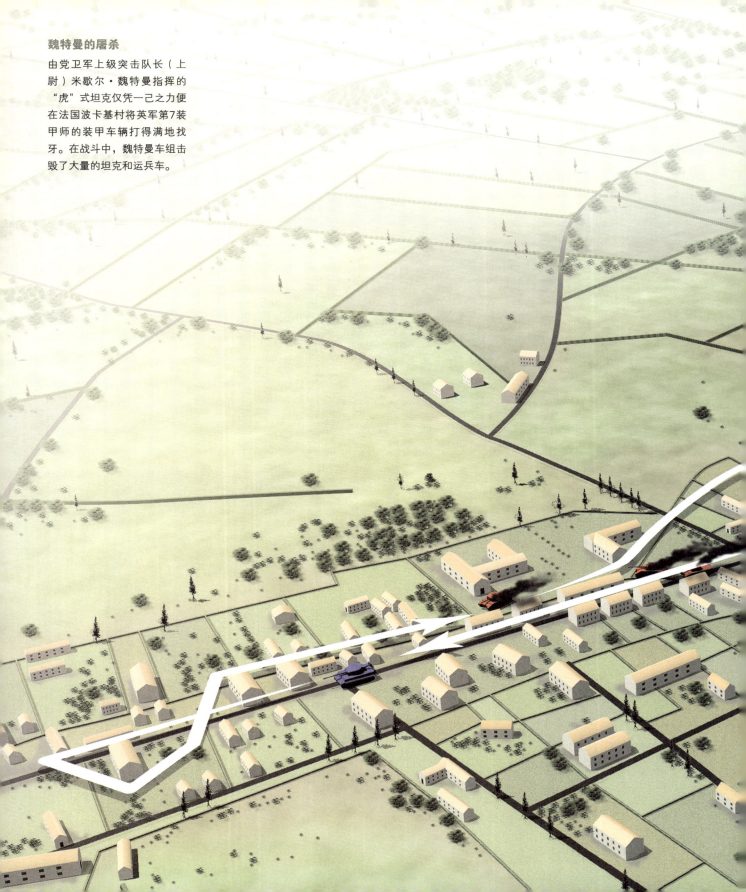

魏特曼的屠杀

由党卫军上级突击队长（上尉）米歇尔·魏特曼指挥的"虎"式坦克仅凭一己之力便在法国波卡基村将英军第7装甲师的装甲车辆打得满地找牙。在战斗中，魏特曼车组击毁了大量的坦克和运兵车。

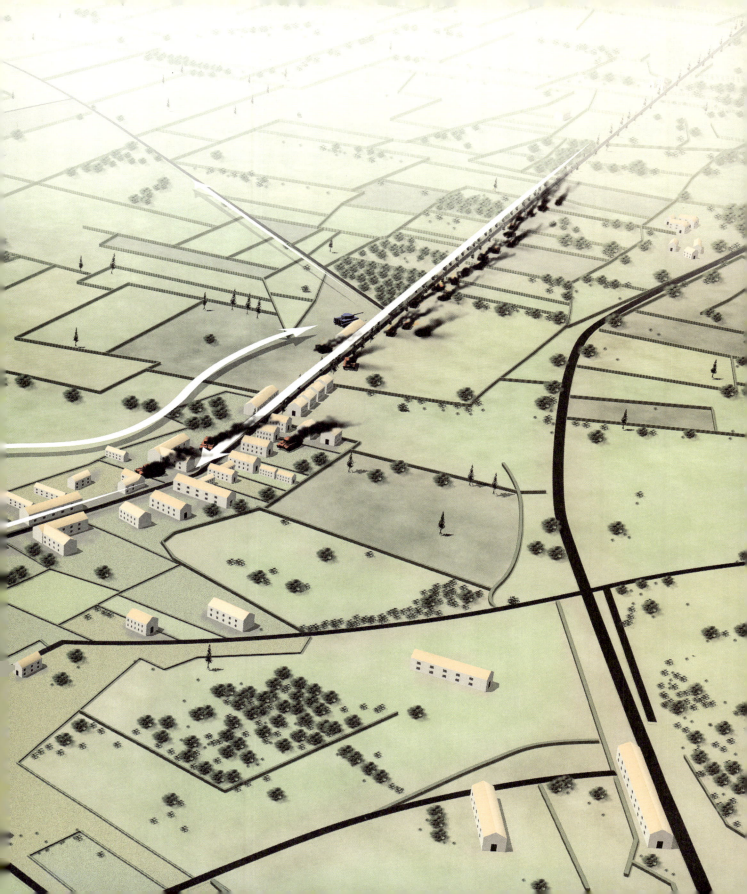

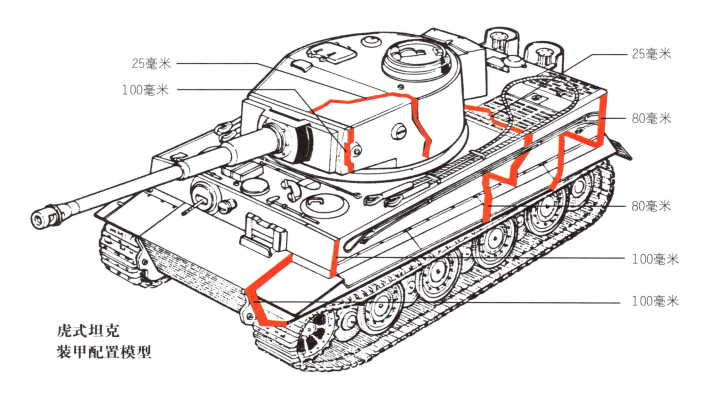

25毫米

100毫米

25毫米

80毫米

80毫米

100毫米

100毫米

**虎式坦克
装甲配置模型**

▲

"虎"式坦克的防护

VI号"虎"式坦克的正面
和侧面装甲，最厚处可
达120毫米（5英寸）。
盟军坦克往往需要绕到
"虎"式的后方，向其发
动机和排气管部位开火才
能将其摧毁。

这辆看似不可阻挡的钢铁怪物。这型可畏的装甲载具一度展现出了主宰战场的恐怖潜能。

巨兽的诞生

　　在亨舍尔和保时捷两家公司进行设计竞标之后，亨舍尔公司的"虎"式设计方案被选中，并在1942年投产。由于战况紧急，"虎"式仅在接受少量测试之后，便被运往北非和东线战场，因此这型坦克故障率较高，尤其是在服役初期。此外，由于运用了大量的创新设计，坦克的生产难度较大，生产速度也非常缓慢。由于车重"相当可观"，最初的"虎"式暴露出动力不足的问题，第1批250辆"虎"式所采用的12缸迈巴赫发动机很快便被动力更为强大的V–12HL 230 P45发动机所取代。"虎"式的生产成本相当高昂，其报价甚至达到了经久耐用的IV号坦克的两倍。

　　虎式坦克不仅成为了德国装甲力量的象征，同时也充分展现出德国人重视质量甚于数量的理念。但由于其艰难的生产过程与盟军坦克，尤其是苏制T–34和美制M4"谢尔曼"坦克压倒性的数量优势，"虎"式坦克只取得了有限的成功。在第二次世界大战期间，"虎"式坦克仅生产了1347辆，而后继的"虎II"型坦克从1943年到1945年仅

生产了492辆。

战斗中的"虎"

德军的虎式坦克于1942年下半年，在北非战场首次投入战斗，并很快在火力和生存性方面压倒了所有对手，其炮塔和车体正面的装甲最厚处可达120毫米（44/5英寸）。在当时，只有炮兵集火射击和战斗轰炸机精确的空中打击才能够阻止这头钢铁怪兽。在地面战斗中，盟军通常会出动1个坦克排围攻1辆虎式坦克，并希望通过从多个方向同时发起攻击击败"虎"式，但即便成功，损失也难以避免。在东线战场，苏军坦克兵发展出了快速贴近的战术，以抵消"虎"式坦克在远距离火力方面的优势，并争取占领有利射击位置，攻击"虎"式较为薄弱的侧后部位。

在战斗中，"虎"式坦克与盟军坦克的交换比通常高达1:6，其精密的光学设备与强大的88毫米（$3^1/_2$英寸）火炮形成了一个极为致命的组合。但在通常情况下，由于通过铁路运输这种重型坦克十分困难，"虎"式往往难以大规模投入战斗，此外，这型坦克在使用过程中需要经常进行维护，且复杂的交错式负重轮以及悬挂系统都很容易发生故障。慢性的燃料短缺和极高的耗油量又使得这型坦克的续航里程相当有限。

波卡基村的传奇

在许多王牌坦克手的手中，"虎"式坦克强大的战斗力展露无遗，并在对抗盟军装甲车辆的过程中获得了惊人的成功。最为著名的虎式王牌当属党卫军上级突击队长（上尉）米歇尔·魏特曼。1944年6月13日，在法国小镇波卡基村（Villers-Bocage）的战斗中，魏特曼车组充分展现了这型坦克的致命性。在诺曼底登陆1周后，魏特曼的坦克遭遇了英军第7装甲师的1个装甲纵队，在短短15分钟内，魏特曼车组据信击毁了14辆坦克、15辆运兵车和2门反坦克炮，不过这些损失中，可能有一部分是由其他同属于第101重装甲营的"虎"式造成的；但无论如何，魏特曼都是这场遭遇战中表现最为瞩目的坦克车长。

在波卡基村战斗2周后，魏特曼在法国的辛西亚克斯（Cintheaux）小镇附近阵亡，可能是由于座车被1辆装备了17磅反坦克炮的英军"谢尔曼"坦克（正式名称为"萤火虫"）击毁。在他的短暂战斗生涯中，魏特曼据信击毁了138辆盟军坦克。此外，德军至少有12名"虎"式车长的战绩超过100辆。

考虑到"虎I"与"虎II"坦克强大的战斗力，显然，如果这型武器能够大批量生产并得到完善，将足以改变战争的进程。但不言自明的是，对于德国的战时经济而言，这样的武器实在是太消耗本就宝贵的资源和人力了。

西西里和意大利，1943年

SICILY AND ITALY 1943

在1943年5月12日解放了轴心国占领的北非之后，西线盟军立即开始着手登录意大利军队防守的西西里岛，这座岛屿与亚平宁半岛西南的"靴尖"处隔海相望。在1943年7月9日至10日，14万西线盟军登上该岛。在帕奇诺附近登陆的英军第8集团军下辖一个加拿大师和3个英国师，而在位于西西里岛南部的利卡塔和斯科利蒂登陆的美军第7集团军则下辖有3个美国师。2个登陆集团军都得到了空降部队的支援。在7月11日至13日期间，盟军部队进展顺利并夺取了锡拉库扎港。7月14日至8月5日，英军部队肃清了岛屿的中东部，而美军则占领了西西里的西部。从8月6日起，盟军的两路推进，迫使德军和意军全线退守至保卫西西里岛东北部的埃特纳防线（Etna Line）一带。在接下来的10天中，盟军在轴心国军队坚固正面防线的侧翼，从半岛的两侧发动了多次成功的两栖登陆。盟军的奇招迫使轴心国军队开始撤离该岛，撤离工作在17日完成。

随后，9月3日至9日，英军第8集团军的部队在意大利半岛的"靴尖"和"靴跟"处发起了登陆；9月8日，意大利军队与盟军达成停火，德军则抓紧机会控制了意大利的大部分地区。在英军部队向北推进的同时，9月9日，美军第5集团军在意大利西海岸，位于那不勒斯以南的萨勒莫登陆，以包抄德军的防线。在击退了德军从9月14日持续至17日的猛烈反攻后，美军第5集团军继续向北推进并占领勒布勒斯，于10月6日抵达沃尔图诺河一线。与此同时，此前一直沿意大利东海岸（亚德里亚海）向北推进的英军第8集团军也与美军第5集团军会师。在11月和11月，盟军部队继续在整条战线上向北推进。但到1943年12月下旬时，盟军的进攻却被德军仓促建立的一道，被称为"古斯塔夫"（或称"冬季"）的防线所阻拦。这条防线东起加埃塔，西至罗马南面，经蒙特卡西诺、亚平宁山脉并一直延伸至桑格罗河位于东海岸奥尔托纳的入海口附近。

▶▶
"哈士奇"（又称"爱斯基摩人"）行动

登陆西西里的行动是由伯纳德·蒙哥马利上将指挥的英军第8集团军和乔治·巴顿中将指挥的美军第7集团军共同实施的。在英军于岛屿北部遭遇完成抵抗的同时，巴顿的部队则夺取了帕勒莫，并向墨西拿快速推进。

南意大利

1943年9月3日—12月15日

- 9月14日战线
- 9月25日战线
- 德军撤退方向
- 盟军推进方向
- 意军舰队在马耳他投降
- 盟军修建的机场

▶

登陆意大利

1943年夏末，盟军第5和第8集团军在萨勒诺，卡拉布里亚和塔兰托登陆，并开始向亚平宁半岛这只"靴子"的北部推进。在萨勒诺，盟军滩头阵地曾因为轴心国军队的顽强抵抗而一度面临巨大威胁。

登陆西西里

1943年7月10日至8月17日

→ 盟军登陆地点（及登陆日期）

→ 轴心国军队反击方向

▬ 7月11日盟军战线

▬ 7月15日盟军战线

▬ 7月23日盟军战线

▰▰▰ 轴心国军队撤退线

▰▰ 轴心国军队撤退线

▰▰ 轴心国军队撤退线

▰▰→ 轴心国军队撤退路线

 盟军修建的机场

 盟军空降地点

勒尼安海

8月8—15日：盟军
对轴心国战线侧翼
发起两栖登陆

8月3—16日：
意军撤退

8月15日

8月11日

奥兰多角

卡拉瓦湾

米拉佐

米腊佐湾

墨西拿海峡

8月8日

帕提湾

圣乔瓦尼

切法卢

圣斯特法诺港

全阿加塔

巴尔切洛纳

墨西拿

雷焦

米斯特雷塔

X 19

8月11—17
日：德军部队
后撤，盟军空
袭未能奏效

德军占领区

卡罗涅山脉

III 136

圣弗拉苏诺防线

尼科西亚

西

里

岛

兰达佐

埃特纳
火山

对轴心国战线侧翼
进行的两栖登陆

恩纳

阿吉拉

阿德拉诺

帕特诺

XXX

圣斯特凡诺防线，7月23日

XX 1

XX 15
(一部)

XXXX 6
古左尼

卡尔塔尼塞塔

卡塔尼亚

XX

卡尼卡蒂

皮亚扎阿尔梅里纳

艾欧尼亚海

卡塔尼亚平原

X 207
师

萨尔索河

X 18

奥古斯塔

从马耳他出动
的盟军战机

XX

奥古斯塔湾

82

里卡塔

盖拉

XX
"赫尔曼·戈林"

维齐尼

锡拉库扎

37°

XX 3

吉拉湾

7月11日

7月11日

XXXX 8
蒙哥马利

X 2

维托里亚

拉古萨

诺托

XX 5

II 3游骑兵

伊斯皮卡

阿沃拉
诺托湾

7月10日

XXX 50
邓普西

XIII

III 505

XX 206

X RM

III 1
XX 504
XX 1
XX 45
XXX
II 4
布莱德雷

XXXX 15
亚历山大

帕瑟罗湾

XX 1

XX 78
预备队
(仍在非洲)

XXXX

X 231

2

XXX
莱瑟

XX
皇家海军陆战队

7月10日

XX 51

7月10日

38°

库尔斯克，1943年

KURSK 1943

警惕的炮手

1名德国士兵警惕地从1门88毫米(3.5英寸)口径火炮的掩蔽物旁边凝视着远方。这种火炮开始时计划作为一种防空武器，它在整个欧洲战场上对盟军部队造成了致命性的打击。

1943年春季，东线战场曾一度迎来短暂的平静，德军最高统帅部决心发动代号"堡垒"的新一轮攻势。已经深深楔入德军战线的，库尔斯克的巨大突出部显然将成为此次进攻的目标。德军计划从北面和南面对突出部发动钳形攻势，并希望能够围歼大量的苏军部队；到7月初时，突出部内的苏军部队人数已经超过了85万。1943年7月4日，埃里克·冯·曼施坦因元帅指挥的南方集团军群开始对突出部南侧发动进攻。曼施坦因的集团军群下辖有20个师，其中，由瓦尔纳·肯普夫大将指挥的集团军级集群和由赫尔曼·霍特大将指挥的第4装甲集团军装备有1405辆装甲战斗车辆（AFV）。次日早上，瓦尔特·莫德尔大将指挥的，德军中央集团军群下辖的第9集团军，也开始对

突出部的北部发起进攻。莫德尔手中拥有6个机械化步兵师和14个步兵师，总计1840辆
装甲战斗车辆。德军指挥官希望两道钳形攻势能够在库尔斯克会师，从而包围超过67
万敌军部队。如果成功，"堡垒"行动将制造第二次世界大战东线战场上规模最大的
包围圈。

先发制人

　　7月5日上午，莫德尔的第9集团军开始出动步兵先头部队对苏军位于突出部北侧的
第1道防御阵地发起进攻。但苏军情报部门准确地判断出了莫德尔的部队的进攻时间，
于是苏军调集猛烈的炮兵火力对德军攻击出发阵地发起了火力反准备，打乱了德军进
攻的计划。在5日当天，通过一系列的多兵种协同突击，莫德尔的部队设法向南楔入
了苏军防线10千米（6英里）。与此同时，突出部南侧的德军部队也在7月5日发起了主
攻。到当晚结束时，虽然反复发起猛烈进攻，霍特的部队同样也只向前推进了不到10
千米（6英里）。更糟糕的是，位于东侧的肯普夫集群甚至没能在苏军的顽强抵抗下突
破第1道防线。在7月6日至9日，德军第9集团军对苏军第2道防线发起了反复突击，并
夺取了关键的奥尔科霍特卡山脊（Olkhovtka Ridge）。但在苏军猛烈的装甲反冲击下，
德军未能夺取关键的波内里高地。在随后的7月10日至11日，苏军更为猛烈的反击彻底
阻挡住了莫德尔那已经疲惫不堪且消耗殆尽的部队。虽然在此前的1周中发起了凶猛的

塔林 • 爱沙尼亚 纳尔瓦 • 列宁格勒 沃尔霍夫 撤离

派尔努 • 塔尔图 • 林德曼 18 卢加 •

XXXXX 北方集团军群 布施勒 诺夫哥罗德 切列波韦茨 • 沃洛格达 •

拉脱维亚 旧鲁萨 XXXXX 西北方面军 铁木辛哥 里宾斯克 •

布施 16 2月18日撤离 上沃洛乔克 • 雅罗斯拉夫尔 •

陶格夫匹尔斯 • 卢基 • 加里宁 加里宁方面军 普卡耶夫 科夫罗夫 •

立陶宛 波洛茨克 • 莱因哈特 3 勒热夫 • 扎戈尔斯克 •

维特布斯克 • 3月撤离 莫斯科 弗拉基米尔 •

奥斯玛 • 海因里希 4 斯摩棱斯克 维亚济马 • 西方面军 索洛科夫斯基 科洛姆纳 •

明斯克 • 莫吉廖夫 • 基洛夫 图拉 • 梁赞 •

中央方面军 克鲁格 博布鲁斯克 • 施密特 2 卡卢加 •

苏 布良斯克方面军 M.波波夫 里亚日斯克 •

高梅尔 • 莫德尔 9 布良斯克 奥缪尔 联 顿河

切尔尼戈夫 • 见下页图 叶列茨 • 利佩茨克 •

科罗斯坚 • 萨尔穆特 2 科诺托普 中央方面军 罗科索夫斯基 库尔斯克 •

涅任 草原方面军 (作为预备队) 科涅夫

日托梅尔 • 基辅 • 霍特 4 苏米 别尔哥罗德 • 沃罗涅日方面军 瓦图京

别尔季切夫 • 阿克提卡 哈尔科夫 •

白采尔科维 • 肯普夫战斗群 肯普夫

文尼察 • 切尔卡瑟 • 克列缅丘格 西南方面军 马林诺夫斯基

南方集团军群 曼施坦因 乌曼 • 马肯森 1 阿特莫夫斯克 •

基洛沃格勒 • 第聂伯彼得 戈尔洛夫卡 • 卡迪耶夫卡 •

五一城 • 罗夫斯克 第聂伯捷尔任斯克 • 顿涅茨克 • 马克耶夫卡 •

巴尔塔 • 克里沃罗格 • 扎波罗热 霍迪特 6 南方面军 托尔布欣

基什尼奥夫 • 尼科波尔 • 塔甘罗格 • 罗斯托夫 •

敖德萨 • 赫尔松 • 梅利托波尔 • 叶伊斯克 •

亚速海

东线战场
1943年7月4日
—— 7月4日苏军战线

克莱斯特 A

进攻，但莫德尔的部队深入了苏军多层防御体系内16千米（10英里）。更加糟糕的是，苏军在7月12日发起的大规模反击，甚至迫使莫德尔的先头部队放弃几天前夺占的土地。德军的北路攻势由此遭遇凄惨的失败。

激战普罗霍罗夫卡

7月6日至9日，南线德军的装甲部队冒着苏军的反复反击，逐渐将红军部队逼退至草原上的小村落普罗霍罗夫卡和奥博扬。由武装党卫军上级集团领袖（上将）豪塞尔指挥的武装党卫军第2装甲军进展最大，而位于东面的肯普夫集群的装甲部队表现则进展较慢，从而导致豪塞尔的侧翼暴露在苏军的反击之下。7月10日，德军装甲部队开始突破苏军设在罗霍罗夫卡和奥博扬一线的第3道防线。危急的战况

导致苏军派出了核心预备队，精锐的近卫第5坦克集团军，前去击退德军的进攻。7月12日，普罗霍罗夫卡，805辆苏军坦克与495辆德军坦克之间爆发了巨人之间的较量，在一系列惨烈的对攻战中殊死搏杀。在当天早些时候，苏军装甲部队一头撞入正准备冲入普罗霍罗夫卡村的德军党卫军第2装甲军和国防军第3装甲军部队的正面。由于已经得知德军新装备的"虎"式和"黑豹"坦克拥有强大的远射能力后，苏军坦克选择快速缩短双方之间的距离，以近战制敌。在当天，双方爆发了一系列混乱的坦克对攻战。苏军坦克部队的反击阻止了德军从普罗霍罗夫卡继续向北推进，但在战斗中，苏军损失了多达412辆坦克，德军仅损失149辆。虽然就交换比来看，德军获得了战术胜利，但从战略层面而言对德军却是一场灾难。这场战斗不仅让本已经损失惨重的德军装甲部队雪上加霜，同时也使得德军丧失了继续实施"堡垒"行动的最后信心。7月13日，希特勒的决定取消"堡垒"行动；下达这一命令也绝非冲动，希特勒希望将精锐的装甲部队从库尔斯克地区调往意大利的西西里岛，应对西线

◀

国防军的推进

"堡垒"行动开始的几个小时里，德国士兵和一辆开放炮塔的突击炮严阵以待，准备前进，这次行动试图孤立库尔斯克突出部，这一地区深入交叉到东线的德国战线之中。

◀◀

库尔斯克突出部

1943年7月早期，德国发起"堡垒"行动，其目标就是孤立库尔斯克并包围将近850000人的红军部队。德国的进攻行动在普罗霍罗夫卡的一次决定性坦克大战后以失败告终。

◀

下定决心的防御

库尔斯克突出部耐心等待德军进攻的苏联坦克已经在地势向下的阵地中做好了隐蔽，其车组人员正在检查坦克是否已经做好战斗准备。装甲推进和反击成为库尔斯克行动的两大标志。

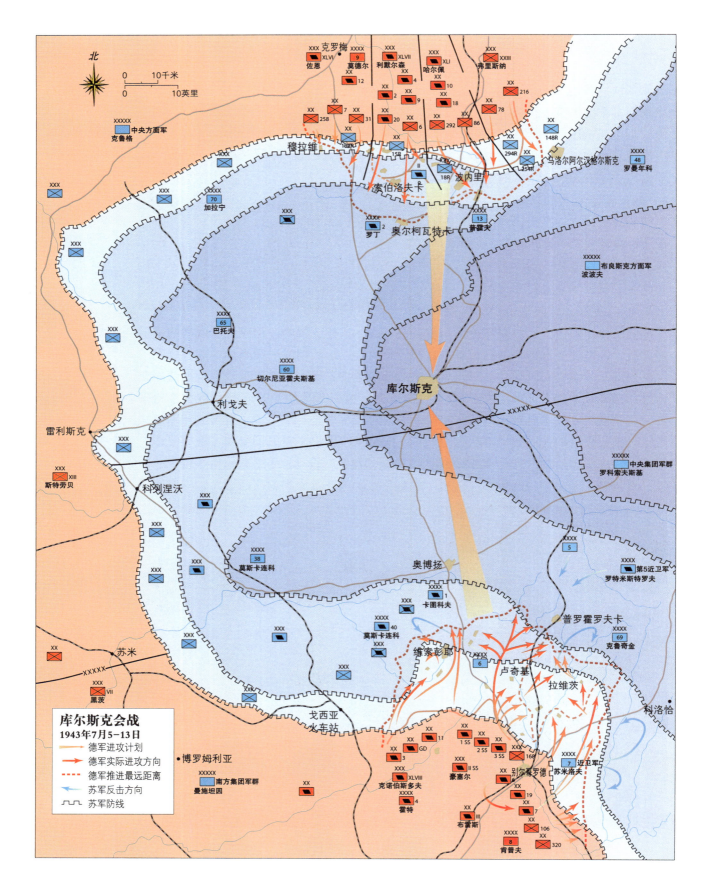

北

0 ——— 10千米
0 ——— 10英里

XXX 克罗梅
XXX XXXX 9 XXX XXLVII XXX XXXX XXXIII
XXLVI 佐恩 莫德尔 利默尔森 XLI 哈尔佩 弗里斯纳
12 4 10
2 9 18 216
XX 7 XX XX 20 XX 6 XX 292 XX 86 78
258 31
XXXXX 中央方面军 穆拉维 15R 148R
克鲁格 II 294R
18R 波内里 25R 乌洛尔阿尔汉格尔斯克
XXX 索伯洛夫卡 XXXX 48 罗曼年科
XXX XXXX XXXX XXX 罗丁 奥尔柯瓦特卡 13
70 加拉宁 普霍夫
XXXXX 布良斯克方面军
XX 波波夫

XXXX 65 巴托夫

XXXX 60
切尔尼亚霍夫斯基
XXX
利戈夫
库尔斯克
雷利斯克 XXXXX
XXX XXXXX 中央集团军群
罗科索夫斯基
XXX XXXX
XIII 13 科刻涅沃
斯特劳贝
XXXXX 5
XXXX 38 莫斯卡连科
XXX 奥博扬 XXXX 第5近卫军
罗特米斯特罗夫
XXX 1 卡图科夫
苏米 XXXX 40 莫斯卡连科
XXX 普罗霍罗夫卡
XXX XXXX 69 克鲁奇金
XXXXX 维索彭耶 XXXX 6 卢奇基
VII 黑茨 拉维茨
XX 科洛恰
戈西亚 火车站 11 1SS
GD 2SS 3SS 168
博罗姆利亚 3 II SS XXXX 7 近卫军
XXXX 南方集团军群 XLVIII 豪塞尔 别尔霍罗德 苏米洛夫
曼施坦因 克诺伯斯多夫 XX 19
霍特 III 7
布雷斯 XX 106
XXXX 8 320
肯普夫

库尔斯克会战
1943年7月5—13日
→ 德军进攻计划
→ 德军实际进攻方向
---- 德军推进最远距离
→ 苏军反击方向
⊓⊔ 苏军防线

基洛夫
杜米尼奇
鲁迪诺夫
切尔尼希诺 7月19日
贝廖夫
8月18日
2 Pz
赫瓦斯托维奇
卡拉切夫
9
纳夫利亚
沙布雷基诺
克罗梅
拉多哥斯克
季米特洛夫斯克-奥尔洛夫斯基
中央集团军群
克鲁格
德军占领区
65
中央集团军群
罗科索夫斯基
利戈夫
60
雷利斯克
科列涅沃
2
38
米罗波尔耶
苏米
27
韦尔克尼亚-希洛夫特卡
梅兹利奇
克拉斯诺波耶
40
列别丁
博罗姆利亚
格莱维隆
阿克提尔卡
哈佳奇
维普里克
8月7日
南方集团军群
曼施坦因
科捷利瓦
克隆塔耶夫
伯戈杜科夫
克拉斯诺库茨克
瓦尔科
4 Pz
新沃多拉加
8
肯普夫

北

11
第3近卫军
50
第11近卫军
科泽利斯克
4
布良斯克方面军
波波夫
61
布多戈维希
姆岑斯克
3
第3近卫军
18
奥缪尔
解放，8月6日
63
48
马洛尔阿尔汉格尔斯克
利夫内
70
波内里火车站
13
法捷日
2
27
53
草原方面军
科涅夫
库尔斯克
奥博扬
佩塞尔河
普罗霍罗夫卡
53
旧奥斯科尔
第5近卫军
第6近卫军
1
戈尼亚火车站
27
69
巴托沃
托马罗夫卡
科洛查
新奥斯科尔
鲍里索夫卡
别尔哥罗德
第7近卫军
佐洛切夫
沃尔昌斯克
奥尔沙尼
克拉科夫
47
第5近卫军
57
西南方面军
马利诺夫斯基

◀

苏军的反击

由于苏军的防御部队顽
强抵抗，坚决不放弃阵
地，德军装甲先锋部队
在库尔斯克突出部地区
进展缓慢。那时，一系
列的苏军反攻，特别是
在普罗霍罗夫卡，导致
德军的进攻行动最终失
败。

◀◀

装甲猛攻

霍特将军的第4装甲军团
进攻库尔斯克突出部的
南部地区，同时莫德尔
将军的第9军团攻击北
部。然而，在第一天，
两支部队的前进都不到
10千米(6英里)。

盟军发起的两栖登陆。在7月13日至24日期间，霍特和肯普夫的部队虽然进行了顽强的战斗，但还是由于苏军的猛烈反击而退回攻击出发阵地。"堡垒"行动是一场代价高昂的失败，德军在战役中损失了883辆装甲战斗车辆，人员伤亡高达54100人，而夺得的仅仅是毫无意义的几英里土地。事实上，在这次惨败之后，东线德军再也没能恢复元气。

"堡垒"崩解

但对于德军而言，更糟糕的还在后面。停住"堡垒"行动的脚步只是苏军一整套协同战略反攻的第一部分。7月12日，红军发起"库图佐夫"战役，对深陷突出部北侧战斗，实力较为薄弱的莫德尔的部队发起反击。对德军第2装甲集团军的进攻，打了依然将注意力放在"堡垒"行动上的德国人一个措手不及。随后，苏军部队迅速向西推进，并开始威胁德军的补给线。8月3日，苏军发起"鲁缅采夫"战役，沃罗涅日方面军和草原方面军对德军第4装甲集团军和肯普夫战役集群发起反击，意图歼灭位于库尔斯克突出部南面的德军部队。到8月7日，苏军装甲部队向西南方向快速推进，并夺取了关键城市哈尔科夫。在随后几周中，苏军继续扩大战略反击的规模，并将战线向第聂伯河方向推进。

▼
激烈的战斗
一个信号兵正指引苏联的坦克开向库尔斯克市的战场。意识到他们所面对的是德军"虎"式和"豹"式坦克之后，他们采取了迅速接近德军坦克的战术以消除敌方火炮超长射程范围的优势。

乌克兰和克里米亚，1944年

UKRAINE AND THE CRIMEA 1944

▼
向胜利者致敬
在乌克兰一座刚被解放的村庄，村民们正在向1辆快速驶过的T-34中型坦克挥手致意。T-34中型坦克使用广泛，因其数量巨大而成为赢得东线战场胜利的关键武器。

　　到1944年1月1日时，德军在东线战场南部的战线呈波浪形，从普里皮亚季沼泽向南延伸至日托米尔、基洛沃格勒和尼科波尔，最终抵达位于克里米亚的伊久姆地峡。在随后的5个月中，苏联红军对这段防线发起了一系列的进攻，这些进攻行动被统称为"第聂伯-喀尔巴阡"战役。1944年1月5日，由科涅夫指挥的乌克兰第2方面军对基洛

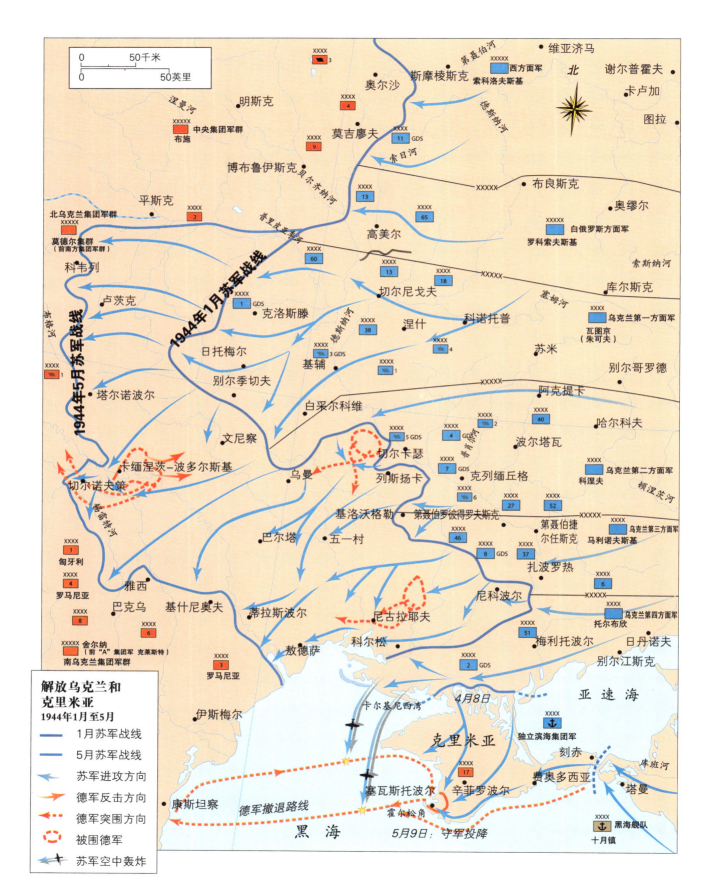

解放乌克兰和
克里米亚
1944年1月至5月

1月苏军战线
5月苏军战线
苏军进攻方向
德军反击方向
德军突围方向
被围德军
苏军空中轰炸

北
维亚济马
谢尔普霍夫
卡卢加
图拉

涅曼河
明斯克
第聂伯河
斯摩棱斯克
索科洛夫斯基
西方面军
德斯纳河
奥尔沙

中央集团军群
布施
莫吉廖夫
索日河
布良斯克
奥缪尔

北乌克兰集团军群
莫德尔集群
（前南方集团军群）
博布鲁伊斯克
贝尔齐纳河
普里皮亚季河
高美尔
索斯纳河

平斯克
切尔尼戈夫
库尔斯克
塞姆河

科韦列
卢茨克
克洛斯滕
德斯纳河
涅什
科诺托普
苏米
白俄罗斯方面军
罗科索夫斯基

1944年5月苏军战线
塔尔诺波尔
日托梅尔
别尔季切夫
基辅
别尔哥罗德

1944年1月苏军战线
文尼察
白采尔科维
阿克提卡
哈尔科夫
乌克兰第一方面军
瓦图京
（朱可夫）

卡缅涅茨-波多尔斯基
切尔卡瑟
波尔塔瓦

切尔诺夫策
乌曼
列斯扬卡

匈牙利
基洛沃格勒
第聂伯罗彼得罗夫斯克
克列缅丘格
科涅夫
乌克兰第二方面军

罗马尼亚
巴尔塔
五一村
第聂伯捷尔任斯克
马利诺夫斯基
乌克兰第三方面军

雅西
扎波罗热

巴克乌
基什尼奥夫
蒂拉斯波尔
尼古拉耶夫
尼科波尔

罗马尼亚
科尔松
梅利托波尔
托尔布欣
乌克兰第四方面军
日丹诺夫

敖德萨
别尔江斯克

伊斯梅尔
亚速海

卡尔基尼西湾
4月8日
独立滨海集团军
刻赤
库班河

德军撤退路线
克里米亚
费奥多西亚
塔曼

康斯坦察
塞瓦斯托波尔
辛菲罗波尔
霍尔松角

黑海
5月9日：守军投降
黑海舰队
十月镇

0   50千米
0   50英里

沃格勒方向发起进攻，与此同时，位于该方面军北面的乌克兰第1方面军则继续沿着捷尔诺波尔方向向利沃夫一带推进。在1月24日，科涅夫的部队又从南侧发起了新一轮进攻。到28日时，苏军的突击已经将73000名轴心国士兵包围在切尔卡瑟–科尔松口袋内，虽然德军通过装甲部队与被围部队里应外合，发起了解围行动，但仅取得部分成功，未能突围的部队在2月17日向苏军投降。与此同时乌克兰第3方面军已经突破了德军位于尼科波尔一带的突出部内的防线；到2月下旬时，苏军的进攻已经消灭了这个突出部。

◄◄

红色狂潮

在1944年年初的冬季与春季，苏联红军在克里米亚的攻势将数以千计的德军士兵孤立在塞瓦斯托波尔。同时，苏军还在向西反攻，重返乌克兰的战斗中抓获了大量德军战俘。

红色狂潮

在3月，苏军扩大了攻势。3月4日，乌克兰第1和第2方面军恢复了进攻，并迅速向战前的苏联国境推进。到3月27日时，红军的装甲先锋部队已经在卡门内茨–波多尔斯克（Kamenets–Podolsk）口袋内成功包围了德军第1装甲集团军大部（约18万人）。不过此次被围的德军却成功向西突破了苏军的包围；并于4月5日在布克查兹成功与解围部队会师。与此同时，科涅夫的部队，再度向西南方向进攻，收复了乌曼并向基什尼奥夫推进，已经进入罗马尼亚境内。在更南面的乌克兰第3方面军也同样在快速向西南方向推进，并在4月10日收复了黑海沿岸的奥德萨，随后同样攻入罗马尼亚境内。在此过程中，苏军装甲矛头在尼古拉耶夫一带包围了德军第6集团军，不过被围德军中有相当一部分成功从西南方向突围，加入位于布格河一带的德军主要防线。

在上述三路苏军部队狂飙猛进的同时，位于最南面的乌克兰第4方面军于4月8日发起了解放克里米亚的行动，此时已被孤立的克里米亚半岛由德军第17集团军防守。4月中旬，德军被迫退入黑海的关键港口城市塞瓦斯托波尔，在1941年至1942年的战争中，这座城市曾经被作为苏军的一座坚固要塞，长期坚守。在5月7日至9日期间，德军部队通过海路从塞瓦斯托波尔撤退至罗马尼亚的港口城市康斯坦察。克里木战役期间德军的伤亡为85000人，而苏军的伤亡则达到95000人。

"谢尔曼"

THE SHERMAN

　　M4中型坦克（绰号为"谢尔曼"）是第二次世界大战中同盟国最为醒目的胜利象征之一。这型美国坦克的研制速度快得惊人，代号T6的M4坦克原型车于1941年9月完工并开始测试，而此时距离美国加入战争还有3个月。谢尔曼坦克的设计专门为了大批量生产而优化，其研制目标主要有两个：第一，克服更早研制的M3"格兰特"/"李将军"中型坦克的缺陷，M3坦克是现代技术与过时理念的古怪混合体——车体上装有1门75毫米炮，同时炮塔内还有1门37毫米炮；第二，"谢尔曼"应当能够同时执行支援步兵和消灭敌方坦克的任务。

　　到第二次世界大战结束时，M4系列坦克的产量已经达到近5万辆，在战争期间，这型坦克还出现了多种改进型号。根据《租借法案》提供给英军的"谢尔曼"坦克，

▶
M4A3"谢尔曼"
1辆"谢尔曼"坦克正在欧洲某处战场的街道上向前推进。虽然德军坦克拥有更强的火力和防护，但"谢尔曼"坦克的数量优势终究占得了上风。

在1942年10月的阿拉曼战役中，由英军第8集团军驾驶，完成了战斗生涯的首秀。实战结果证明，该型坦克配备的75毫米（3英寸）主炮足以对付德军非洲装甲集团军装备的早期型III号和IV号坦克。

战争期间有多型基本型谢尔曼的衍生型号投产，包括M4A1、M4A2、M4A3和M4A4型，这些型号的主要区别在于其采用的动力系统，以及为了适配动力系统而对车体进行的调整。M4A1型的车体采用全铸造结构，而非其他型号的铸造/焊接混合车体。此外早期型号采用的垂直螺旋弹簧悬挂系统（VVSS）也在M4A3坦克上被更换为水平螺旋弹簧悬挂（HVSS）。M4A4型坦克的车体更长，以便容纳克莱斯勒A57发动机，该发动机其实就是5台6缸汽油车用发动机并联而成。"谢尔曼"采用过的其他发动机还包括福特GAA III型、卡特彼勒9缸柴油机，大陆R975和莱特"旋风"发动机。

"谢尔曼"出动

1辆M4"谢尔曼"中型坦克驶出1艘LST坦克登陆舰，注意同属该装甲部队的另1辆M4刚刚驶出登陆舰的跳板门。"谢尔曼"坦克因其高大的外形轮廓而极易识别。

更强的火炮

在实战中，早期型"谢尔曼"坦克很快就全面落后于新一代的德军坦克。德军的V号"黑豹"坦克配有1门高初速的75毫米（3英寸）主炮，而VI号"虎"式坦克更是配有强大的88毫米（3½英寸）主炮，2种主炮都能在很远距离上（有时甚至超过1英里）击毁谢尔曼，而盟军坦克则在接近至有效射程之前，几乎没有还手之力。此外，由于"谢尔曼"采用的75毫米主炮炮口初速较低，炮弹的穿甲能力不足以对"黑豹"和"虎"式坦克的车体装甲造成伤害。

通常，一个配备4辆或5辆"谢尔曼"坦克的坦克排，需要一起上阵，才能对付1辆单独行动的"虎"式坦克，且在战斗中很有可能会有1~2辆"谢尔曼"坦克成为虎式坦克"88炮"的牺牲品。盟军坦克排往往得经过一番苦战才能让其中1辆"谢尔曼"坦克绕到德军"虎"式后方，或者高处与低处，通过俯射或者仰射"老虎"的"软肋"将其消灭。

"谢尔曼" M4

投产时间：1941年
生产数量：49234辆
车重：35.4吨
车体长：5.89米
车组人员：5人
装甲厚度：40~68毫米
主武器：75毫米M3 L/40坦克炮
副武器：0.50口径（12.7毫米）重机枪
最大时速：30英里/时（48千米/时）

"谢尔曼"－"萤火虫"

投产时间：1943年
生产数量：约2400辆（由标准型M4坦
　　　　　克改装而成）
车重：35.4吨
车体长：5.89米
车组人员：5人
装甲厚度：40~68毫米
主武器：QF 17磅反坦克炮
副武器：0.50口径（12.7毫米）重机枪
最大时速：30英里/时（48千米/时）

▲
不同的"谢尔曼"
早期型"谢尔曼"坦克配备的是1门性能较差的M3型75毫米（3英寸）坦克炮，通常无法击穿德军新式坦克的装甲。英军装备的"萤火虫"坦克采用了初速更高的17磅坦克炮。

　　为了应对越来越重的德军坦克，盟军采取了许多措施提升"谢尔曼"坦克的火力，其中便包括换装大型炮塔并配备高初速的76毫米（3英寸）长身管坦克炮，这项改进显著提升了M4坦克主炮的有效射程。在1943年，英军开始尝试为M4A4底盘换装皇家炮兵QF 17磅（76毫米/3英寸）反坦克炮，这项改进使得"谢尔曼"对"虎"式的有效射程从180米（200码）提升至1830米（2000码），几乎与"虎"式对"谢尔曼"的有效射程相当。

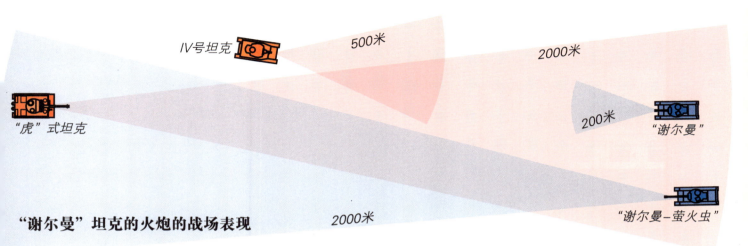

IV号坦克　500米　2000米

"虎"式坦克　200米　"谢尔曼"

"谢尔曼"坦克的火炮的战场表现　2000米　"谢尔曼–萤火虫"

"谢尔曼"的长处

虽然存在不足，但"谢尔曼"坦克也拥有两个非常显著的优点。该型坦克的最高时速高达47千米/时（29英里/时），优秀的机动性，一定程度上抵消了德军在火力方面的巨大优势，以及"谢尔曼"高大轮廓与薄弱装甲所带来的生存性问题。但更为重要的是，"谢尔曼"坦克在北非战场、意大利战场和西欧战场都拥有巨大的数量优势。美国强大的工业实力使得盟军装甲部队即便遭受惨重损失，也能迅速得到恢复；而视质量重于数量的德国工业却无法跟上战斗损失的速度，此外，由于战事的急切需要，德国工业界也无法在"黑豹"和"虎"式坦克服役前解决其所存在的机械问题。

除了常规型号之外，"谢尔曼"还有许多有趣的特种型号，例如携带巨大的高速连枷滚筒，用于引爆地雷的扫雷型号、轻型架桥型号、装备大型插口式迫击炮的工事破坏型号、喷火型号等。这些特种"谢尔曼"和其他更多的奇妙发明都曾在由珀西·霍巴特（Percy Hobart）将军指挥的英军第79装甲师服役过。在"霍巴特的玩具"中，最为著名的当属"双重驱动"［Duplex Drive（DD）］型"谢尔曼"，这型坦克配有一圈浮渡围帐，设计用于在1944年6月6日发起的诺曼底登陆中为滩头步兵提供火力支援。

在"谢尔曼"凭借数量逐渐压垮西欧的敌人的同时，该型坦克在太平洋上面对日军坦克时可谓独孤求败。虽然其使用往往受到恶劣地形的限制，但"谢尔曼"还是在近距离消灭日占岛屿上的坚固堡垒的战斗中发挥了至关重要的作用。

▲

有效射程的提升

相比装备低初速75毫米（3英寸）坦克炮的早期型"谢尔曼"，配备17磅反坦克炮的"萤火虫"对德军重型坦克的有效射程提升了10倍左右，拥有了与德军"虎"式和"黑豹"坦克相抗衡的能力。

诺曼底，抢滩登陆

D-DAY, THE ASSAULT

在经过长期的等待之后，盟军终于决定在1944年6月6日，执行代号"霸王"（Operation Overlord）的两栖登陆作战行动，准备一举攻破希特勒的"欧洲壁垒"。负责制定作战计划的军官们，充分认识到了在诺曼底滩头以及纵深的战斗中，移动支援火力的重要性。不过在1942年8月进行的迪耶普突袭行动中，虽然体现了坦克对登陆步兵的关键支援作用，但也充分暴露出了向滩头部署坦克的困难。

英军将领珀西·霍巴特迎难而上，他所指挥的第79装甲师研制了多种专用的装甲战斗车辆，其中最为引人注目的便是DD型"谢尔曼"坦克，这型坦克在车体周围安装有一副帆布制浮渡围帐，且配备有水上推进装置。DD坦克可以在水上航行一段距离，在登陆后将推进装置抛弃，拆下围帐便可投入战斗。而在盟军部队在诺曼底站稳脚跟

▼
"带妆彩排"

1942年，法国迪耶普，德军士兵正走向1辆被抛弃的"丘吉尔"步兵坦克。盟军在诺曼底登陆中充分汲取了迪耶普突袭行动的教训。

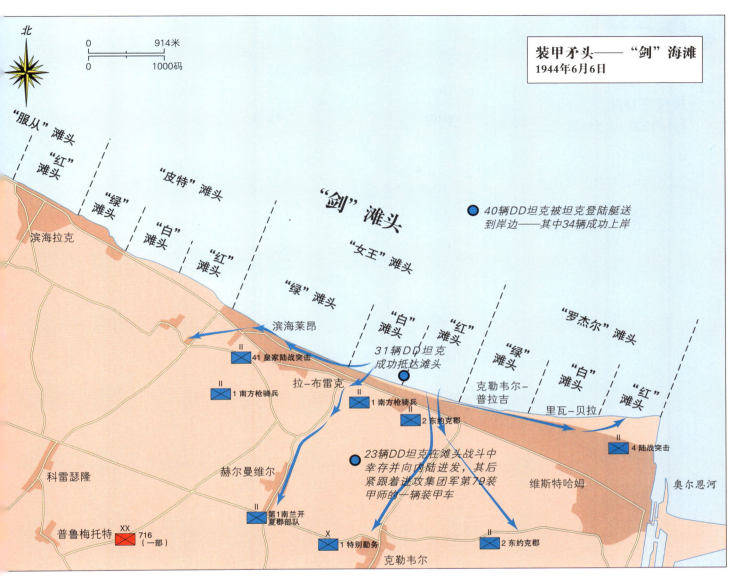

北

0 ——— 914米
0 ——— 1000码

装甲矛头——"剑"海滩
1944年6月6日

"服从"滩头
"红"滩头
"皮特"滩头
"绿"滩头
"白"滩头
"红"滩头
"绿"滩头

"剑"滩头

"女王"滩头

● 40辆DD坦克被坦克登陆艇送到岸边——其中34辆成功上岸

滨海拉克

"白"滩头
"红"滩头
"绿"滩头
"白"滩头
"红"滩头

"罗杰尔"滩头

滨海莱昂

[II] 41 皇家陆战突击

31辆DD坦克成功抵达滩头 ●

克勒韦尔－普拉吉

[II] 1 南方枪骑兵

拉－布雷克

里瓦－贝拉

[II] 1 南方枪骑兵

[II] 2 东约克郡

[II] 4 陆战突击

赫尔曼维尔

23辆DD坦克在滩头战斗中幸存并向内陆进发,其后紧跟着进攻集团军第79装甲师的一辆装甲车 ●

维斯特哈姆

奥尔恩河

科雷瑟隆

[II] 第1南兰开夏郡部队

[XX] 716 (一部)
普鲁梅托特

[X] 1 特别勤务

[II] 2 东约克郡

克勒韦尔

之后,普通坦克便可直接从滩头上岸,在随后的战斗中,随着盟军逐步解放欧洲大陆上的主要港口,坦克便可以从这些港口直接卸载。

水上"谢尔曼"

为了实施"霸王"行动,盟军准备了多达10个营的DD"谢尔曼"坦克。根据计划,这些坦克将从距离岸边3千米(2英里)的登陆艇上驶入海中,随后直接开往海岸,攻击德军的滩头阵地。而在实战中,虽然海况较为恶劣,负责支援英军"剑"和"金色"滩头的DD坦克却表现得相当出色,在战斗中有8辆坦克在"金色"海滩外的海上沉没,另有部分坦克被德军反坦克炮击毁。虽然遭受了损失,但这些隶属于舍伍德义勇游骑兵团(Sherwood Rangers Yeomanry)和第7皇家禁卫龙骑兵团(7th Royal

▲
登陆支援
专门为登陆研制的DD型"谢尔曼"坦克在1944年6月6日的诺曼底登陆行动中取得了不同程度的成功。由于恶劣的海况,一些DD坦克在渡海过程中被卷走。

诺曼底登陆
1944年6月6日至13日

盟军控制区

■	6月6日午夜时战线
■	6月13日午夜时战线

盟军的进展

在诺曼底登陆发起1周后，盟军部队得以向内陆继续发展；不过在突破诺曼底地区绵密的树篱，进入开阔地之前，盟军还需经历多周的苦战。

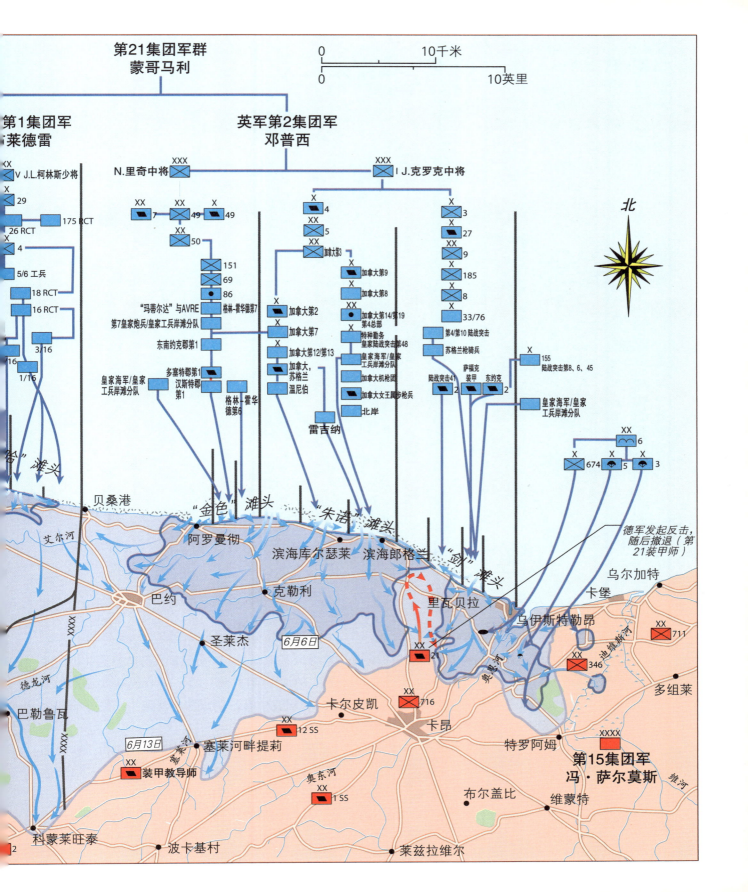

第21集团军群
蒙哥马利

0 — 10千米
0 — 10英里

第1集团军
布莱德雷

英军第2集团军
邓普西

N.里奇中将 XXX

I J.克罗克中将 XXX

北

V J.L.柯林斯少将 XX

29 X

175 RCT

26 RCT

4 X

5/6 工兵

18 RCT

16 RCT

3/16

/16

1/16

7 XX   49 XXX   49 X

50 XX

151

69

86

"玛蒂尔达"与AVRE
第7皇家炮兵/皇家工兵岸滩分队
东南约克郡第1

多塞特郡第1
汉斯特郡第1

皇家海军/皇家
工兵岸滩分队

格林-霍华德第7

格林-霍华
德第6

4 X

5 XX

加拿大第3 XX

加拿大第9

加拿大第8

加拿大第14/第19 X

第4总部

加拿大第2 X

加拿大第7 X

加拿大第12/第13 X

加拿大,
苏格兰
温尼伯

雷吉纳

特种勤务
皇家陆战突击第48
皇家海军/皇家
工兵岸滩分队
加拿大机枪团

加拿大女王属步枪兵 X

北岸

3 XXX

27 X

9 XX

185

8 XX

33/76

第4/第10 陆战突击

苏格兰枪骑兵

陆战突击第41 X   2

萨福克
装甲   2

东约克
2

155 X

陆战突击第8、6、45

皇家海军/皇家
工兵岸滩分队

6 XX

674 X   5 X   3 X

"犹他"滩头

贝桑港

"金色" 滩头

"朱诺" 滩头

"剑" 滩头

艾尔河

阿罗曼彻

滨海库尔瑟莱

滨海郎格兰

德军发起反击,
随后撤退(第
21装甲师)

乌尔加特

卡堡

乌伊斯特勒昂

巴约

克勒利

圣莱杰

6月6日

里瓦贝拉

迪维斯河

711 XX

346 XX

21 XX

德龙河

巴勒鲁瓦

卡尔皮凯

716 XX

多组莱

卡昂

特罗阿姆

奥恩河

12 SS XX

6月13日

塞莱河畔提莉

装甲教导师 XX

奥东河

1 SS XX

科蒙莱旺泰

波卡基村

莱兹拉维尔

布尔盖比

维蒙特

第15集团军
冯·萨尔莫斯 XXXX

图例:

"古德伍德"行动
1944年7月18日至22日

→ 7月18日英军和加拿大军队的推进方向

⇢ 7月18日加拿大装甲部队推进方向

—— 7月18日战线

—— 7月18日24:00时的战线

—— 7月21日拂晓时的战线

马蒂尼　贝努维尔　奥尔恩运河　阿弗雷维尔　佩蒂维尔

比埃维尔伯维尔　布列维尔　巴旺

奥兰河畔布兰维尔　兰维尔　埃鲁维莱特　巴旺森林　布雷斯森林

埃鲁维尔圣克莱　艾斯克维尔

第2,加拿大　科龙贝勒　图夫勒维尔　特洛恩

卡昂　第3,加拿大库弗韦尔　代穆维尔　桑奈维尔　班纳维尔

吉贝尔维尔　圣派尔

第2,加拿大　蒙德维尔　艾米维尔

瓦瑟勒

卢维尼　奥尔恩河　皇家康奈尔　卡尼　北

伊夫斯　弗赖内维尔　维蒙特

于贝尔福利耶　布尔盖布斯

富盖罗莱比利　272　1 SS　蒂利拉康帕尼　12 SS

0　1千米
0　1英里

▲
"古德伍德"行动的进展

虽然盟军指挥层打算在D–Day当天夺占卡昂，但德军依旧坚守了这座城市近一个月之久。盟军曾多次试图夺占卡昂，但被反复击退。虽然盟军在"古德伍德"行动中终于夺取了卡昂，但付出了相当高昂的代价。

Dragoon Guards）的两栖坦克还是成功夺取了德军据点并协助步兵部队打通并扩大滩头阵地。在"朱诺"滩头，装备DD坦克的加军第1骠骑兵团（1st Hussars）协助加军第7步兵旅向内陆进发，该团出动的29辆坦克中有21辆成功抵达滩头，另外的部分坦克则因为海况恶劣，未能成功登陆。

在"犹他"海滩登陆的美军部队仅遭到轻微抵抗，这一定程度上是由于登陆部队的实际上岸地点距离原定登陆滩头有一定距离。虽然德军岸防炮火击沉了1艘运输船，并导致船上的4辆DD坦克与船同沉，但另外27辆DD坦克成功登陆。

"奥马哈"滩头在登陆过程中遭到了最为猛烈的抵抗，美军第1和第29步兵师

在德军的猛烈炮火下只占领了一小块滩头阵地。滩头的危急形势让美军登陆部队指挥官奥马尔·布莱德雷一度打算从"奥马哈"滩头撤离。负责支援这座海滩的美军第741和第743坦克营装备的64辆DD"谢尔曼"坦克也遇到了麻烦。第741坦克营装备的29辆DD坦克在距离滩头还有5千米（3英里）的位置上就被放入水中，其中的27辆沉入了英吉利海峡的海底。所幸，第741坦克营残存的两辆坦克和743坦克营全营成功登上了滩头，缓解了"奥马哈"滩头的战况。

守军的内斗

　　德军高级指挥层对于如何运用装甲预备队的争论在实际有利于盟军的诺曼底登陆行动。指挥诺曼底地区守军的埃尔温·隆美尔元帅主张尽快投入装甲师对盟军滩头阵地发起进攻，将敌人赶回海里。西线德军总司令格尔德·冯·龙德施泰特元帅则希望将大部分装甲部队留作预备队，在盟军部队大量上岸之后将其一举歼灭。更糟糕的是，希特勒直接将大多数德军装甲师的指挥权控制在自己手中，并宣布没有他的直接命令，不得投入行动。

▼
抛锚的"谢尔曼"
在D-Day后不久，一辆被抛弃在奥马哈滩头的"谢尔曼"坦克，炮塔上的车顶舱门大开着。打算用于支援诺曼底滩头登陆的DD型"谢尔曼"在航渡时遭遇了猛烈的涌浪，导致其中多辆被卷入海底。

6月6日登陆发起当天，希特勒甚至不相信盟军选择了诺曼底、而不是加莱作为真正的登陆场。在盟军部队登上滩头的同时，大多数德军装甲部队正被留作预备队。在登陆当天，仅有第21装甲师的部分部队能够对盟军发动形成实际威胁的装甲反突击，且直到当天下午才开始行动。16:00整，德军发起反攻。德军坦克一度反击至位于英吉利海峡海滨的滨海利翁（Lion-sur-Mer），但此时天色已晚，且已经没有足以扩大胜利的预备队。德军就此与击败西线盟军的最佳机会失之交臂。

攻占卡昂

盟军指挥官曾过于乐观地估计能够在登陆当天夺取诺曼底地区的交通与运输枢纽卡昂。但由于德军的顽强抵抗，与"剑"滩头的缓慢进展，英军部队并未在当天夺取这一目标。此后的6周中，德军依然控制着卡昂，双方为了夺取这座城镇，爆发了包括"埃普索姆"（Operation Epsom）行动和"查恩伍德"（Operation Charnwood）行动，在内的一系列血腥战斗。直到7月17日至20日的"古德伍德"（Operation Goodwood）行动，英军才成功夺取这座城镇。

在卡昂近郊，英军第8军在理查德·奥康纳（Richard O'Connor）将军的指挥下，出动第7、第11和禁卫装甲师的装甲部队，英军第1军在J.T.克罗克（J.T. Crocker）的指

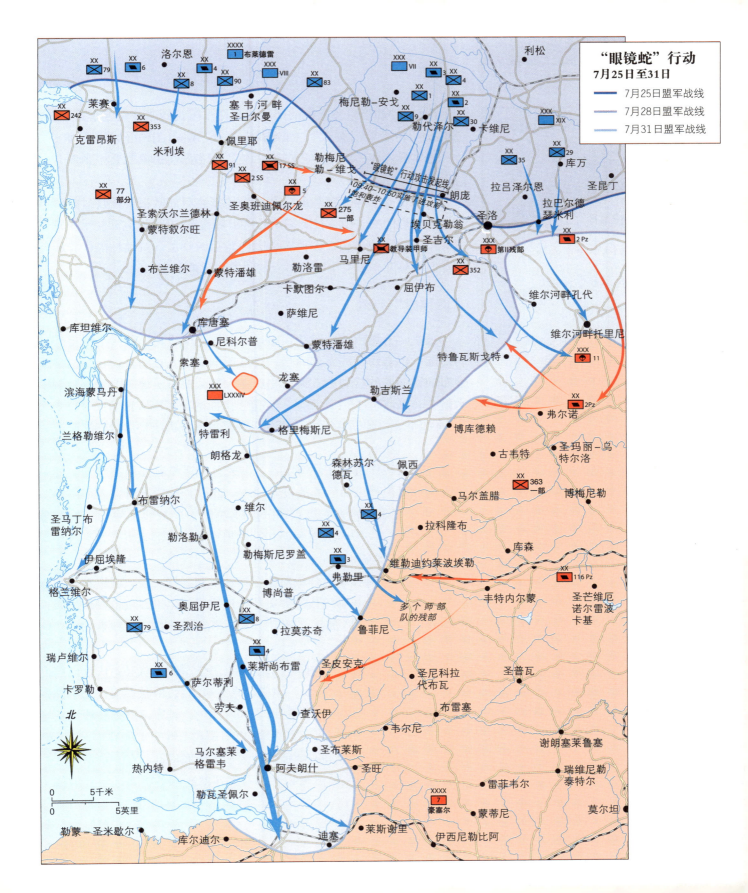

"眼镜蛇"行动
7月25日至31日

7月25日盟军战线
7月28日盟军战线
7月31日盟军战线

利松

布莱德雷
洛尔恩
79
6
4
90
VIII
83
VII
3
4
莱赛
242
梅尼勒-安戈
1
XIX
克雷昂斯
353
塞韦河畔
圣日尔曼
佩里耶
9
2
30
勒代泽尔
卡维尼
米利埃
勒梅尼
勒-维戈
35
29
库万
91
17 SS
圣昆丁
2 SS
"眼镜蛇"行动攻击发起线
拉吕泽尔恩
77
部分
275
一部
10:40—10:50实施了进攻前
圣索沃兰德林
圣奥班迪佩尔龙
朗庞
炮击和轰炸
拉巴尔德
瑟米利
蒙特叙尔旺
马里尼
圣吉尔
埃贝克勒翁
2 Pz
圣洛
布兰维尔
教导装甲师
第II残部
蒙特潘雄
勒洛雷
屈伊布
352
维尔河畔孔代
库坦维尔
卡默图尔
萨维尼
库唐塞
尼科尔普
蒙特潘雄
特鲁瓦斯戈特
维尔河畔托里尼
11
索塞
龙塞
勒吉斯兰
2Pz
滨海蒙马丹
LXXXIV
弗尔诺
兰格勒维尔
特雷利
博库德赖
古韦特
圣玛丽-乌
特尔洛
朗格龙
格里梅斯尼
森林苏尔
德瓦
佩西
马尔盖腊
363
一部
博梅尼勒
圣马丁布
雷纳尔
布雷纳尔
维尔
拉科隆布
库森
格兰维尔
勒洛勒
勒梅斯尼罗盖
4
116 Pz
伊屈埃隆
4
弗勒里
维勒迪约莱波埃勒
多个师部
队的残部
圣芒维厄
诺尔雷波
卡基
瑞卢维尔
79
8
博尚普
3
丰特内尔蒙
圣皮安克
卡罗勒
圣烈治
拉莫苏奇
鲁菲尼
圣尼科拉
代布瓦
圣普瓦
4
莱斯尚布雷
圣布雷斯
布雷塞
6
萨尔蒂利
韦尔尼
谢朗塞莱鲁塞
北
劳夫
查沃伊
圣旺
瑞维尼勒
泰特尔
雷菲韦尔
莫尔坦
0   5千米
马尔塞莱
格雷韦
阿夫朗什
7
豪塞尔
蒙蒂尼
0   5英里
热内特
勒瓦圣佩尔
勒蒙-圣米歇尔
库尔迪尔
莱斯谢里
伊西尼勒比阿

"总计"行动 (Operation Totalize)

1944年8月7日至11日

——— 8月7日盟军战线

——— 8月8日盟军战线

——— 8月11日盟军战线

——— 德军预备队阵地

- - - 德军防御区

✳ 8月7日夜间轰炸目标

✴ 8月8日昼间轰炸目标

▶▶

"总计"行动

1944年8月，以加拿大部队为主力的盟军部队发起了一场试图切断诺曼底方向德军退路的行动。法莱斯攻势最终让至少50000名德军士兵沦为战俘。

挥下出动第3和第51步兵师的部队，与德军精锐的武装党卫军第1"阿道夫·希特勒警卫旗队"（Liebstandarte Adolf Hitler）装甲师，第12"希特勒青年"（Hitler Youth）装甲师和国防军第21装甲师展开激战。

虽然遭受了盟军猛烈的空袭，但德军装甲部队很快恢复过来并迅速投入激烈的战斗中。仅英军第11装甲师就有126辆坦克和装甲车辆在战斗中被击毁或击伤，但德军也因为盟军的空袭和机动性能优异的英军"谢尔曼"，损失了数量不少的"虎"式重型坦克。

"眼镜蛇"行动

虽然"古德伍德"行动到底是否取得完全成功仍是一个值得探讨的话题，但必须要注意到的是，在这场不尽如人意的，旨在杀出树篱遍布的诺曼底的行动中，英军和加拿大部队面对了德军的大部分装甲力量——总计超过6个装甲师。而位于南面的美军部队正面仅有11个兵力不足的师，且其中仅2个装甲师。鉴于这一情况，盟军指挥官决定将力量转移到美军战区内的突破行动上。

"眼镜蛇"行动可以被视作是旨在一锤定音，彻底打破诺曼底僵局的行动。如果成功，盟军就有机会弥补已经严重滞后的战役时间表。此次行动紧接着"古德伍德"行动发起，数以百计的盟军轰炸机在长度仅6千米（4英里）的战线上发动了饱和轰炸，随后美军第1集团军的2个军——第7军和第19军的坦克和步兵部队将开始突破德军防线，并最终冲入树篱后方的开阔地。

1944年7月25日，超过3000架美军轰炸机对德军阵地发动轰炸，导致装甲教导师遭遇严重损失。装甲教导师和第5伞兵师的残部对美军的进攻展开阻击，攻击发起当天，美军第1步兵师和第2装甲师开始投入战斗。随后，美军第8军下辖的第8和第90步兵师也加入战斗。

在72小时内，美军部队就肃清了德军的有组织抵抗，3个军的部队开始快速向前推进。此时的德军面临着将要遭到包围的局面，但武装党卫军第2装甲师和第17装甲掷弹兵师还是设法向盟军发起了反击。仅在短短不到1周的时间内，美军部队就让西线战场从静态僵持转入快速运动战阶段。8月1日，美军第3集团军在个性突出的乔治·S.巴顿将军的指挥下主动出击，很快该集团军的7个师就冲入了诺曼底南部和布列塔尼地区。英军和加拿大军队也开始向南取得实质进展，且加拿大军队正准备将数以千计的德军包围在诺曼底地区。

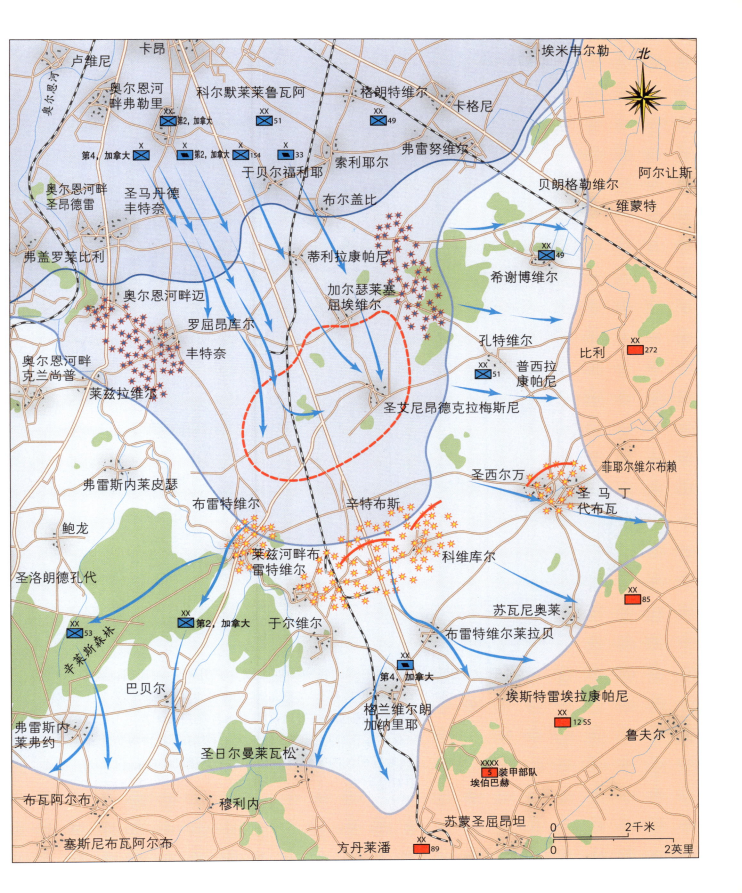

卡昂　　　　　　　　　　　　　　　埃米韦尔勒　　北
卢维尼
奥尔恩河
　　　奥尔恩河　科尔默莱莱鲁瓦阿　　格朗特维尔
　　　畔弗勒里　　　　　　　　　　　　卡格尼
　　　　　第2，加拿大　　51　　　　　49　　　　　阿尔让斯
第4，加拿大　　第2，加拿大　154　　33　　　　弗雷努维尔　　　　维蒙特
　　　　　　　　　　于贝尔福利耶　索利耶尔　　　贝朗格勒维尔
奥尔恩河畔　圣马丹德　　　　　　　　布尔盖比
圣昂德雷　　丰特奈
弗盖罗莱比利　　　　　　　　　　蒂利拉康帕尼　　　　　49
　　　　　　　　　　　　　　　加尔瑟莱塞　　希谢博维尔
　　奥尔恩河畔迈　　　　　　　　屈埃维尔
　　　　　罗屈昂库尔　　　　　　　　　　孔特维尔　　　比利　　272
奥尔恩河畔　　　丰特奈　　　　　　　　　　普西拉
克兰尚普　　　　　　　　　　　　　　　51　康帕尼
莱兹拉维尔　　　　　　　　　　　　圣艾尼昂德克拉梅斯尼
　　　　　　　　　　　　　　　　　　　　　　　菲耶尔维尔布赖
　弗雷斯内莱皮瑟　　　　　　　　　圣西尔万　　圣马丁
　　　　　布雷特维尔　　辛特布斯　　　　　　代布瓦
鲍龙　　　　　　　　　　　　　　科维库尔
圣洛朗德孔代　　　莱兹河畔布
　　　　　　　雷特维尔　　　　　　　　　苏瓦尼奥莱
　　　53　　　第2，加拿大　　　布雷特维尔莱拉贝　　　　85
辛莱斯森林　　　　　于尔维尔
　　　　　　　　　　　　第4，加拿大
巴贝尔　　　　　　　　　埃斯特雷埃拉康帕尼
弗雷斯内　　　　　格兰维尔朗　　　　　12 SS　鲁夫尔
莱弗约　　　　　加纳里耶
　　　　圣日尔曼莱瓦松　　　　装甲部队
　　　　　　　　　　　　　5　埃伯巴赫
布瓦阿尔布　　穆利内　　　　　　　　　　0　　　　2千米
塞斯尼布瓦阿尔布　　方丹莱潘　　89　苏蒙圣屈昂坦　0　　　　2英里

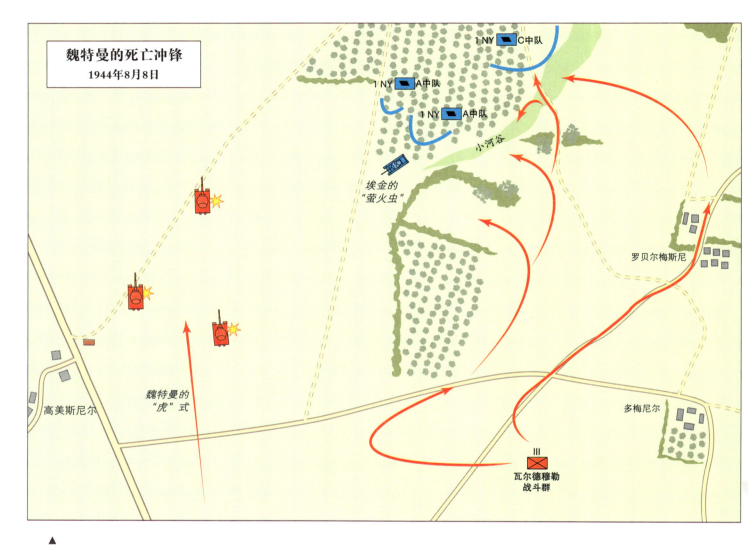

魏特曼的死亡冲锋
1944年8月8日

1 NY C中队
1 NY A中队
1 NY A中队
小河谷
埃金的
"萤火虫"
罗贝尔梅斯尼
魏特曼的
"虎"式
高美斯尼尔
多梅尼尔
III
瓦尔德穆勒
战斗群

▲
魏特曼之死

德军"虎"式坦克王牌
魏特曼究竟是丧命于谁
手一直存在着些许争
议。他在于桑托镇附近
战斗时阵亡，当时在附
近作战的盟军地面部队
分别隶属于第1北汉普夏
郡自由民骑兵团和舍尔
布鲁克燧发枪团。

"法莱斯开水锅"

　　到8月中旬，巴顿的第3集团军已经横扫阿夫朗什，并抵达阿让唐。美军第1集团军，尤其是其建制下的第30步兵师，在莫尔坦成功打退了德军代号"吕蒂希"（Operation Lüttich，吕蒂希就是比利时城市列日的德语名字——译者注）行动的反击作战。与此同时，英军第1集团军则原地固守，加拿大第1集团军正以极为艰难的步伐从北面封闭位于小村法莱斯附近的包围圈缺口。在亨利·克里勒（Henry Crerar）将军的指挥下的加拿大第1集团军是一支名副其实的多国部队，该集团军下辖有法国第2、波兰第1、加拿大第4装甲师，以及美军第90步兵师和加拿大第2步兵师。

在8月8日发起的"总计"行动（Operation Totalize）中，加拿大第1集团军夺取了法莱斯以北的高地，并由此封闭了德军第7集团军和第5装甲集团军的逃跑路线。在猛烈的空中轰炸支援下，盟军地面部队顶着德军武装党卫军第12装甲师和第101"虎"式重坦克营的压力继续向前推进。加拿大和波兰军队未能夺占法莱斯村，但成功夺取了数座位于附近的关键阵地。在"总计"行动失去势头后，盟军步兵部队依然在向前推进，巩固战果。但包围圈上的缺口一直没能彻底封闭。

为了彻底封闭法莱斯包围圈而实施的总攻——"温顺"行动 (Operation Tractable)于8月14日发起，加军第4装甲师和波兰第1装甲师作为突击力量投入战斗。德军武装党卫军第102重坦克营的"虎"式坦克曾一度阻滞了盟军的进展。到8月17日时，德军指挥官瓦尔特·莫德尔元帅终于下令法莱斯包围圈内的部队实施总撤退，武装党卫军第2装甲军的部队做出自我牺牲，死守逃生走廊，而加军第2步兵师的部队则已经占领了法莱斯镇。

3天后，加军部队攻占塔恩村，从而完成了对法莱斯周围德军的实质包围。波军第1装甲师的各战斗队一马当先，成为加拿大第1集团军的先头部队。不过此时包围圈上仍有几条通道尚未封闭，尤其是波军阵地附近的，位于奥美尔山岭（Mount Ormel Ridge）一带的一条走廊。波军第1装甲师一度与美军部队会师，但由于没有足够的兵力，德军第2、第9、第10装甲师和武装党卫军第12装甲师，以及第116步兵师的部队还是让这条通道再度开放了6个小时左右，从而让数以千计的德军士兵逃出生天。

最终，法莱斯包围圈还是在8月21日白天彻底封闭。波军部队当天在奥美尔山岭打退德军多次进攻，并向山下撤退的德军部队倾泻了如雨点般的炮火，但该部未能彻底切断德军的撤退通道。波军部队的阵地被加拿大第1集团军用作了基地，第1集团军的其他部队以此为依托联系了起来，其中加拿大第4装甲师在库达尔与波军的会师彻底系紧了套在德军绳子上的绞索。

惨重的损失

虽然盟军在全力之下依然未能彻底封死法莱斯缺口，让数以千计的德军得以向东逃脱，但据估计，德军在法莱斯一带有约100000名士兵阵亡或被俘，其中阵亡人数高达15000人。德军的战斗力同样受到了严重挫伤，损失坦克近350辆，另损失了多达2400辆其他车辆和250门火炮。德军多个师的人员减员和装备损失达到70%以上。8月25日，盟军部队解放巴黎，"霸王"行动也就此迎来尾声。

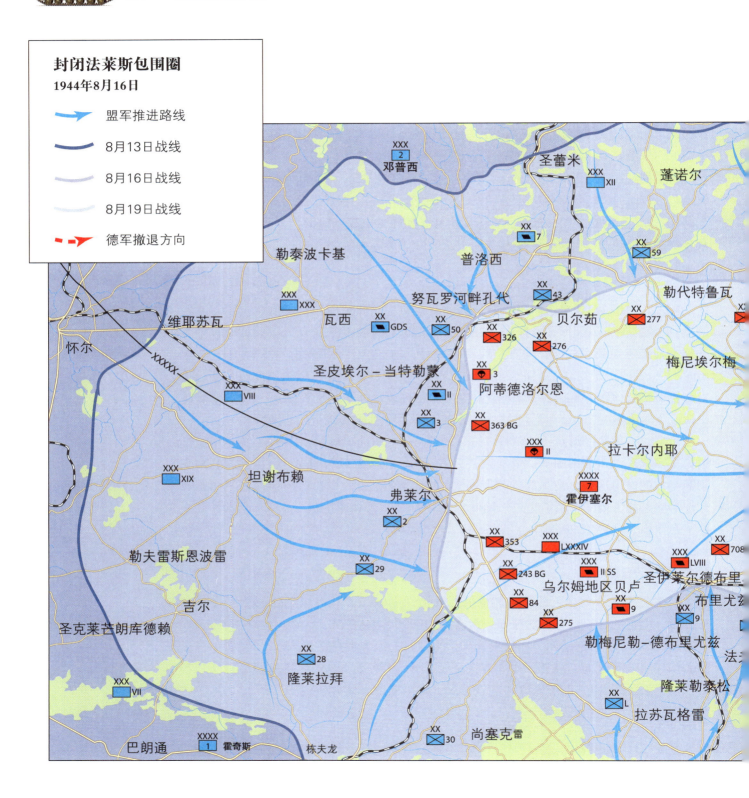

封闭法莱斯包围圈

1944年8月16日

→ 盟军推进路线

── 8月13日战线

── 8月16日战线

── 8月19日战线

▬▶ 德军撤退方向

法莱斯包围圈

英联邦军队在从北面封闭法莱斯包围圈的战斗中行动迟缓，同时德军还死守住了包围圈南面的阿让唐。虽然遭受盟军炮兵和空袭火力的猛烈打击，仍有成千上万的德军士兵侥幸逃脱。

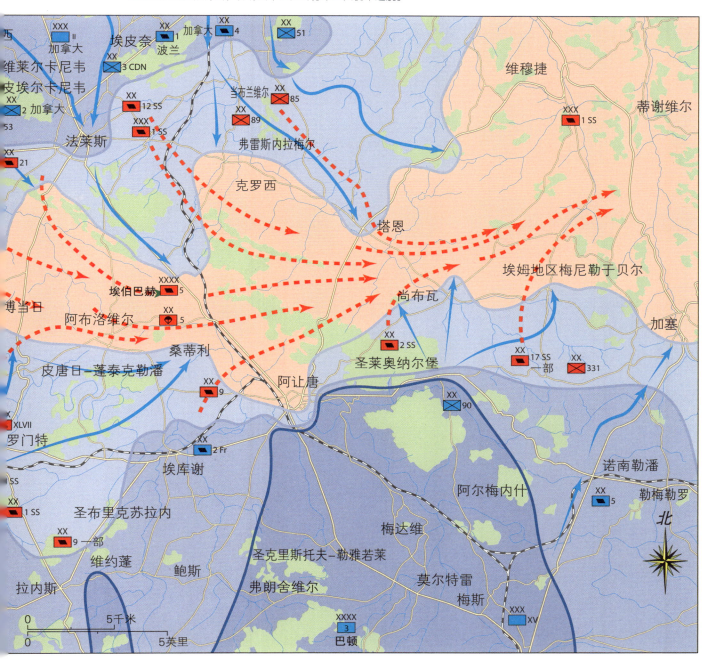

"市场花园"行动，1944年

MARKET GARDEN 1944

MARKET GARDEN 1944

▶▶

市场花园行动中的空投行动

在市场花园行动刚开始的时候，原始的空中状况相对平稳；然而，形势在阿纳姆迅速恶化，在那里，英国第1空降师与2个德军 SS装甲师意外相遇。

在1944年召开的，关于如何突破第三帝国防线的会议上，英军伯纳德·蒙哥马利元帅提出，通过发动一场空降-地面联合行动，盟军有机会在圣诞节前结束第二次世界大战。

并不以冒险而闻名的蒙哥马利此次却提出了这个代号"市场花园"的大胆行动。盟军此次将投入3个空降师——英军第1空降师，美军第82和第101空降师，这3个师将负责夺取横跨马斯河、瓦尔河以及荷兰境内莱茵河上的大桥，便坚守这些桥梁直至英军第30军的装甲部队抵达，而确保了交通要道的装甲部队则可以全速前进，并巩固这些阵地。如果行动成功，盟军部队可以一举进入德国的工业核心——鲁尔河流域，从而迫使纳粹投降。

▶

小心行事

在西欧某处的一座小镇，盟军步兵正小心翼翼地利用1辆"谢尔曼"坦克为掩护向前推进。由于只有一条道路可用，且德军抵抗顽强，英军第30军在"市场花园"行动中进展缓慢。

痛苦的推进

　　1944年9月17日，空地行动同时展开，且在行动之初进展顺利。位于埃因霍温（Eindhoven）和奈梅亨（Nijmegen）的大桥被盟军成功拿下。但最为重要的目标是位于安纳海姆，横跨莱茵河的大桥，此处距离盟军战线足足有100千米（63英里）。美军空降兵成功守住了英军第30军的进攻路线（绰号"地狱公路"），但地面部队的进展极为缓慢。由于道路狭窄，且两侧极为泥泞，英军第30军的坦克和半履带车可谓步履维艰。

　　随着反应过来的德军开始阻击盟军装甲部队的推进，车身高大的英军"谢尔曼"坦克在极为明媚的阳光下成为了德军反坦克武器的绝佳靶标。同时，哪怕纵队中仅有1辆坦克瘫

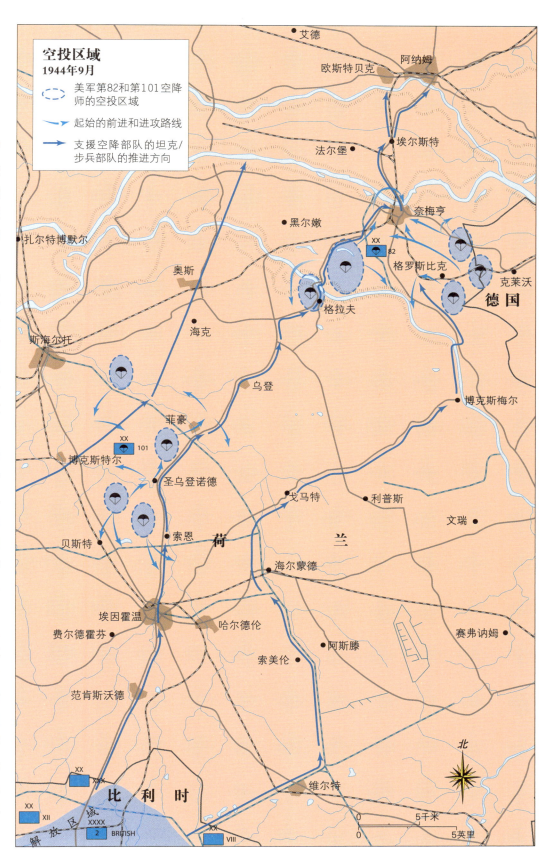

空投区域
1944年9月

美军第82和第101空降师的空投区域

起始的前进和进攻路线

支援空降部队的坦克/步兵部队的推进方向

痫，盟军也必须出动步兵扫清道路并移走瘫痪车辆，从而导致整个纵队陷入停滞。由于地面部队的进展完全跟不上计划，英军第1空降师第6空降团面临的处境开始变得越来越艰难，在安纳海姆面临着尤其巨大的压力。

安纳海姆大桥

在夺取目标后，第6空降团第2营在营长约翰·弗洛斯特（John Frost）中校的指挥下迅速占领了安纳海姆大桥北侧的桥头阵地。早在"市场花园"行动发起前，蒙哥马利和其他盟军指挥官就根据空中侦察拍摄的照片判断安纳海姆地区有一支德军装甲部队存在。但事实上，英军第6空降团几乎就是降落在了德军武装党卫军第9和第10装甲师的头顶，当时这2个在诺曼底遭受重创的师正在进行休整。

弗洛斯特的伞兵，约有740人，虽然缺乏这种武器但还是顶住了德军的装甲进攻长达4天之久，在遭受惨重伤亡后，因弹尽粮绝被迫投降。英军第1空降师在"市场花园"行动发起前约有10000人，行动期间伤亡率高达近80%。代价高昂的"市场花园"行动后来还被改编成了一部广受欢迎的电影——《遥远的桥》。

▼
"霞飞"参战
美国陆军在第二次世界大战后期迎来了用于替换"斯图亚特"的"霞飞"轻型坦克。"霞飞"轻型坦克的火力要显著强于此前的美军轻型坦克，装有1门75毫米（3英寸）主炮。

巴格拉季昂，1944年

BAGRATION 1944

1944年6月22日（这一天恰好是德国发动入侵苏联的"巴巴罗萨"行动的3周年纪念日），苏军以强大的4个方面军，在白俄罗斯方向，向德军中央集团军群位于白俄罗斯东部，呈南北走向的防线发动了大规模进攻。在战役的最初2天当中，苏联红军就已经在德军战线上撕开了多个决定性的缺口。随后，苏军装甲先头部队快速向德军纵深进发，并在7月4日解放了明斯克。这一轮装甲突击将德军第4集团军大部，以及第9集团军部分部队包围在博布鲁伊斯克–罗加乔夫（Bobruisk–Rogachev）一带。在更北方，苏军波罗的海第1方面军和白俄罗斯第3方面军也在7月4日当天分别夺取了重镇维特别斯克（Vitebsk）和波洛茨克（Polotsk）。在7月随

▲
突击炮中坚

一队III号突击炮正在俄罗斯境内的一条泥泞道路上跋涉。突击炮（Sturmgeschütz）可以有效执行步兵支援和反坦克任务，而且价格比1辆真正的坦克便宜。

后的时间内，作为攻势的下一个主要阶段，苏军装甲部队继续快速向西进发，打垮德军脆弱的防御，并解放了布列斯特–立托夫斯克（Brest–Litovsk），格罗德诺（Grodno），维尔纽斯（Vilnius）和德文斯克（Dvinsk）。

"祖国母亲的解放"

受到这些胜利的鼓舞，位于侧翼，原本负责为战役提供支援的苏军部队，开始进行正面进攻以扩大战果。在战线北部，苏军部队将德军北方集团军群逐出了普斯科夫（Pskov）和陶格夫匹尔斯（Daugapils）一线。21日，苏军的攻势已经导致仍然困守爱沙尼亚的德军北方集团军群与其他部队之间仅剩一条狭窄的陆路走廊（位于立陶宛的里加西南方向）连通。与此同时，位于南面的白俄罗斯第1方面军从平斯克以南区域向西进攻，解放了位于纳粹波兰总督区（General–Gouvernment of Poland）内的卢布林，并

▶▶
"巴格拉季昂"战役

1944年夏，苏军发起了"巴格拉季昂"战役，一举将德军逐出白俄罗斯的波兰东部。据估计德军在持续两个月的战役中损失高达50万人。

在拉多姆（Radom）以东抵达维斯瓦河一线。到8月下旬"巴格拉季昂"战役结束时，苏军的正面攻势与侧面牵制进攻已经将德军部队彻底赶出苏联国境，双方战线此时已经推进至东普鲁士边境以及华沙以南，位于德占波兰境内的维斯瓦河一线。苏军在战役中彻底消灭了德军26个师，杀伤德军398000人，俘虏170000人。同时，苏军还在华沙以南的维斯瓦河左岸建立起了三个极具威胁的桥头堡，1945年1月苏军将从这些桥头堡发起新一轮攻势。持续时间仅9个星期的"巴格拉季昂"战役是德军在第二次世界大战中所经历的最为惨痛的军事失败，是一场完全无法从中恢复的彻底战败。

向西推进

就在德军中央集团军群因1944年夏季苏军发起的夏季攻势而虚弱不堪之际，苏军又在东线战场的中部和南部发起了进攻。由伊万·科涅夫元帅指挥的乌克兰第1方面军在1945年1月从战线南侧发起了维斯瓦河-奥得河战役（Vistula-Oder Offensive）随后开始沿着波兰向西长驱直入，并解放了塔尔诺夫（Tarnow）和克拉克夫（Kraków）。到3月时，该方面军的部队已经夺取了位于摩拉维亚东部的俄斯特拉瓦（Ostrava）地区。在更南面，1945年春季，乌克兰第4方面军向西攻入斯洛伐克，并与当地的游击队武

▶
"铁拳"的威力

"铁拳"（Panzer-faust）手持式反坦克火箭发射器是第二次世界大战中德军的一款标准反坦克武器。其火箭弹的锥形装药弹头设计新颖，足以摧毁盟军的重型装甲车辆。

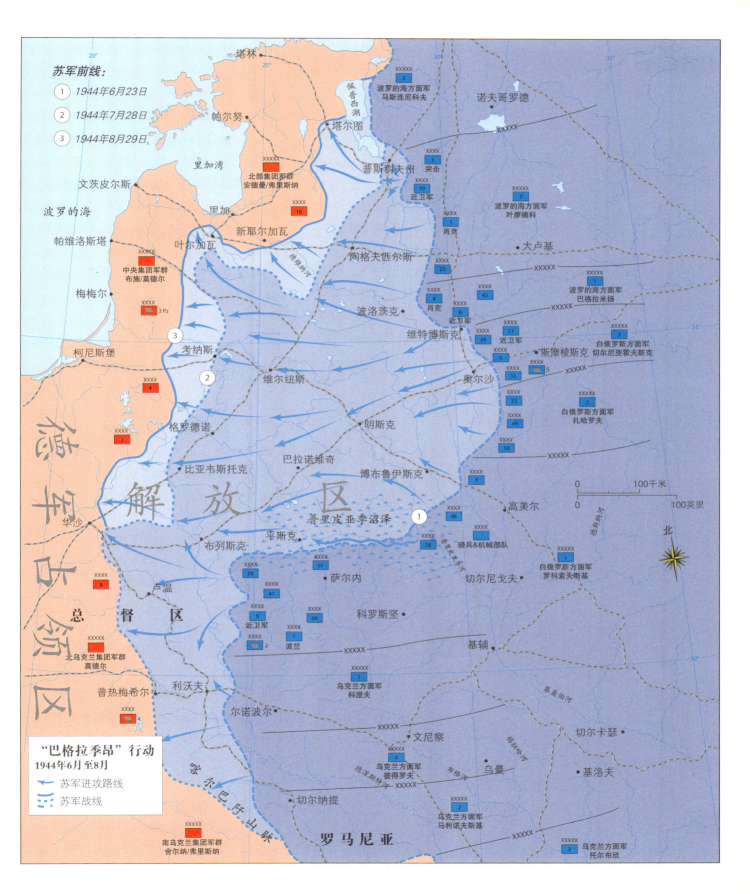

苏军前线：
① 1944年6月23日
② 1944年7月28日
③ 1944年8月29日

塔林
帕尔努
佩普西湖
塔尔图
里加湾
文茨皮尔斯
里加
新耶尔加瓦
波罗的海
叶尔加瓦
普斯科夫州
帕维洛斯塔
陶格夫匹尔斯
波洛茨克
梅梅尔
考纳斯
维尔纽斯
柯尼斯堡
格罗德诺
比亚韦斯托克
巴拉诺维奇
博布鲁伊斯克
华沙
布列斯特
平斯克
普里皮亚季沼泽
卢温
萨尔内
科罗斯坚
波兰
基辅
利沃夫
普热梅希尔
尔诺波尔
文尼察
乌曼
切尔纳提
罗马尼亚

北部集团军群
安德曼/弗里斯纳

16

中央集团军群
布施/莫德尔

3 Pz

4

2

9

XXXXX
北乌克兰集团军群
莫德尔

XXXX

XXXXX
南乌克兰集团军群
舍尔纳/弗里斯纳

3
波罗的海方面军
马斯连尼科夫

诺夫哥罗德

突击
10
近卫军

2
波罗的海方面军
叶廖缅科

3
肖克

大卢基

22

4
肖克
近卫军
6

43

1
波罗的海方面军
巴格拉米扬

维特博斯克
11
近卫军
39

3
白俄罗斯方面军
切尔尼亚霍夫斯基

斯摩棱斯克
5
31
5
奥尔沙
33
49

2
白俄罗斯方面军
扎哈罗夫

50

3
高美尔

48
骑兵&机械部队

28

61

70
47

8
近卫军
1

2
69
科罗斯坚

1
白俄罗斯方面军
罗科索夫斯基

切尔尼戈夫

1

乌克兰方面军
科涅夫

切尔卡瑟

4
乌克兰方面军
彼得罗夫

基洛夫

2
乌克兰方面军
马利诺夫斯基

3
乌克兰方面军
托尔布欣

德军占领区
解 放 区
总 督 区
喀尔巴阡山脉

0   100千米
0   100英里

北

"巴格拉季昂"行动
1944年6月至8月
→ 苏军进攻路线
⋯ 苏军战线

装建立起联系，后者已经在1944年下半年发起了反对亲德国的斯洛伐克政府的武装起义。到1945年3月，该方面军已经在德军中央集团军群的抵抗下，抵达位于莫拉维亚东南部的布尔诺–奥洛莫乌茨（Brno–Olomouc）一带。

同样在战线南部，1944年12月，由罗丁·马林诺夫斯基元帅指挥的乌克兰第二方面军一路向西进攻，击退了由步兵上将奥托·沃勒（Otto Wöhler）指挥的德军南方集团军群。在攻势期间，苏军部队将德军武装党卫军第9山地军包围在匈牙利首都布达佩斯。在1945年1月1日至27日期间，德军曾3次发动反击试图营救被围在城内，且正逐渐被苏军消灭的布达佩斯守军。随后，在3月6日至16日，德军在巴拉顿湖一线发动了代号"春季觉醒"的进攻，试图保住轴心国此时控制的最后一块油田，但由于苏军的反击，此次行动很快陷入停滞。在击退德军的反击后，苏军部队快速向西推进，包围了位于匈牙利西部的德军部队并进入奥地利境内。4月13日，苏军占领奥地利首都维也纳，随后继续沿多瑙河河谷向西北方向，并在战争快要结束时抵达了加拉茨（Graz）。

巴尔干游击战

同样是在战线的南部，1944年下半年，苏军部队快速攻入罗马尼亚境内，并与沿德拉瓦河河谷建立阵地的南斯拉夫游击队取得联系。在1945年1月，苏联、保加利亚和南斯拉夫军队开始对由陆军元帅马克西米利安·冯·魏克斯帝国男爵指挥的德军东南司令部发起进攻。该司令部此时仍控制着波斯尼亚—黑塞哥维纳（Bosnia–Herzegovina）一带，并占领了包括莫斯塔（Mostar），萨拉热窝（Sarajevo）和维舍格勒（Višegrad）在内的重要城市；在这些地区，由克罗地亚人和德国人组成的德军部队过去的几年中已经与南斯拉夫游击队展开了极为血腥的游击战争。1945年5月，在战争的最后几天中，为了避免落入共产主义阵营的战俘营，轴心国军队快速撤出了南斯拉夫。

▼
前进中的"虎"式坦克
一队令人生畏的"虎"式中型坦克正行进在俄罗斯的一条土路上。德军在良好的气象条件下一度取得了令人印象深刻的胜利；但在野战行动中，俄罗斯严酷的冬季和重型装甲车辆的保养维护问题拖慢了德军的进军速度。

突出部战役，1944年

BATTLE OF THE BULGE 1944

1944年12月16日，垂死挣扎的希特勒在西线发起了代号"莱茵河守望"（Operation Watch on the Rhine）的反击行动，突袭盟军防守薄弱的阿登地区。在花费好几个星期集结部队之后，希特勒亲自指挥3个集团军发起进攻——由武装党卫军大将约瑟夫·"赛普"·迪特里希（Josef "Sepp" Dietrich）指挥的第9装甲集团军位于攻势的北翼；由国防军哈索·冯·曼陀菲尔大将（Hasso von Manteuffel）指挥的第5装甲集团军位于中央，由埃里克·勃兰登堡（Erich Brandenberger）大将指挥的第7集团军位于南侧。3支集团军将沿着一条95千米（60英里）宽的战线发起进攻，深入比利时、法

装甲侦察车

法国某处，美军士兵们驾驶的一辆M8"灰狗"装甲侦察车在执行侦察任务期间停车小憩。M8轮式装甲车由福特汽车公司生产，从1943年春季开始投产。

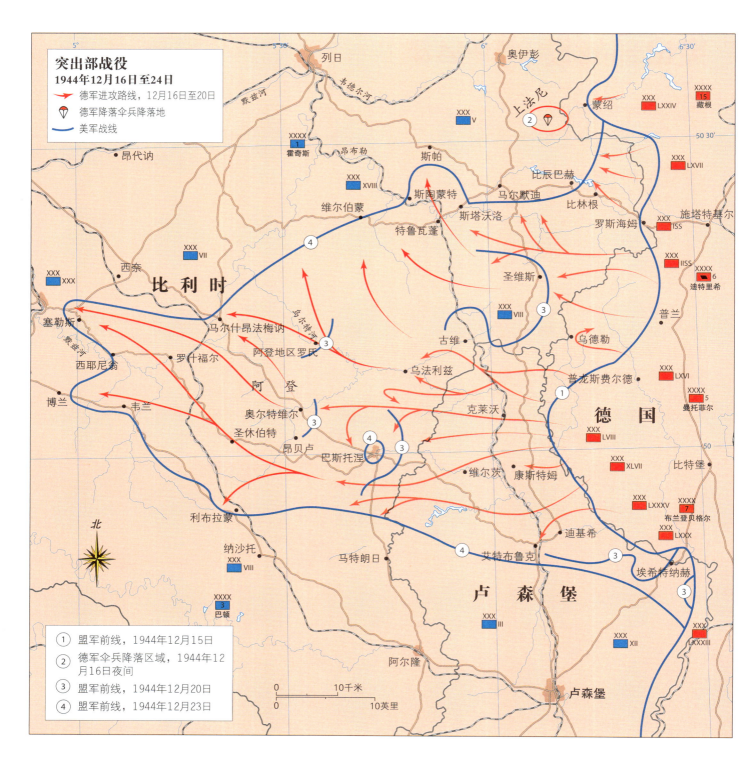

突出部战役
1944年12月16日至24日

➡ 德军进攻路线，12月16日至20日
⊗ 德军降落伞兵降落地
— 美军战线

① 盟军前线，1944年12月15日
② 德军伞兵降落区域，1944年12月16日夜间
③ 盟军前线，1944年12月20日
④ 盟军前线，1944年12月23日

国和卢森堡，夺取比利时的重要港口安特卫普，并在盟军第12和第21集团军群之间打入一个楔子。

装甲进攻

　　一场成功的冬季攻势很可能迫使盟军寻求和谈，德军于是便可以将部队调往东线，沿维斯瓦河一线展开，应对苏军的进攻。德军为这场反攻调集了275000名士兵，1800辆坦克和装甲车辆以及2000门火炮，糟糕的天气也使得盟军无法实施战术空中支援。德军在北线起初获得了一定程度的成功，美军第106师有2个团在树高林密的西尼·艾弗尔（Schnee Eifel）向迪特里希投降，但在埃尔森博恩山岭（Elsenborn Ridge）遭到了美军第99步兵师的顽强抵抗。在圣维斯（St Vith），美军第7装甲师的部分部队坚守了6天。

　　在南面，美军第9装甲师和第4步兵师挡住了勃兰登堡的进攻。随着德军的继续推进，这个包围圈两侧的德军突出部急剧扩大，"突出部之战"由此得名。在包围圈中央的道路交汇点——小镇巴斯托尼，包括第101空降师、第9和第10装甲师在内的被围部队坚守住了阵地，直到乔治·巴顿将军指挥的第3集团军前来解围。为了解救被困的友军，该集团军停止了向东推进，向北转向90度发起进攻。

阻挡德军的脚步

　　作为中路德军的先头部队，武装党卫军第2装甲师的部分部队在约阿希姆·派普党卫军旗队长（上校）的指挥下，向着横跨米乌斯河的关键桥梁挺进，但由于盟军工兵炸毁了沿途的桥梁，且不对燃料持续短缺而受阻。战后因在马尔梅迪镇（Malmédy）屠杀美军战俘而被判有战争罪的派普在12月24日接近了米乌斯河畔的迪南（Dinant），但此后再未能前进一步。

　　在盟军的顽强阻击的同时，许多德军坦克在耗尽油料后被放弃。随着天空逐渐放晴，盟军飞机也开始攻击地面目标。到1945年1月15日时，德军进攻所形成的突出部已经被全部消除。希特勒的损失可谓惨重：至少12万人阵亡或受伤，另有600辆装甲车辆被击毁。美军方面约有8万人在战斗中阵亡，受伤或被俘。

◄◄

"莱茵守望"

德军的阿登攻势并没有实现最终目标——夺取比利时重要港口安特卫普，并将盟军战线一分为二。希特勒的垂死一搏最终导致其部队与装甲车辆损失惨重。

太平洋战场，1944—1945年

THE PACIFIC 1944-1945

▼
悼念仪式

美军士兵和坦克列队肃立，纪念在冲绳和硫黄岛战役中阵亡的官兵。夺取这两座岛屿代价高昂，但也让美军拥有了进攻日本本土的落脚点。

在第2次世界大战期间，装甲部队在太平洋战场上的使用仅限于少数场合。茂密的丛林、恶劣的地形，以及长时间的降雨，都使得装甲部队难以发挥作用，而太平洋战场上陆战以大量的狭小岛屿作为主要战场更是使得大规模装甲部队根本无从展开。为了夺回太平洋上被日军占据的，星罗棋布的岛屿，美军从1942年年中便开始了耗时漫长的"跳岛登陆"作战。

在20世纪20年代到30年代的战争准备过程中，相较于西方国家，日本军方并不在意发展坦克和装甲战斗车辆。大多数日军坦克的火力和防护均严重不足。比较典型的97式中战车（Chi-Ha）仅配备1门57毫米（2¼英寸）短身管低初速火炮。该型坦克与日本在第二次世界大战中投入使用的其他坦克一样都是为了支援步兵而设计的。即便

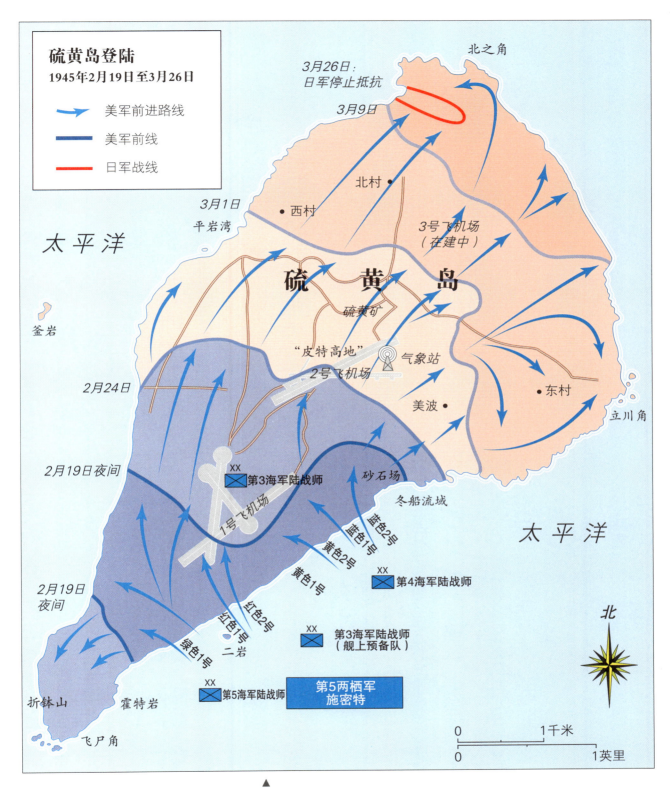

硫黄岛登陆

1945年2月，美军3个陆战师登陆硫黄岛，并在此后的1个多月中为了该岛的控制权与日军进行了殊死较量。在全岛肃清敌军之前，硫黄岛上的机场就已经投入了使用。

北

0　　　　　10千米
0　　　　　10英里

太　平　洋

伊江岛

4月20日 被陆
战6师攻克

贝濑

本部半岛

赤九山

古宇利岛

濑底岛

八真岛

多古

八重岳

平良

冲

4月

4月8日

名护

热田

久枝

4月

绳

作为预备队的第27步兵师

太　平

石川

金武湾

4月16日至21日

第77步兵师

磬城

陆战6师

III 两栖

吉格

古坚

嘉手纳

高滨岛

陆战1师

北谷

渡具知湾

陆战7师

霍奇

久场

胜连半岛

第10集团军
巴克纳

第96步兵师

玛什雷特

宜野湾

4月4日

与那

4月10日至11日

陆战6师

那霸

糖面包山

首里

4月19日

中　城

锥形山

与那原

5月21日，日军撤
离"首里防线"

湾

久高岛

第32军
牛岛

小禄半岛

那霸

与那原

知念角

丝满

奥武山

南城

攻克冲绳
1945年4月1日—6月21日

⟶ 美军进攻方向

⇢ 美军陆战2师的佯动

— 美军战线（标注有日期）

— 日军的"首里防线"

⟶ 日军反击方向

✈ 机场

喜屋武

摩文仁

陆战2师

边户岬
边户●
4月13日
陆战6师

阿●
4月19日

洋

是日本产量最大的中型坦克，97式中战车及其改进型97改中战车也总共仅生产了约3000辆。在太平洋战争初期，这些坦克的缺陷很大程度上都被日军的兵力优势以及在战斗中的势如破竹般的进攻所掩盖了。

瓜达尔卡纳尔岛与塔拉瓦环礁

从1942年8月，夺取位于所罗门群岛的瓜达尔卡纳尔岛（Guadalcanal）的战斗开始，美国陆军和海军陆战队在登陆众多的敌占岛屿的过程中通常都会部署坦克。这些装甲车辆将为登陆部队提供至关重要的火力支援。在泰纳鲁河战斗 [Battle of the Tenaru，又称"伊鲁河战斗"（Battle of Ilu River）]中，美制M3"斯图亚特"轻型坦克凭借其37毫米（$1^1/_2$英寸）坦克炮和7.62毫米（$^1/_3$英寸）机枪给予日军巨大杀伤。虽然"斯图亚特"对于欧洲战场的坦克对决而言太过轻巧，但该车在瓜达尔卡纳尔岛和其他岛礁的实战中充分胜任消灭日军机枪火力点和部队集结地的任务。

在1943年11月登陆吉尔伯特群岛的塔拉瓦环礁的战斗中，隶属于陆战队第1军军属中型坦克营C连的"科罗拉多"号（Colorado）M4"谢尔曼"中型坦克成功登上环礁，并在持续76小时的战斗中摧毁了大量日军碉堡和支撑点。日军反坦克炮射出的炮弹无法击穿"谢尔曼"的装甲，仅能在坦克表面留下跳弹所造成的柠檬黄色痕迹。

硫黄岛和冲绳

在1945年冬季和春季发起的硫黄岛登陆和冲绳登陆是太平洋战场上最为血腥的岛屿争夺战。夺取这两座岛屿对于盟军意义重大，且这两座岛屿的日军指挥官都充分运用了纵深防御战术。日本守军将整座岛屿严密要塞化，将火炮安置于洞窟内，并建造了大量混凝土强化的碉堡和工事。

虽然在狭窄地形上的作战使得美军坦克经常要冒着敌军地雷、反坦克炮甚至执行自杀式任务的日军步兵反坦克小队的威胁战斗，但它们还是在与日军工事的较量中占得上风。配备75毫米（3英寸）主炮的M4"谢尔曼"坦克被用作移动炮兵，在近距离"点名"日军坚固工事。安装有火焰喷射器的特种型号"谢尔曼"坦克也会通过喷吐"火舌"让日军碉堡和机枪工事"安静下来"。

◀◀
夺取冲绳

对于美国海军陆战队和陆军而言，冲绳之战都是一段痛苦的回忆，每前进一步都要付出很多代价。冲绳岛距离日本本岛仅550千米（340英里），因此可以被视作日本本岛的门户。

第三帝国的覆灭：1945年5月

THE FALL OF THE REICH MAY 1945

▶▶

强渡莱茵河

1945年3月，美军第1集团军的部队在雷马根一带夺取了鲁登道夫大桥。在大桥被炸塌前，盟军坦克和步兵已经顺利通过大桥，在莱茵河右岸建立起了第一座桥头堡。

强渡莱茵河
1945年3月

 盟军在莱茵河的渡河点

 盟军进攻方向

 盟军战线

 被围德军

 盟军空降区

盟军战线：

① 1945年3月22日至28日

② 1945年4月4日

③ 1945年4月18日

1945年春季，第三帝国的命运已经注定。由吉奥尔吉·K.朱可夫元帅指挥的苏军白俄罗斯第1方面军和伊万·科涅夫元帅指挥的乌克兰第1方面军此时正摩拳擦掌，准备夺下德国首都柏林。为了寻求快速取得胜利，同时也是为了政治宣传，苏联领导人约瑟夫·斯大林让两个方面军发起竞赛，争夺最后的胜利。

苏军意图发起一场规模宏大的钳形攻势彻底合围柏林。柏林守军约有100万人，但其中许多都是尚未康复的伤员、希特勒青年团的半大孩子，以及"人民冲锋队"的老年人。苏军机械化部队从东面强攻塞洛高地（Seelow Heights），但遭遇了配备有致命的锥形装药肩扛式"铁拳"反坦克榴弹发射器的德军"坦克杀手"小组。

虽然苏军在战斗中损失了数以百计的T–34中型坦克和"约瑟夫·斯大林"（IS）重型坦克，但苏军依然沿柏林城区的街道上向前推进，逐步消灭那些曾经是纳粹政府部门所在地的坚固防御工事。由于战斗异常激烈，苏军甚至不得不逐屋展开厮杀，肃清里面的守军。由于城镇街道地形狭窄，苏军坦克往往施展不开，无法充分发挥作用。虽然此时德军装甲部队已经几乎消灭殆尽，但狂乱的希特勒仍在人生的最后时光中向着许多早已被歼灭的部队发号施令。

随着苏军逐步收紧对柏林的绞索，数以千计的德军士兵和难民开始向西逃亡，以免落入充满复仇怒火的苏军手中。西方盟国部队跨过了莱茵河，并在易北河畔的托尔高与苏军会师。5月1日，纳粹"元首"自杀身死，红色的镰刀锤子旗帜飘扬在国会大厦上空。

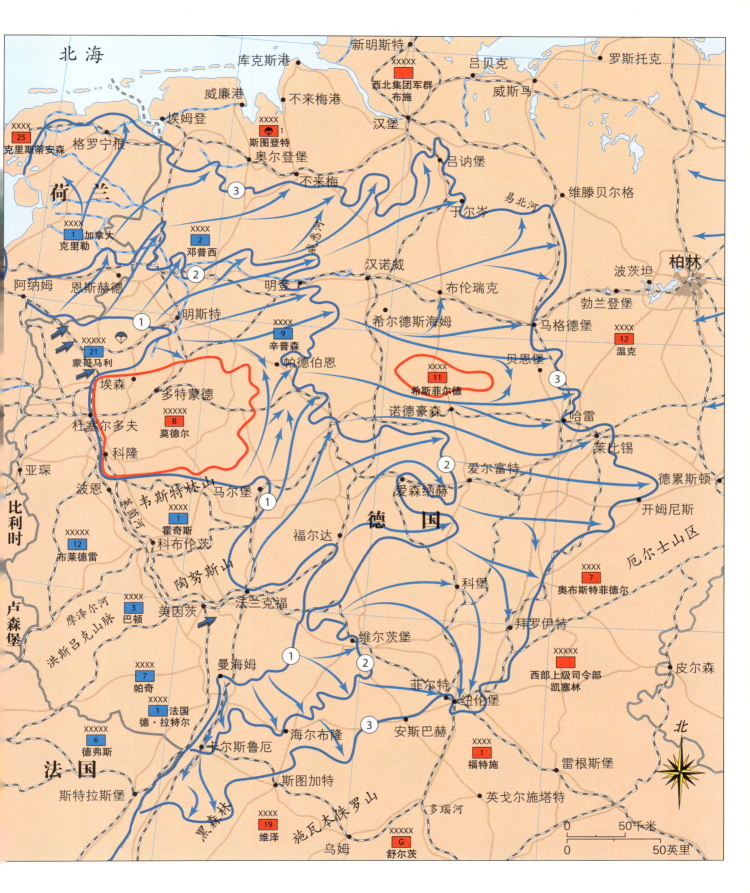

北海

新明斯特

库克斯港

罗斯托克

吕贝克

威斯马

威廉港

不来梅港

XXXX
西北集团军群
布施

汉堡

XXXX
25
克里斯蒂安森

格罗宁根

埃姆登

XXXX
斯图登特
奥尔登堡

不来梅

吕讷堡

千尔岑

易北河

维滕贝尔格

荷 兰

3

明登

柏林

阿纳姆

恩斯赫德

明斯特

汉诺威

波茨坦

XXXX
1
加拿大
克里勒

XXXX
2
邓普西

2

布伦瑞克

勃兰登堡

希尔德斯海姆

马格德堡

XXXX
12
温克

1

XXXX
21
蒙哥马利

XXXX
9
辛普森

帕德伯恩

XXXX
11
希斯菲尔德

贝恩堡

3

埃森

多特蒙德

诺德豪森

哈雷

杜塞尔多夫

XXXXX
B
莫德尔

莱比锡

科隆

韦斯特林山

马尔堡

1

爱尔富特

2

德累斯顿

波恩

鲁尔河

爱森纳赫

开姆尼斯

亚琛

XXXX
1
霍奇斯
科布伦茨

福尔达

德 国

厄尔士山区

陶努斯山

XXXXX
12
布莱德雷

科堡

XXXX
7
奥布斯特菲德尔

摩泽尔河

XXXX
3
巴顿

美因茨

法兰克福

拜罗伊特

洪斯吕克山脉

XXXXX
西部上级司令部
凯塞林

皮尔森

XXXX
7
帕奇

曼海姆

维尔茨堡

1

2

菲尔特

纽伦堡

XXXX
1
法国
德·拉特尔

安斯巴赫

3

XXXXX
6
德弗斯

海尔布隆

XXXX
1
福特施

雷根斯堡

卡尔斯鲁厄

法 国

斯图加特

英戈尔施塔特

北

斯特拉斯堡

黑森林

XXXX
19
维泽

施瓦本侏罗山

乌姆

多瑙河

XXXXX
G
舒尔茨

0   50千米

0   50英里

柏林之战

1945年春季，苏军两个方面军对柏林发起了突击。在攻下柏林城之前，双方在柏林城东的塞洛高地爆发了激烈战斗。此时吉奥尔吉·朱可夫和伊万·科涅夫两位红军元帅已经成为了竞争对手，为了获得攻占德国首都的荣耀而展开较量。

柏林之战
1945年4月15日至5月6日

→ 盟军的进攻路线
→ 德军反击方向
⌒ 盟军战线
〜〜 德军防御线
◯ 德军包围圈

盟国前线：
① 4月15日
② 4月18日
③ 4月25日
④ 4月28日至5月1日

轴心国前线：
⑤ 5月2日
⑥ 5月8日

波罗的海

北

第5部分

阿以战争，1948—1982年

ARAB-ISRAELI WARS
1948-1982

　　1948年5月18日，就在英国托管地巴勒斯坦和以色列均单方面宣布独立建国的第二天，周围的5个阿拉伯国家均向以色列宣战，黎巴嫩从北面发起进攻，叙利亚、约旦和伊拉克从东面发起进攻，埃及从南面发起进攻。地缘上孤立无援的新生国家——以色列，必须为了生存而战。以色列军队很快从1938年至1948年期间反抗英国统治者的游击武装蜕变为一支正规武装力量——以色列国防军。以色列人顽强的求生欲，以及阿拉伯国家之间的龃龉和差劲的配合，使得以军在这场战争中占得上风，并在1949年2月至7月间与参战的阿拉伯国家实现双边停火。

苏伊士危机与西奈半岛

　　1956年，以色列的阿拉伯邻国对其的敌意进一步升级，而这主要是由于阿拉伯世界的内部政治因素。埃及的新领导人、泛阿拉伯主义与反西方帝国主义的旗手纳赛尔上校为双方的敌视添上了一把火。埃及封锁了蒂朗海峡（Straights of Tiran），以封堵以色列南部的埃拉特港，同时建立起了一个叙利亚–约旦–埃及联合军事指挥体系。这些行为对于以色列而言是极为严重的挑衅，同时为了避免遭受侵略，以色列决定先发制人。在这场冲突发起前，以色列得到了迫切希望阻止纳赛尔国有化此前由英法掌控的苏伊士运河公司的英法两国政府的大力支持。在10月29日至11月7日期间，以色列轻装机械化部队利用埃及军队主力集结于苏伊士运河区以应对在赛义德港登陆的英法军队的时机，成功夺下埃及的西奈半岛。在联合国出面调停，要求停火后，美苏两个超级大国强令以色列交还占领的土地，同时西奈半岛将在联合国维和部队的看管下实现非军事化。

地中海

杜姆亚特

32°　　　　　33°　　　　　34°

塞得港

英法两军于12月5日进行空降

Fr.　Br.

56

5

苏伊士运河

埃尔阿里什

莱赫凡井

27

埃尔广塔哈

10

伊斯梅利亚

7

吉夫霍恩

哈斯讷

苦水湖

4

朱奈夫

埃尔阿里什干河

尼科

苏伊士

202

苏尔达

埃　　　及

西　奈　半　岛

戈维萨

哈克尔

阿拉伯干河

迈赖加特

29°

苏伊士湾

亚喀巴湾

沙特阿拉伯

达哈卜

阿布杜尔巴

迈格纳

北

埃尔图尔

纳布克

哈瑞巴

1000米
500米
200米
100米
0米

0　　30千米

0　　30英里

沙姆沙伊赫

28°

苏伊士突击

在英法的支持下，以军对埃及发动先发制
人的打击，并占领了阿拉伯国家的大片领
土；但在巨大的政治压力下，以色列被迫
从西奈半岛撤军，随后此地交由联合国维
和人员看管。

苏伊士和西奈战役
1956年10月至11月

——　1948年至1967年的以
　　　色列边境线

以色列的空中攻击

1956年10月29日至11
月5日期间的以色列主
要前进路线

▲
重拳"巴顿"

以色列国防军在"六日
战争"期间部署了大量
的美制坦克。图中这些
改进型M48"巴顿"坦
克帮助以军在戈兰高地
击退了叙利亚军队,从
而夺取了这座位于以色
列边境的战略要地。

六日战争,1967

　　1967年春,苏联趁着美国插足越南的时机宣布他们获得了以色列准备对叙利亚发动攻击的情报。纳赛尔借此掀起了公众的反以情绪,从一定程度上而言,这也是出于国内政治的考量。在5月14日至19日期间,埃军地面部队不顾联合国维和人员的存在,进入了当时还是非军事区的西奈半岛。5月22日,埃及军队在明知以色列会将此举视作宣战的情况下封闭了蒂朗海峡的航运。5月30日,埃及、叙利亚和约旦组建了阿拉伯多国联军司令部,次日,伊拉克军队进入约旦领土。到6月初,黎巴嫩、叙利亚和伊拉克和约旦已经在以色列边境上陈兵182000人。

　　以色列在6月1日组建了联合政府,并于6月4日开始战争动员。在认识到未来战争中主动权的重要性后,考虑到以色列国土狭长,缺乏战略纵深,以军决定先发制人,让空军趁敌军不备发动袭击,夺取区域制空权。在掌握制空权后,腾出手来的以色列空军(IAF)便能支援地面部队的攻势。在空军的支援下,以军地面部队将得以深入西奈半岛,击败埃及军队,与此同时,以军还能够夺取东北方向的战略制高点戈兰高地和约旦河西岸飞地。此战中,以少打多的以军部队将依靠出其不意、快速推进和训练有素来战胜占据数量优势的敌人。

6月5日凌晨，以色列空军开始对埃及空军发起奇袭。此时的埃及空军仍处于和平时期状态，没有调整至战时状态，因此以色列空军算准时机，趁着埃及空军例行的凌晨战斗机巡逻结束的时候发起突袭。以军飞机低空突防，以规避敌军雷达探测，并绕道地中海，从后方（西面）突然出现，避开了埃及军队的大多数地对空导弹（SAM）系统。在这场大胆的突袭行动中，以色列空军总共突袭了埃军17个空军基地，在短短几分钟内便摧毁了埃及军队482架作战飞机中的237架。以军战机随即调转枪口，开始空袭叙利亚与约旦军队。到6月5日夜，以色列空军已经摧毁了超过370架敌机，从而确保了制空权。

空袭后，沿国土东北边境的约旦河沿岸部署的以色列国防军地面部队在6月5日至6日期间击退了叙利亚军队发动的一场规模不大的进攻。6月9日，以军开始进攻由叙利亚军队把守的，具备关键战略意义的戈兰高地，从此处，叙利亚军队能够俯瞰以色列北部。6月9日至10日期间，以色列国防军的4个旅开始分头向高地顶部的台地进发。在战斗中，以军部队在卡法尔·那法克（Kaffar Nafak）和梅伦·戈兰（Merom Golan）一

▼

"瓦里德"战车

在阿拉伯国家阅兵中驶过阅兵台的几辆"阿里·瓦里德"（Al-Walid）装甲人员输送车。作为苏制BTR-152装甲车的派生型号，瓦里德装甲车在1967年的"六日战争"中首度参战。

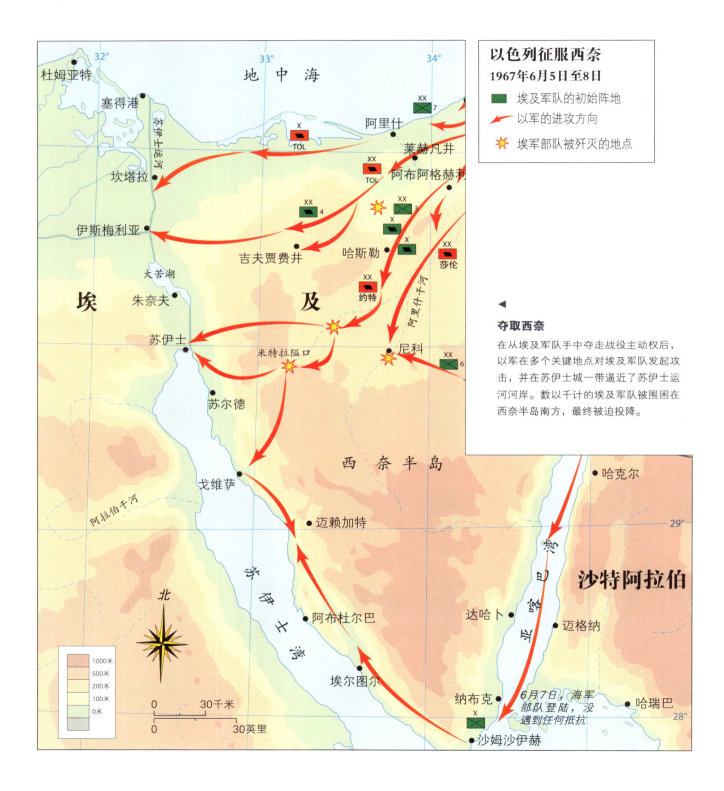

以色列征服西奈
1967年6月5日至8日

■ 埃及军队的初始阵地

← 以军的进攻方向

✴ 埃军部队被歼灭的地点

◄

夺取西奈

在从埃及军队手中夺走战役主动权后，以军在多个关键地点对埃及军队发起攻击，并在苏伊士城一带逼近了苏伊士运河河岸。数以千计的埃及军队被围困在西奈半岛南方，最终被迫投降。

地中海

杜姆亚特

塞得港

苏伊士运河

坎塔拉

伊斯梅利亚

埃

大苦湖

朱奈夫

苏伊士

苏尔德

戈维萨

阿拉伯干河

北

1000米
500米
200米
100米
0米

0　　30千米

0　　30英里

阿里什

莱赫凡井

阿布阿格赫利

吉夫贾费井

哈斯勒

莎伦

约特

阿里什干河

尼科

米特拉隘口

及

西奈半岛

迈赖加特

阿布杜尔巴

苏伊士湾

埃尔图尔

纳布克

沙姆沙伊赫

哈克尔

沙特阿拉伯

达哈卜

迈格纳

亚喀巴湾

哈瑞巴

6月7日，海军部队登陆，没遇到任何抵抗

32°

33°

34°

29°

28°

TOL

TOL

4

3

XX

XX

XX

XX

XX

XX

XX

7

6

X

X

X

带赢得了多次装甲战的胜利，双方的战斗极为激烈。随着叙利亚军队的组织凝聚力开始逐渐崩溃，最终，以军在6月10日占领了包括关键城镇库奈特拉（Kuneitra）在内的整个台地。次日，双方同意停火。夺取戈兰高地显著提升了以色列北部边境的防御能力。与此同时，以军部队还对约旦建立在约旦河西岸的飞地发起了攻击。在短短几天内，以色列军队就夺取了整个飞地。

　　而在此之前的6月5日08:15，由塔尔（Tal）将军指挥的以军机械化师开始对埃及军队为了防御加沙、拉法和阿里什而设置的"屏障"发起进攻，而沙龙将军指挥的师则开始攻击敌军在战线中部的阿布·阿吉拉（Abu Ageila）和安卡特夫（Um Qatef）。约菲（Yoffe）将军指挥的机械化师出其不意，该师的"百夫长"坦克沿着敌军两道"屏障"中间几乎无法通行的沙地成功进行了穿插。约菲的坦克随即采用"车体隐蔽"的伏击状态在比尔·拉法罕（Bir Lafhan）路口守株待兔，而此时埃军第4装甲师的部队则根据埃军"盾与剑"（即防守反击）的作战守则，正为了支援正在遭受围攻的两道"屏障"而向着这个路口前进。这些为了支援友军而匆忙赶来的埃军坦克在浑然不觉

▼
老当益壮的"谢尔曼"
M4"谢尔曼"坦克的服役生涯在第二次世界大战结束后又延续了数十年。图中，以色列坦克兵正在1956年的苏伊士运河危机期间维护他们的"谢尔曼"坦克。以色列工程人员对部分以军谢尔曼坦克进行了改装，从而诞生了"超级谢尔曼"坦克。

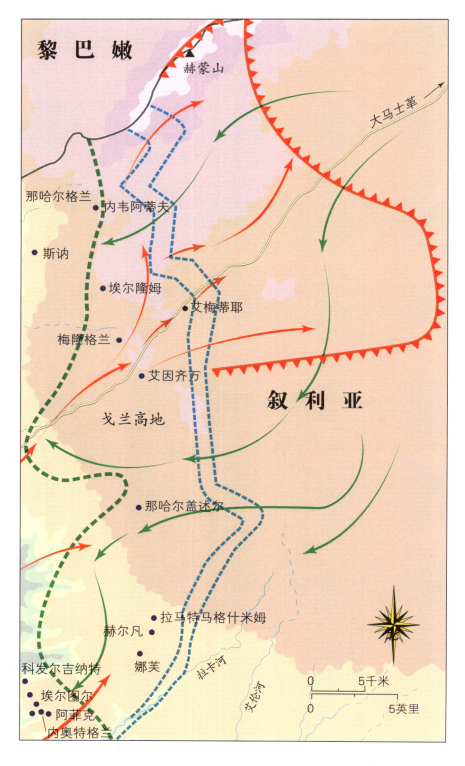

黎巴嫩

赫蒙山

大马士革

那哈尔格兰

内韦阿蒂夫

斯讷

埃尔隆姆

艾梅蒂耶

梅隆格兰

艾因齐方

戈兰高地

叙利亚

那哈尔盖述尔

拉马特马格什米姆

赫尔凡

娜芙

拉卡河

科发尔吉纳特

埃尔图尔

阿菲克

内奥特格兰

艾伦河

0　　　　　5千米

0　　　　　5英里

的情况下掉入了以军的陷阱。得益于伏击的突然性，以军坦克对埃军造成了沉重的打击；同时这场伏击战也使得前线的两处埃军"屏障"彻底失去了获得友军支援的可能。与此同时，以军在埃军前沿防御地带的突击行动也进展顺利。通过将多兵种协同作战，两栖登陆作战、空降作战和包抄行动相结合的战术，塔尔和沙龙指挥的各师在战役最初的36小时内便瓦解了埃军的"屏障"，不过在此期间，以军还是在许多地点遭到了埃军的坚决抵抗。

在瓦解敌军防御后，以军发起了战役的第2阶段，在6月7日至8日的战斗中，战斗的机动性明显增强。以军大胆地派出沙龙和约菲2个师的坦克部队，向西一路绝尘而去，旨在快速夺取米特拉（Mitla）

赎罪日战争：戈兰高地
1973年10月6日至24日

- - - - 从1967年6月起，以色列和叙利亚边境上的停火线（筑有密集的防御工事）

→ 阿拉伯主要的进攻路线

- - → 阿拉伯达到的最远的地方

→ 1973年，10月24日，以色列的反击

停火线上被以色列占领的叙利亚领土

和吉地（Gidi）两处隘口，从而扼守住了西奈半岛内东西方向的主要通道。与此同时，约菲指挥的其余机动部队快速向西，以拿下关键的比尔加夫加法（Bir Gafgafa）道路交汇点。在夺下三处交通要隘之后，以军部队切断了仍然位于西奈半岛的阿布·阿拉盖（Abu Agheila）以南的埃军部队的退路，而直到此时这支部队依然没有遭到以军部队的攻击。6月9日，以军装甲先头部队成功夺占并封锁了这几处要点。当西奈半岛上的埃军部队试图向西撤回苏伊士运河西岸时，却发现所有的撤退通道都已经被堵死，沿途部署有已经挖掘好坚固工事，严阵以待的以军装甲部队。雪上加霜的是，以色列空军的持续空袭让位于撤离通道以东的埃军部队士气进一步涣散。被困西奈半岛的埃军开始大批投降，在6月10日至11日间，以军部队沿着西南半岛的西南边界快速推进，并在坎塔拉（El Qantara）和苏伊士城之间的位置抵达了苏伊士运河东岸。最终，在两个超级大国的严厉施压下，双方于6月12日达成停火协议，至此为止这场战争仅持续了6天。以军在这场战争中大败埃及军队并占领了整个西奈半岛。对于以军而言，1967年这场几乎不可思议的胜利使得其建设重点开始转向空军力量和装甲部队，以便实施快节奏的空地联合机动作战——这种作战形式基本可以视作德军在第二次世界大战中的"闪击战"战术的现代化版本。通过这场战争，以色列人夺占了大片领土，从而获得了他们急需的战略纵深。新的缓冲地带缓解了以色列的不安全感，但实际上，这场战争还加深了周边国家对于这个犹太人国度的敌意和愤恨。1967年的惨败使得参战的阿拉伯国家集体蒙羞——从而导致这些国家决心发起复仇。阿拉伯国家的报复心理所引发的一连串事件最终导致了1973年的"赎罪日战争"〔Yom Kippur War，也被称为"斋月战争"（Ramadan War）〕。

赎罪日战争

20世纪60年代后期，叙利亚和埃及开始通过政治手段，以及低烈度的袭扰战和恐怖主义手段，试图迫使以色列放弃强占的西奈半岛和戈兰高地。在这些努力均告失败后，两国决定为了达到目的而诉诸武力。为了重建一度遭到重创的军事力量，两国均不遗余力地投入了大量资金，同时还为进攻以色列制订了一套复杂的战略计划。两国决心同时对以色列发动进攻，随后固守夺回的土地，击退以军的反击。只要能够在进攻中歼灭以色列军队的装甲部队，并利用新型的"萨姆"（SAM）地空导弹系统重创以色列空军，这两个阿拉伯国家便能够在迫使以色列为了在以色列进一步恶化前结束战争，而归还在上一场战争中强占的领土。这是一套高明的战略，而在未来与强大高效的以色列军的战争中，这样复杂精妙的战略规划将必不可少。

在1973年10月，叙利亚和埃及军队在极为严格的保密和伪装伴动下向边境大举集结，两军的伪装手段中甚至包括对于军兵种实施彻底重新整编。10月6日14:00，叙利

◀◀

叙利亚攻势

叙军坦克很快突破了以军在戈兰高地沿线设置的薄弱防御，并一度可能夺取一座架设在约旦河上的关键挑梁。不过以军增援部队及时赶到，很快扭转了局势。转守为攻的以军装甲部队随即开始向大马士革杀去。

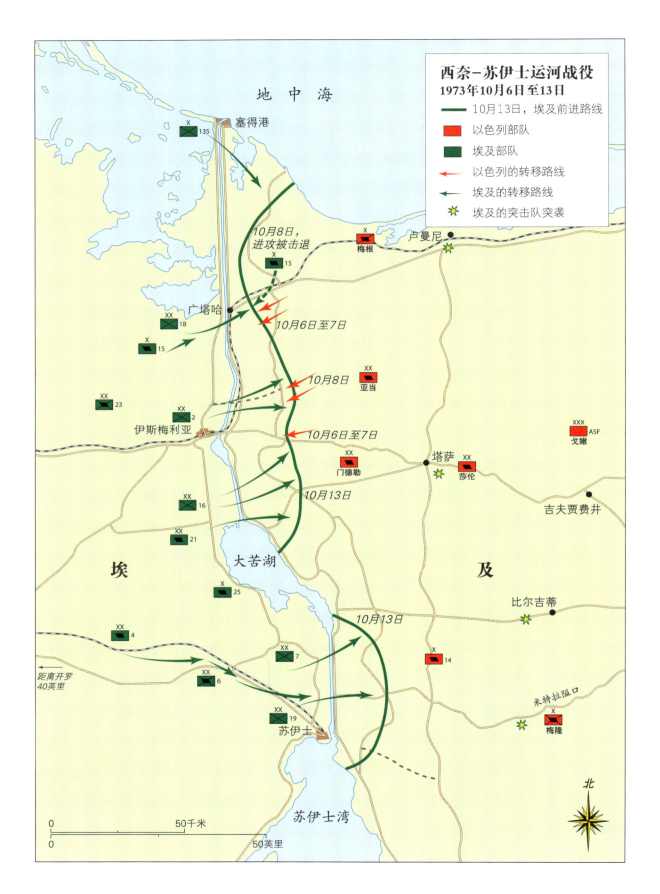

地 中 海

塞得港

X 135

X 15 10月8日，进攻被击退

X 梅根 卢曼尼

10月6日至7日

广塔哈

XX 18

X 15

亚当 XX

XX 23

XX 2

伊斯梅利亚

10月8日

10月6日至7日

ASF XXX 戈嫩

塔萨

门德勒 XX

莎伦 XX

吉夫贾费井

XX 16

10月13日

XX 21

埃

及

大苦湖

X 25

比尔吉蒂

10月13日

XX 4

XX 7

X 14

XX 6

米特拉隘口

XX 19

苏伊士

X 梅隆

距离开罗
40英里

北

0   50千米

0   50英里

苏伊士湾

西奈–苏伊士运河战役
1973年10月6日至13日

10月13日，埃及前进路线
以色列部队
埃及部队
以色列的转移路线
埃及的转移路线
埃及的突击队突袭

亚和埃及军队开始向戈兰和西奈两地以色列强占的土地发起进攻。由于直到叙埃联军发动进攻前10小时才获悉相关情报，以军完全被打了个措手不及。这段时间根本不够以军动员预备役部队，而以色列政府也无法如同1967年时一样先手进攻以获得主动。埃军先头的5个步兵师在完善的计划和精巧的组织下快速越过了苏伊士运河，并对以军的"巴列夫防线"（Bar-Lev line）发起进攻。这是一道沿着苏伊士运河东岸设置的薄弱防线，沿线设置有12座堡垒，每座堡垒的守军仅500人左右，另有约100辆坦克和30门火炮作为支援。而埃及军队在此战中出动了500000部队，2200辆坦克和2300门火炮，150个导弹连和550架作战飞机。埃及军队的第1波突击行动代价甚微，仅有208人阵亡，而战前的估算是仅在渡河过程中埃军就会蒙受超过10000人的阵亡。在短短36小时内，埃及军队就攻破了巴列夫防线上的所有堡垒，并在建立起一座16千米（10英里）纵深的桥头堡后开始掘壕固守，这一距离可以保证埃军前沿阵地仍旧处于布置于苏伊士运河西岸的防空导弹阵地的掩护下。在桥头堡，埃军部署了大量的反坦克炮和苏制"耐火箱"（Sagger）反坦克导弹小队，以应对以军势必发起的反击，果不其然，以军很快派出2个预备役装甲师实施反攻。虽然这2个师在抵达战场时缺乏许多支援部队（仍在以色列境内进行动员），但2个师的坦克团还是义无反顾地向着埃军严密的反坦克防御体系发起了冲击，且埃军的防空导弹系统也使得以色列空军不敢轻举妄动，

◀◀

苏伊士战役

埃及军队为了支援叙利亚而调动了战略装甲预备队，但这也导致埃军暴露在以军的空地联合打击之下，被打得溃不成军。埃军在其间爆发的，继库尔斯克会战后，史上规模第二大的坦克战中损失尤其惨重。

▼

强悍的"梅卡瓦"

以军的"梅卡瓦"主战坦克是以色列自主设计制造的首型坦克，虽然研制时间长达10余年，但被证明是一型令人满意的武器。

"小羚羊"行动：西奈战役
1973年10月15日至17日

— 10月7日，埃军前进路线
■ 以色列部队
■ 埃及部队
← 以军的推进方向
← 埃军的运动方向

地 中 海

塞得港

罗马尼

0 ___ 50千米
0 ___ 50英里

10月14日

广塔哈

萨松

亚当

伊斯梅利亚

21

21

莎伦

塔萨

16

莎伦

吉夫贾费井

①

梅根

苦水湖

埃

③

25

及

比尔吉蒂

梅根

距离开罗
40英里

亚当

梅隆

苏伊士

10月14日

北

① "莎伦师"：打通一条走廊，建
立桥头堡并建造桥梁
② "亚当师"：通过该走廊和桥头
堡，并转向南方向苏伊士前进
③ "梅根师"：绕道背后并支援
"亚当师"

苏伊士湾

加维什   10月16日
         到达

难以给予地面部队有力支援。在反复发动的装甲反冲击中，以军坦克部队遭受了极为严重的损失，由阿丹（Adan）指挥的师在反击的头72个小时内便损失了75%的装甲车辆。

　　在埃及军队跨过苏伊士运河的同时，叙军装甲部队也正朝着以色列占据的戈兰高地发起突击，同时叙军装备的苏制防空导弹也给予了试图支援高地守军的以军飞机重创。以寡敌众的高地守军虽然拼死抵抗，但叙军凭借绝对的数量优势成功打穿了整个台地。高地中央的一处谷地战斗最为激烈，此地因阵亡者众多而被以军称为"泪谷"（Vale of Tears'）。到6月7日时，叙利亚装甲部队已经接近了横跨约旦河的贝诺特-雅科夫（Benot-Yaakov）大桥，这座桥梁是通往以色列北部边境的门户，战略位置至关重要。但就在这危急时刻，刚在以色列国内完成动员的增援部队抵达了约旦河一线。这些部队甫一抵达，便零散地自行加入防守战斗中，协助守军阻挡住了叙利亚军队的前进。随着主动权的掌握，以军随后开始在战场的南线和中线发起反击，且得到了从西奈半岛方向转场而来的战机的支援。到10月18日时，以军已经重新夺回了整座高地。不满足于此的以军装甲部队甚至开始向着东北方向的叙利亚首都大马士革开始进军；到10月24日双方停火时，以军部队已经又从1967年的国境线向外推进了10英里，夺取了关键的赫蒙山（Mount Hermon）。

　　在西奈半岛方向，10月10日至14日的战斗逐渐陷入静态，在以军重整部队的同时，埃军则在努力巩固防御。随着以军在戈兰高地方向占据主动权，战事迎来了转折点。在叙利亚的急切请求下，埃军于10月12日和13日，将作为战略装甲预备队的2个装甲师调往苏伊士运河东岸。14日，2个装甲师开始向东进攻，从而脱离了"萨姆"导弹的掩护，埃军部队遭遇了诸兵种配置均衡，熟悉多兵种协同作战，且拥有以色列空军支援的强大以军装甲部队。在这场继1943年的库尔斯克会战后人类历史上规模第二大的坦克战中，埃军装甲部队被以军的反击歼灭大半。10月15日至16日，获得战役主动权的以军部队开始向西反攻。到10月16日时，以军部队已经在大苦湖以北的位置抵达了苏伊士运河河岸。在随后的72小时内，阿丹和马根（Magan）二人指挥的师开始向运河西岸进军，并在向南深入敌军领土，向着苏伊士运河掩杀而去。到24日时，以军已经抵达苏伊士城一带的红海沿岸，将埃军第3集团军围困在运河东岸的一处包围圈内。出于对双方的冲突最终会导致第三次世界大战爆发的担心，两个超级大国再度开始强烈施压，要求双方立刻达成停火。25日，双方终于达成停火。而埃以双方的冲突则随着1978年两国签订《戴维营协定》（Camp David Accords）而正式告一段落，根据协定，埃及成为阿拉伯世界第一个正式承认以色列的国家，而作为回报，以色列同意分阶段撤出西奈半岛。

◀◀

"瞪羚行动"（Operation Gazelle）

以军的反击迫使埃及军队退回了苏伊士运河以西，而到10月下旬时，以军先头部队已经在苏伊士城一线抵达红海岸边。此时埃及第3集团军被包围，但此时两个超级大国的联手施压，要求双方尽快达成停火。

1982年：入侵黎巴嫩

▼

"马加奇7"

基于美国制造的M60主战坦克改装而来的"马加奇7"主战坦克于20世纪80年代初期进入以色列国防军服役。该型坦克被广泛运用于以军在黎巴嫩的作战行动，并一直服役至今。

在1982年，以色列曾在黎巴嫩南部沿利塔尼河一线建立起了一道安全线，以阻止巴勒斯坦解放组织〔Palestine Liberation Organization（P.L.O.）〕对本国北部地区的袭扰；在以军撤离后，联合国在此地设置了一支维和部队，负责监视巴解组织，阻止其对以色列发起攻击，同时与以色列友好的哈达德民兵（Haddad militia）开始控制黎巴嫩与以色列北部接壤的地区；但巴解组织很快开始在黎巴嫩南部增强自身的影响力。在1980年至1982年期间，随着巴解组织对以色列北部的袭击，以及叙利亚增强对于黎巴嫩东部的贝尔卡谷地的控制，以色列对于安全形势愈发忧心忡忡；通过控制贝尔卡谷地，叙利亚可以挑动黎巴嫩敌对民兵派系之间的冲突，从而影响黎巴嫩全境的局势。

　　1982年6月，以色列发起"加利利和平"行动（Operation Peace for Galilee），主动入侵黎巴嫩，但与此同时，以色列政府内部依然就这场行动应当维持何种规模而争论不休。许多内阁官员都认为这应当是一场仅针对黎巴嫩境内巴解组织的有限军事行动，以军部队只需要向北推进至阿瓦利河（River Awali）一线，最远至贝鲁特一带即可。但以国防部部长阿里埃勒·沙龙（自1948年起便为以色列而战的一位历战老兵）为首的"鹰派"却希望扩大冲突，使之成为一场旨在彻底消除叙利亚在黎巴嫩东部存在的大规模作战行动。在经过几天的博弈之后，"鹰派"最终占得了上风。

　　在1982年6月6日至8日的第一阶段，"小松树"行动（Operation Little Pines）期间，以军出动4个师对巴解组织位于南黎巴嫩的营地发起进攻，在攻击的西部和中部轴线上向北一直推进至贝鲁特城郊。在战斗期间，为了应对巴解组织多达150000人的战斗人员（其中包括擅长大量非常规作战的游击武装），以军的机械化部队[以新型的"梅卡瓦"（Merkava）主战坦克为先导]快速推进，同时还沿地中海发起两栖登陆。在6月9日至11日，在"鹰派"的推动下，以军扩大了战争规模。在这一阶段，部署在东部轴线以军2个师开始向北推进，并对位于贝尔卡谷地前方的叙军南部部队发起试探性进攻。其中，在6月9日，以军集结188架精锐战机，通过精妙的任务编组，一举摧毁了叙军部署在贝尔卡谷地的19个"萨姆"导弹阵地中的17个，另外2个也在次日被摧毁。在这场巨大的成功后，以色列空军彻底掌握了黎巴嫩上空的制空权，叙军第1装甲师在以色列空军的空袭下遭受了极为惨重的战斗损失。与此同时，以军地面部队也沿着贝鲁特–大马士革高速公路将叙军打得节节败退。到6月11日时，以军已经大致实现了消除巴解组织和叙利亚军队对以色列北部的威胁的目标，且在战斗中仅遭受少量伤亡。

　　不过在随后的6周内，以军不得不停下脚步，与巴解组织陷入争夺贝鲁特的痛苦消耗战中，贝鲁特城内大片城区在战火中毁于一旦。8月12日，根据一项联合国居中调停的停火协定，以军同意撤出贝鲁特，同时巴解组织将经海路被运往利比亚的的黎波里，冲突解决进程将置于多国维和部队（MNF）的监管之下。不过停火协定在签订之初并未成功实施，并在9月16日至19日期间遭遇严重挫折。以军部队将亲以色列的黎巴嫩马龙派基督教民兵武装"长枪党"（Lebanese Marionite Christian Phalange militia），送入了位于萨布拉和夏蒂拉（Chatilla）的巴勒斯坦难民营，以驱逐隐藏在此处的巴勒斯坦准军事部队；长枪党民兵在两地杀害了至少800名巴勒斯人，其中绝大部分都是无辜的难民。这等声名狼藉的暴行严重损害了以色列的国际形象。

　　虽然多国维和部队驻扎在此，但以色列军队、黎巴嫩政府军和诸如德鲁兹派和长枪党等各式各样的民兵组织依旧不时爆发冲突，但局势终于在1983年5月迎来转机，新当选的黎巴嫩总统与以色列缔结了一份和平条约，根据条约，以色列国防军退出了黎巴嫩南部，返回国境以内。

坦克的技术发展，1960—1990年

TANK DEVELOPMENT 1960-1990

在冷战进行的同时，科学技术也在快速发展，北约、华约以及非军事联盟成员国列装的新一代作战装备的性能都有了显著的提升。虽然一些军事战术家断言坦克已经是"明日黄花"，但还有许多人认为这种将火力、机动和防护结合于一身的武器在现代战场上仍拥有一席之地。

出于对坦克自身定位的重新评估，坦克发展的理念也发生了重大调整。各种轻重各异的坦克中，除了一些通过放弃火力与防护换取轻巧身形的坦克被用于侦察任务外，其他装备较大口径火炮，旨在用于对坦克作战的各类坦克均被主战坦克（BMT）所取代，英制"百夫长"、苏制T-55和美制M48"巴顿"坦克共同宣告现代装甲作战迎来了一个新时代。伴随着坦克的更新换代，用于装载伴随坦克作战的步兵的装甲战斗车辆也应运而生，这些车辆不仅能够携带伴随步兵，还能在进攻目标时为其提供直接火力支援。

新一代坦克

20世纪60年代，苏联继续提升着装甲部队的作战能力，先是换装T-62坦克，又在10年后列装了性能更为先进的T-72坦克。与此同时，英国的"酋长"主战坦克于1961年入役，德国也在与法国共同研制坦克失败后另起炉灶研制了"豹1"主战坦克（法国则在分道扬镳后研制出了AMX-30系列坦克——译者注）。20世纪70年代，德军又开始换装"豹2"系列主战坦克，美军则从20世纪80年代开始列装M1"艾布拉姆斯"系列坦克。"艾布拉姆斯"家族在20世纪80年代中期和20世纪90年代分别诞生了改进型M1A1和M1A2，且两型坦克分别参加了1990—1991年的海湾战争和2003年的"伊拉克自由"行动，依靠出色的战绩赢得了赫赫威名。在持续动荡的中东，以色列工程人员认识到了自研主战坦克的需求，其结果便是"梅卡瓦"坦克，这个经久不衰的坦克系列已经成为以色列国防军装甲部队的基石。

新一代坦克配备有120毫米（4³/₄英寸）或125毫米（5英寸）坦克炮以及用于支援步兵的机枪，且配备有更为先进的进攻和防御系统，这主要是由于反坦克武器的相应发展。包括肩射式反坦克武器和车载反坦克导弹在内的专用反坦克武器在不断改进过程中，对坦克的毁伤效能正变得越来越强。

技术奇迹

从20世纪60年代至90年代，为了提升作战效能，坦克的设计和技术设备都在不断向前发展。专门设计的炮塔能够容纳大口径长身管坦克炮，更加沉重的新式底盘则能为坦克提供更为稳定的射击平台。自动装填系统逐渐完善，显著提升了坦克的主炮射速，同时节省下来的体力也能使得坦克车组在激烈交锋的战场上更加高效地战斗。柴油机继续大行其道，但与此同时，新颖的燃气轮机也开始成为坦克的动力，使得坦克能够具备优异的高速行驶和静音性能。

红外夜视系统和激光测距仪使得夜幕和不良天候的隐蔽作用大打折扣，而横风传感器也使得火控系统能够轻松补偿因风向所导致的弹着偏移。现代观测设备的运用也使得坦克手能够比肉眼观察更为快捷容易地发现敌方目标。较为新型的主战坦克配备有火炮和火控设备稳定系统，能够在行进间向目标射击。战场管理系统则能够让坦克车长同时追踪多个敌军目标，并快速识别敌我。

▼
伏行之"豹"
20世纪70年代初期开始研制的"豹"2主战坦克于1979年进入联邦德国陆军服役。该坦克曾在科索沃服役。

在防御方面，英国人创新研制出了"乔巴姆"复合装甲，这种新型装甲能够最大限度地削弱敌军弹药的破坏力，此外还有模块化装甲和爆炸式反应装甲（ERA）等新型被动防御手段作为补充。坦克内部储存着大量危险的高爆弹药的问题也通过对车体内部进行优化设计得以解决，通过设置专门的储藏空间，即便弹药舱遭到敌军炮弹直射，弹药殉爆所产生的冲击力也会被直接引导向车外。核武器、生物武器和化学武器（NBC）三防系统的运用提升了坦克在这类严酷条件下的生存力，同时先进的探测设备还能够在检测到核武器的辐射后向坦克乘员告警。

低技术威胁

虽然运用了大量先进技术，但对于坦克而言，"简易爆炸装置"（IED）、地雷和其他低技术手段威胁的挑战依旧严峻，巷战也依旧是坦克的大敌。为了应对这些威胁，从20世纪80年代开始出现的新一代坦克开始在诸如车底、排气孔、通风装置，以及乘员舱等位置增加装甲防护。

▼

大英"武士"

英国的"武士"步兵战车可以运载7名步兵，并在将步兵运抵战场后用车载的1门30毫米"拉登"机关炮和两挺机枪为步兵提供支援。"武士"步兵战车于1988年入役。

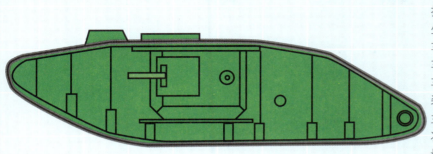

Mark IV型坦克

投产时间：1915年
生产数量：150辆
车重：28吨
车长：9.94米
车组人数：8人
装甲厚度：6～12毫米
主要武器：2门6磅QF速射炮
次要武器：4挺0.303英寸口径机枪
最大速度：4英里/时（6.5千米/时）

"虎"式坦克

投产时间：1942年
生产数量：1347辆
车重：57吨
车长：6.29米
车组人数：5人
装甲厚度：25～120毫米
主要武器：88毫米KWK36 L/56坦克炮
次要武器：2挺7.9毫米机枪
最大速度：24英里/时（38.5千米/小时）

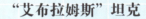

"艾布拉姆斯"坦克

投产时间：1980年
生产数量：超过9000辆
车重：60.4吨
车长：7.93米
车组人数：4人
装甲厚度：620～940毫米复合装甲
主要武器：105毫米线膛炮或120毫米滑膛炮
次要武器：1挺12.7毫米重机枪，2挺7.62毫
　　　　　米机枪
最大速度：42英里/时（67.5千米/时）

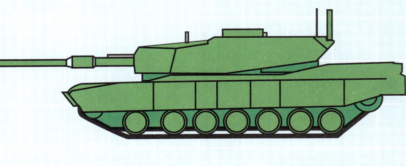

▲

装甲车辆的进化

本书列举了3型在所处时代较为典型的坦克：第一次世界大战时期的英制
Mark IV型坦克，第二次世界大战期间的德制"虎"式坦克，以及于20世
纪80年代初开始服役的美制M1"艾布拉姆斯"主战坦克。

中南半岛和越南

INDOCHINA AND VIETNAM

中南半岛战争在1954年以法国撤离这个前殖民地而告终，但许多问题并未随着战争的结束而解决。被非军事区分割开来的南北越南成立了各自的政府。北方的越南人民民主主义共和国加入了社会主义阵营，并在建国之初等待着南方的变化。

北方认为南方政府很快会在内部压力之下崩溃，随后北方便可接收政权。但事实上南越政府建立起了一个相当稳固的政权，并接纳了大量从北方逃来的难民。

来自北方的干涉

为了加快南方政权的垮台，北方从1959年开始对南方发起游击战。在一些人员已经就位的同时，另一些游击战队员则经柬埔寨和老挝进入越南境内，此外还有一些北

▼

澳大利亚"百夫长"在越南

虽然"百夫长"坦克因为列装时间太晚而没有赶上第二次世界大战，但该型坦克在此后作为英国和澳大利亚的主战坦克继续服役了许多年。

方人员经非军事区入境，或是在南方东部漫长的海岸线上择机登陆。

　　北方军队拥有丰富的游击战经验，且在不久前刚刚将法国人逐出越南。此外，越南人民军中也有部分人员参加过中国的解放战争。相比之下，南方军队则全无作战经验，且根本没有做好应对游击战争的准备，南方军队一直认为北方将越过非军事区直接发起进攻，因此在武器装备上向北方军队的水平看齐。

　　北方的确拥有一支为了统一战争而装备精良，且配备有坦克和炮兵等技术兵种的正规军。由于这个威胁的存在，大量南方军队被牵制在非军事区一线，难以投入反游击作战中。在北方的大军压境下，削弱前线守军加强后方治安战力量显然不是一个明智的选择。

　　为了应对游击队威胁，南方组建了大量装备较差的守备部队，这些部队最初被称为"民团"（Civil Guard，越南语Nghĩa Quân），随后又被更名为"地方军"（Regional Forces，越南语Địa phương quân）。虽然组建这类部队的确可以产生效果，

"昂图斯"坦克歼击车

"昂图斯"是一型实验型坦克歼击车，装备多达6门106毫米（4英寸）无后坐力炮。虽然在反坦克任务中表现不如人意，但该车在实战中被证明是一种实用的火力支援平台。

▶
多功能两栖装甲运输车

美制LVT-5两栖装甲车中有一部分安装了1门带稳定器，可以在水上开火的75毫米（3英寸）榴弹炮。LVT-5可执行运输和火力支援任务，另有部分该型车被改装为了战斗工程车。

但南方地方军训练低劣且缺乏信心和勇气，因此虽然非军事区一带依然较为安全，但南方逐步丧失了对国内乡村地带的控制权。

美国和其他一些国家在当时为南方提供了一定的援助，但直到1964年的"北部湾事件"（即美国炮制"美舰遭到北方鱼雷艇攻击"一事——译者注）发生后，美国才开始进行全面介入。但到这个时候，游击队已经足以击败南方正规军。他们的战术与此前抗击法国殖民者时类似，运用丛林作为掩护进入目标区，快速发起袭击，随后又快速消失在丛林中。他们经常采用"围点打援"战术——对敌方前哨站发起袭击，随后伏击敌方的援军。

美军在越南

美国从1965年开始向越南派出海军陆战队，大规模介入越南战争。随着游击队武装袭击的逐步升级，美军在越南的兵力越来越多。美军在介入后主要任务是抵御开始逐步进入南方境内的北方正规军，而南方军队则开始主要负责将游击队从乡村中驱逐出去。

美军的战术强调火力打击，各个火力基地之间能够相互掩护，部署在火力基地内的炮兵部队则能够对任何在射程内被探测到的敌军目标实施打击。这类火力基地天然就是适宜敌军攻击的目标，而这正是美军的战术所希望的。火力基地周围设置有铁丝网和地雷，同时还有依托坚固工事的坦克和步兵守卫，这种基地就如同一个蜜罐一样吸引着敌军前来攻击，而上钩的敌军则会被猛烈的炮火以及坚固的防御所挫败甚至重创。与此同时，美军还会实施"搜索并摧毁"（search and destroy）行动，持续杀伤北方人民军和游击队的有生力量。

在遍地泥泞，河道水网密布的南越，两栖装甲车辆被证明极为实用。履带式两栖登陆车［AMTRAC（Amphibious Tractors）］最初于第二次世界大战时期诞生，用于支援两栖登陆行动，且经常被用于道路运输，虽然在地面上行驶会加剧两栖履带车的机械损耗，但却为部队提供了有效的恶劣地形机动手段。两栖车所搭载的轻武器虽然无力对抗坦克，但在南越战场上这并不是一个问题。

北方军队的坦克均装备于正规军部队，并沿非军事区部署于北方境内，在美军干涉越南期间基本没有触动。美军的坦克则主要被用作移动据点，或是为步兵提供强大的火力支援——既可以摧毁敌军阵地，也能够将敌军狙击手和机枪手连人带掩体一并摧毁。由于地形因素的影响，坦克在越南战场的使用受到了严重的限制，基本无法快速机动，因此只能"零敲碎打"，拆散后用于支援步兵部队。

新年攻势

1968年年初，南方的局势已经大体稳定，在越南的美军部队则主要集中于边境地带。此时美军已经在越南部署了超过50万人，且在较大规模的战斗中凭借强大的火力而无往不利。虽然越南人民军仍然在向南越渗透，加强当地游击队的力量，但北方并没有在正面战场上占到便宜。为了扭转这一局势，北方军队发动了一场大规模攻势。由于攻势发起当天正值中国农历新年（越南语中称之为"Tet"），因此也被称为"新年攻势"。这场攻势中，潜伏于南方的北方人民军和游击队武装将同时向多个地点发起进攻，同时北方其他部队将跨过非军事区。

"新年攻势"在初期非常顺利，北方军和游击队成功突袭了多个城市及省会，但大多数攻击行动很快被击退。但在顺化，美军和南方军队鏖战了一个月才将北方正规军赶出这座城市。在战役期间，美军和南方的增援部队必须绕过敌军的拦阻阵地才能加入战斗。

新年攻势是北方从1967年下半年开始发起的一系列大规模作战行动的一部分。在攻势结束后，北方又在1968年1月围攻了美军的溪山基地，这场围攻从1月一直持续至4月，但该基地一直没有被夺取的危险。虽然守军能够从空中获得增援和补给，但直到美军通过一场空中突击和地面行动相配合的战斗才解除了围困。

到溪山战役的结束时，新年攻势早已告一段落。对于北方而言，"新年攻势"在

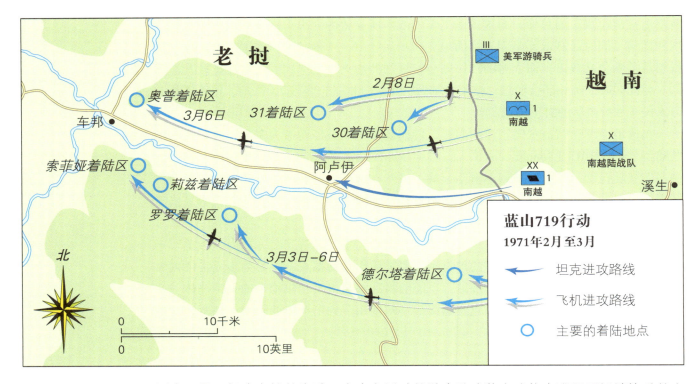

▲

"蓝山719"行动

为了阻止越南人民军继续经由老挝向南方渗透，南越军队在美军的空中支援下发起了"蓝山719"行动，但由于老挝军队的顽强抵抗，这次行动遭遇失败。

军事上是一场决定性的失败，在南方活动的游击队武装在攻势中遭遇了极端惨重的人员伤亡，以至于不得不用轻装的人民军正规军渗透南方，继续进行游击斗争。不过对于美国而言，"新年攻势"所带来的政治冲击是巨大的，美国公众及其领导人被北方发起如此大规模进攻的能力所震撼，并因此采取措施从1969年开始逐步退出战争。

美军在脱身过程中所采取的战略是扶持南方，并增强其军力，以维持南方对国家的控制力。虽然在越南的美军部队到1971年时已经撤走半数，但南方政府的控制力正在逐步增强。不过与此同时，和平谈判的推进也导致美军遭到了诸多制约，无法在情况升级时充分发挥自身的战斗力。

1972年3月，越南人民军跨过非军事区发起进攻。虽然此时的人民军已经接收了诸如苏制T-55主战坦克和新型火炮在内的大批装备，但仍在一番苦战后被击退。美军空中力量在支援地面部队防御的过程中发挥了至关重要的作用，但此战也让美国误以为南方政权已经足以保卫自身。美国因此于1973年正式结束对越南的军事干涉，撤走了全部部队。

南方的垮台

越南人民军在1972年的攻势中损失惨重，而缺乏步坦协同技巧并不是其中最主要的原因。不过随着美军的撤离以及自身的大力发展，到1975年时，人民军不管是在规模上还是在装备上都已经彻底压倒了南方。相比之下，在撤军后，美国只能通过其他手段给予南方援助，从而大大限制了南方军队的作战能力。

南方在战略上处于极为不利的地位。在不得不部署重兵守卫非军事区以应对北方正面进攻的同时，北方军队却能够经由柬埔寨和老挝对其首都西贡（今胡志明市）发起进攻；而南方军队的实力也无法支撑在两个方向都部署重兵。对美国援助的依赖使得南方的战略选择极为有限，战略主动权被牢牢握在北方手中。

1975年3月，北方发动大规模攻势，旨在为下一场规模更为宏大的攻势扫清道路。而低落的士气与自相矛盾的命令则导致南方军队的防御土崩瓦解，从而使得北方能够扩大攻势。虽然南方军队在顺化进行了顽强的防守，且守住了西贡长达2周时间，但南方政权最终灭亡。

越南人民军向西贡的最后进军以装甲部队为先导，但北方装甲部队在整场战争中所占的戏份较为有限。不过即便如此，击破南方沿非军事区布置的防御后，北方最终是通过一场装甲突击，决定了南方的命运。

▼
M113装甲人员输送车

数量众多的M113是历史上最成功的装甲人员输送车。除了运输型号外，其底盘还被改装为了防空型和火力支援型等型号。

核战争条件下的坦克

THE TANK ON THE NUCLEAR BATTLEFIELD

　　"冷战"是西方的北约集团与东方的华约集团之间的军事对峙。而一旦"冷战"转变成"热战"，西欧国家的命运就将取决于北约军队能否在广袤的欧洲北部原野上阻挡住敌军的铁甲洪流。

不同的战术学说

　　西方装甲部队相较于数量更为强调质量，同时也更侧重于防御。西式坦克拥有更高大的炮塔，以便利用墙体和山脊线等掩护隐蔽车体，此外，精良的射击指挥系统也使得西式坦克能够精确射击远距离目标，从而有机会在敌军坦克进入有效射程前消灭对手。

　　相较之下，华约国家的坦克则更适合执行突击任务，其低矮的外形轮廓和坚固的全向装甲使得东方坦克成为了难以撬动的"硬"目标。由大批建造难度相对更低的坦克组成的装甲大军可以在遭受较为严重的损失后继续战斗，直至突破敌方的防御，从而将战斗形态转化为华约装甲车辆相对占优势的运动战。

核战争

　　欧洲对峙的双方都一致认为欧洲战场上"热战"会以核突击开局，而防守一方则会动用大量核武器实施大规模报复。在全面的核交换下，坦克的作用将无足轻重，但如果双方仅有限地使用战术核武器，则不太可能导致对方动用战略核武器。在核战争条件下，战术核武器可被用于攻击敌方的部队集结地，或运用带放射性的辐射尘埃封锁道路。

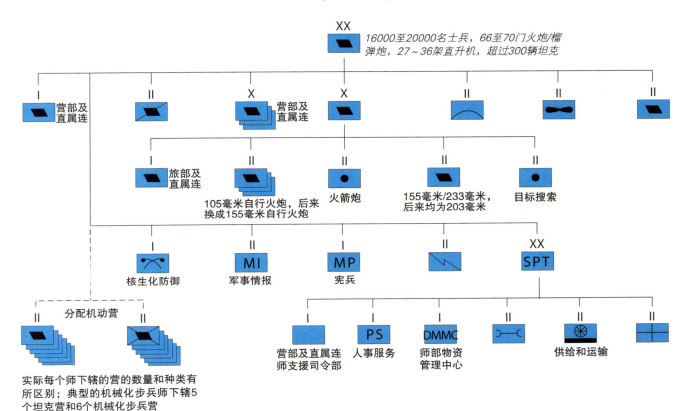

对核打击的最有效防御手段就是不要处于核武器杀伤范围内，因此核条件下的战争需要使用专门的战术条令。虽然集中兵力是军事行动的关键要素之一，但大量装甲部队集结在一处无疑会引诱对方事实和打击，因此装甲部队应当接受以小分队作战的训练，并在需要时化整为零。虽然部队的分散会导致战斗力的下降，但同时也能降低遭受核打击的概率。分散部署也使得部队即便遭到了敌方的核打击，也能够有部分力量存留下来。

在核辐射环境下进行作战是冷战时期坦克所必须具备的能力之一。虽然没有任何武器能够在靠近核武器爆心的位置幸存，但装甲车辆还是能够保护车组成员免遭核火球产生的冲击波和热辐射的杀伤，甚至在相当近的距离上也能提供防护。同时，空气过滤设备的加装也能够避免放射性尘埃进入车体内部。

此外，装甲部队通常还会下辖核防御分队。此类分队通常装备有核侦察车，该车

美军装甲师

除了战斗营之外，1个装甲师往往还需要从装甲回收和补给部队，到宪兵与炮兵部队等各类支援力量。如果确实面临大规模杀伤性武器威胁，其建制内还会加强核生化（NBC）防御部队。

54°

不莱梅港

汉堡

德军 WG XX

北德平原

不来梅

奥登堡

53°

德军 WG XX

英军 BR XX

英军 BR XX

布伦瑞克

马格德堡

第2近卫军 XXXX

波兰 XXXX

德军 WG XX

英军 BR XX

汉诺威市

英军 BR XX

德军 WG XX

民主德国（东德）

奥斯纳布吕克

居特斯洛

哥廷根

德军 WG XX

突击 3 XXXX

52°

比利时军 BEL. XX

帕德博恩

卡塞尔

德军 WG XX

第1近卫军 XXXX

多特蒙德

爱尔福特

伍珀塔尔

德军 WG XX

联邦德国（西德）

富尔达峡谷

富尔达

51°

西根

韦茨拉尔

吉森

施韦因福特

德军 WG XX

美军 US XX

班

法兰克福

查菲堡

维尔茨堡

威斯巴登

50°

美因茨 US XX

达姆施塔特

美军 US XX

法军 FR. XX

7°30'

9°

法军 FR XX

能够探测放射性沾染区域，而部队内的其他车辆则可据此绕过或在防护完善的情况下快速通过沾染区。移动洗消分队能够洗去装甲车辆上沾染的放射性物质，让车组成员安全地离开战车，避免遭受二次伤害。

讽刺的是，这些应对措施的存在反而使得核武器更加不可能被使用。在动用战术核武器的优点被有效的应对措施所相当程度抵消后，冒着升级为全面战略核战争的风险动用战术核武器便变得得不偿失了。

◄◄

进攻通道

地形，以及关键目标的分布使得华约对西欧的进攻轴线变得有迹可循。北约在多年来一直在制订防御计划，而华约则在不遗余力地寻求击破其防御的战略。

北约和华沙组织的对峙德国北部

XX	装甲师
XX	机械化步兵师
	战术核打击

第20近卫军

第8近卫军

柏林

霍夫走廊

纽伦堡

北

US
美军

WG
德军

WG
德军

US
军

第一次海湾战争，1990—1991年

THE FIRST GULF WAR 1990-1991

第一次海湾战争的目的是从伊拉克军队的占领下解放科威特，虽然联军部队攻入了伊拉克，但其最终目的并不是推翻伊拉克政府，而是通过击败伊拉克军队来解除科威特所面临的威胁。

充分准备

为了消灭强大的伊拉克军队，联军在1990年的冬季进行了充分的兵力集结，与此同时，联军空中力量对伊拉克军队的指挥和通信设施、后勤基础设施，以及作战部队进行了猛烈的空中打

▶

战前局势

伊军将主要兵力集中在科威特境内和周边地带，意图用荒芜的沙漠掩护右翼。但凭借全球卫星定位系统（GPS）的引导，联军地面部队却可以穿越沙漠地形，对伊军发起出乎意料的侧翼攻击。

发拉底河

纳西里耶

伊朗

XX 49

巴士拉

法希

XX

尼布甲尼撒 XX

阿德南 XX

XX

汉谟拉比 XX

麦地纳 XX

波斯湾

XX 17

XX 52

XX 塔瓦卡尔纳

XX 10

XX LV1

XX 2

XX 12

科威特
（伊拉克占领）

科威特城

XX 6

XX 11

XX 31

XX 30

XX 21

XX 7

XX 15

XX 19

巴廷干河

XX 27

XX 20

XX

XX 15

XX 36

瓦拉

XX 3

XX 18

XX 1

XX 1 CAV.

JFC
北部

X

XX 14

XX 5

XX 29

XX 42

XX 8

XX 2
海军陆战队

第1英国师 XX

美军中央
司令部 XXXX

3

海军陆战队 XX 1

东部 XX

哈夫阿巴廷

海夫吉

沙漠风暴
1991年2月24日至26日

■ 联军

■ 伊拉克部队

✈ 伊拉克飞机基地

JFC 联军指挥部

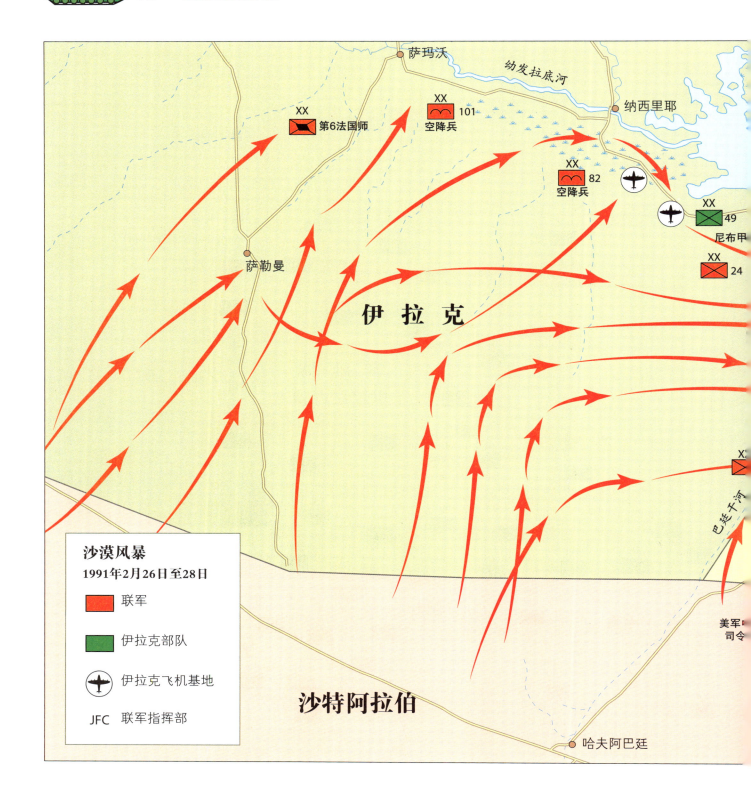

萨玛沃

幼发拉底河

纳西里耶

XX
第6法国师

XX
空降兵　101

XX
空降兵　82

XX
49
尼布甲

XX
24

伊 拉 克

萨勒曼

巴廷干河

美军
司令

沙漠风暴
1991年2月26日至28日

联军

伊拉克部队

伊拉克飞机基地

JFC　联军指挥部

沙特阿拉伯

哈夫阿巴廷

击。到1991年1月地面部队发起攻击时，伊拉克军事力量的战斗力和凝聚力都已经被严重削弱了。

在联军的兵力集结阶段，伊拉克军队曾攻入了沙特阿拉伯境内，并意图夺占具有重要战略意义的城市海夫吉（Khafji）。如果伊军得手，海夫吉将成为其实施下一步进攻的前进基地，并有可能威胁联军侧翼，从而打乱地面攻势的节奏。

进攻海夫吉的伊军装甲部队多路并进。一队伊军部队甚至一度逼近并短暂占领了这座城市，不过其他伊军部队在遭遇联军空袭后又被地面部队所击退。海夫吉市也在两天后被沙特和卡塔尔军队在联军空军掩护下夺回。这场战斗不仅消除了联军对海夫吉的威胁，同时也让伊拉克军队损失了大量的装甲车辆。

地面进攻

在准备完毕后，联军部队开始从南面向科威特推进，期间仅遭遇轻微抵抗。以军部队开始撤回本土，以便将强大的地面部队保存下来用于下一步的战斗。为了

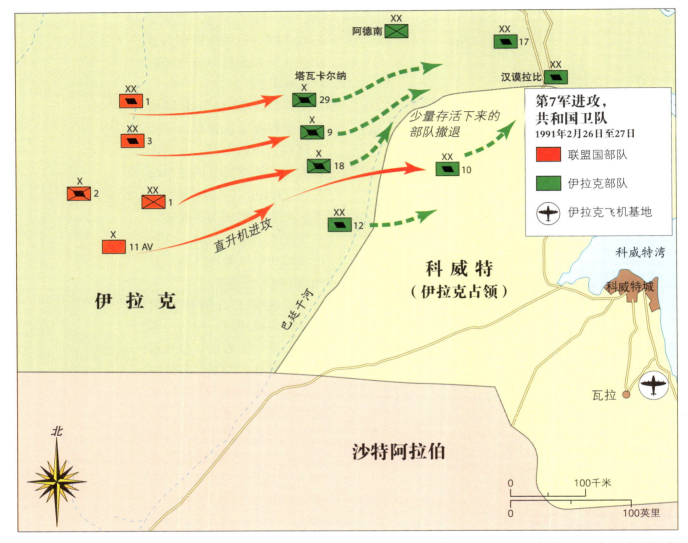

阿德南

17

塔瓦卡尔纳
29

9

18

少量存活下来的
部队撤退

汉谟拉比

**第7军进攻，
共和国卫队**
1991年2月26日至27日

■ 联盟国部队

■ 伊拉克部队

✈ 伊拉克飞机基地

1

3

2

1

11 AV

直升机进攻

10

12

伊 拉 克

巴廷干河

**科 威 特
（伊拉克占领）**

科威特湾

科威特城

瓦拉

沙 特 阿 拉 伯

北

0   100千米

0   100英里

▲
联军地面攻势

联军部队以一道弧形攻
势深入敌军纵深，从而
确保了在伊军主力从科
威特撤出时将其歼灭。

破坏伊军的打算，联军装甲部队发动了"左勾拳"攻势，深入伊拉克境内，意图切断
伊军的撤退路线。

　　在GPS（全球卫星定位系统）的帮助下，联军地面部队得以快速穿过沙漠地形，从
出乎敌方意料的方向对伊军发起攻击。而即便没有空中力量和侦察方面的优势，仅就
部队本身而言，联军装甲部队的装备也要显著优于仅装备过时的苏制装备的伊军。

　　地面战斗仅持续了100个小时，且更像是一场追击战。决定坚守反击的伊军部队遭
遇了极为惨重的伤亡，而那些试图撤退的部队则因联军的空中打击而成为了被后世称
之为"死亡公路"的杀伤区内的累累尸骨。随着科威特得到解放，且能够继续保持独
立，联军的地面战斗被叫停。

第二次海湾战争和阿富汗战争

THE SECOND GULF AND AFGHANISTAN WARS

　　曾有人预言，在第一次海湾战争结束后，只要萨达姆·侯赛因依然统治着这个国家，第二次海湾战争将迟早爆发。而联合国授权发起的第一次海湾战争的确是仅以解放科威特为收场。

　　在1991年的海湾战争后，萨达姆·侯赛因重建了伊拉克的武装力量，并镇压了多次起义。因此，当2003年第二次海湾战争爆发之际，多国联军所面对的依然是一支看似强大的敌人。

并不是1991年的重演

　　在许多人看来，多国部队的攻势仅仅是1991年战争的翻版，但事实上，2003年的战事与上一场战争有着显著的区别。多国联军的规模明显小了许多，基本完全由美国和英国军队组成，且战争的目标也大不相同。1991年的战争目标为解放科威特，而2003年的战争则旨在入侵伊拉克并推翻现政府，同时也是美国"反恐战争"的一部分。

　　对伊拉克而言，此次战争所面临的局势也有所区别。虽然1991年战争中的损失在一些方面已经得到弥补，但伊拉克军队在其他许多方面都已经大不如前。正规军的士气和训练水平已经一落千丈，普罗大众对于军队的支持也掉落谷底。在萨达姆政权多年的残暴统治后，作为兵员来源的伊拉克人民已经几乎不再支持现政府。当然，还有一些伊拉克人拥有较强的战斗意志，主要包括共和国卫队的部分成员和志愿征募的"敢死队"（Fedayeen），对于这些士兵们而言，与其说他们是为了保卫萨达姆·侯赛因而战，倒不如说他们是为了反抗西方国家而战。

伊拉克
2003年3月20日

库尔德人控制的区域
装甲部队
伊拉克军队
多国部队

▲
开战时的部署

在第二次海湾战争期间，美军特种部队在地面攻势正式发起前夺占了多处关键目标，并协助库尔德抵抗力量作战，对伊军实施牵制。但多国部队依然需要派出主力部队展开进攻。

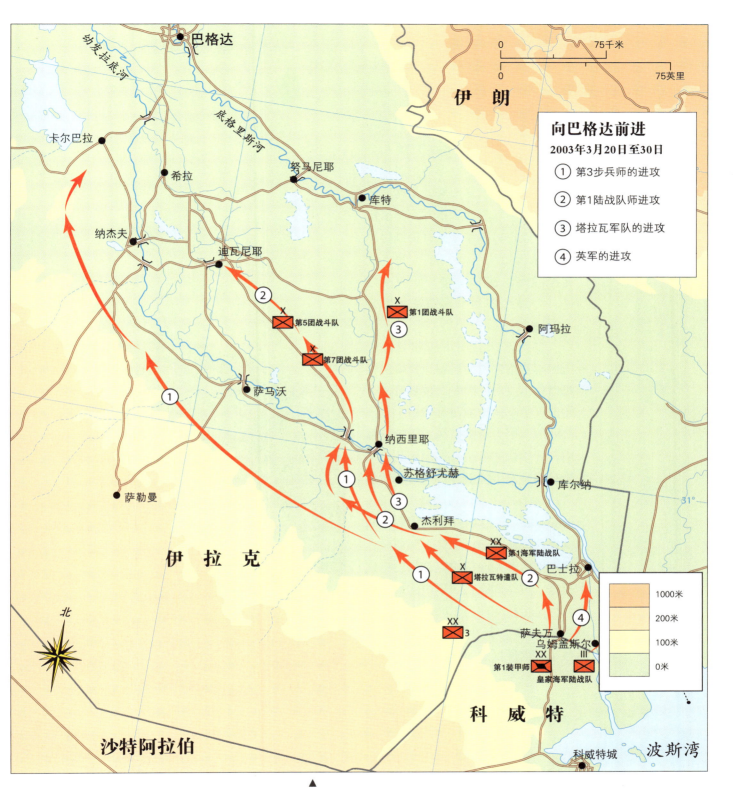

多国部队的行动

虽然多国部队的进攻方向不难猜测，但其精准的攻势和快速的推进还是令伊军大感惊骇。伊拉克南部的伊军部队快速崩溃同样是多国部队能够高歌猛进的重要因素之一。

先导行动

伊拉克领导层本认为敌人会发动一场长时间的空中打击以软化伊军的防御，但多国部队却在战争爆发后几乎立刻就从南方发起了快速的地面攻势。在北方，得到美军特种部队和从土耳其起飞的飞机支援的库尔德起义军开始向南推进，并最终占领了重镇基尔库特（Tikrit）。

多国部队动用飞机和导弹打击伊军的指挥通信设施，使得伊军难以作出应对，同时武装直升机开始消灭伊军的边境防御体系。多国部队的装甲力量随后深入伊拉克境内，开始快速推进。多国部队的初步目标是拿下关键港口乌姆盖斯尔（Umm Qasr）和法奥半岛（Al Faw peninsula），这两处要地随后被两栖登陆部队肃清。在拿下两地后，美军部队开始向伊拉克首都巴格达挺进。英军部队在战争中的最主要目标是伊拉克的第二大城市巴士拉（Basra），并在发动地面进攻后数小时内便抵达了这座城市。在抵达后，英军并没有直接入城强攻，因为这将导致严重的平民伤亡。英军选择了先暂停进攻，并允许非战斗人员离开这座城市。在击败城市周边的伊军装甲部队后，英军开始突入城市，并在持续一周的巷战后拿下了这座城市，英军装甲部队在

► **M2"布莱德雷"**

被称为"战场巴士"的装甲人员输送车已经落后于时代了。美军现在装备的M2步兵战车配备有1门可以支援步兵作战的25毫米（1英寸）机关炮，且具备一定程度的反坦克作战能力。

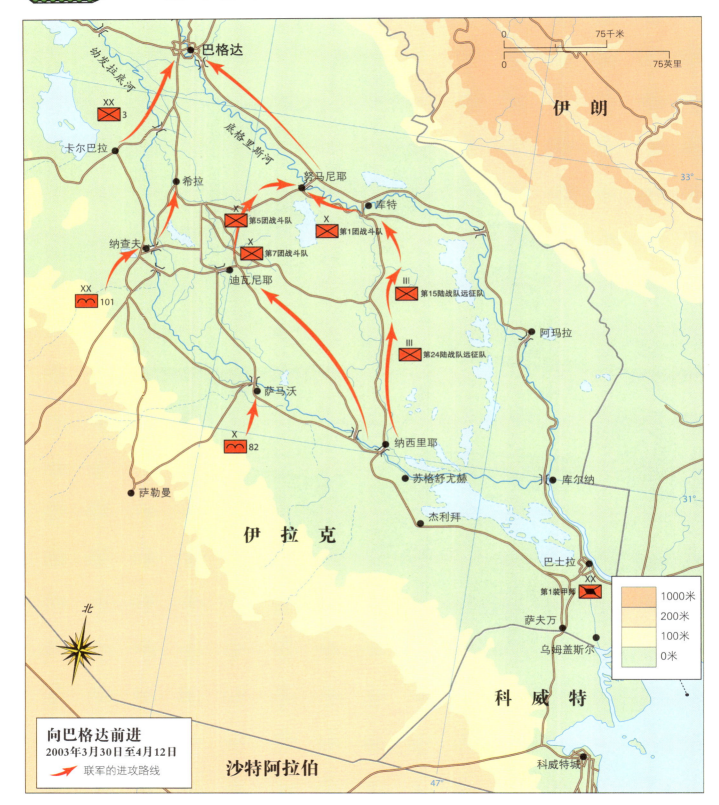

巴格达

幼发拉底河

XX 3

底格里斯河

卡尔巴拉

希拉

努马尼耶

库特

X 第5团战斗队

X 第1团战斗队

纳查夫

X 第7团战斗队

迪瓦尼耶

XX 101

III 第15陆战队远征队

III 第24陆战队远征队

萨马沃

X 82

纳西里耶

萨勒曼

苏格舒尤赫

库尔纳

杰利拜

伊 拉 克

巴士拉

第1装甲师 XX

萨夫万

乌姆盖斯尔

伊 朗

阿玛拉

0　　　　　75千米

0　　　　　75英里

33°

31°

47°

科 威 特

科威特城

沙 特 阿 拉 伯

北

1000米
200米
100米
0米

向巴格达前进
2003年3月30日至4月12日
联军的进攻路线

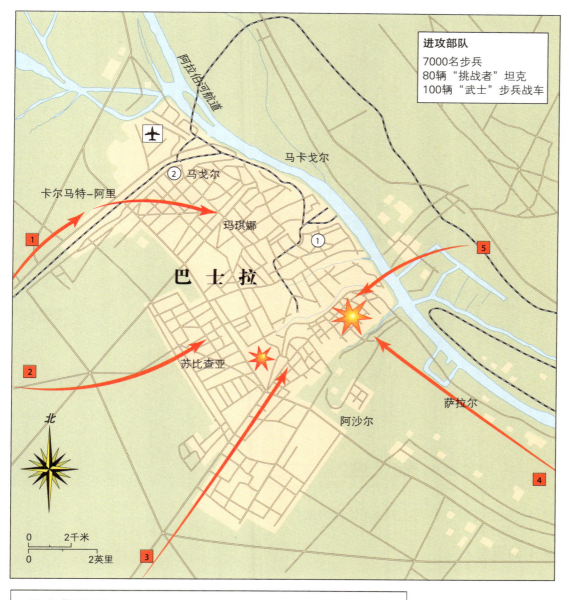

▲

巴士拉战役

在巴士拉的大多数区域内，英军步兵在战斗中都得到了"武士"步兵战车和重装甲部队的支援。但英军的装甲车辆无法在该城的旧城区通行。

▲▲

兵贵神速

多国部队对巴格达的进军极为迅速。虽然诸如关键城区和桥梁等要害目标都会被联军快速夺占以保障部队推进，但其他的抵抗活动中心都被联军干脆地绕过了。

进攻部队

7000名步兵
80辆"挑战者"坦克
100辆"武士"步兵战车

阿拉伯河航道

马卡戈尔

卡尔马特-阿里

马戈尔

玛琪娜

巴士拉

苏比查亚

阿沙尔

萨拉尔

北

0　2千米
0　2英里

巴士拉战役

2003年3月和4月

① 阿拉伯复兴社会党总部
② 火车站
✈ 飞机场
↗ 英军进攻方向
✷ 抵抗区

1 皇家燧发枪团
2 第3空降团
3 黑卫士团和第1皇家坦克团
4 皇家苏格兰禁卫龙骑兵团
5 皇家海军陆战队第3突击营

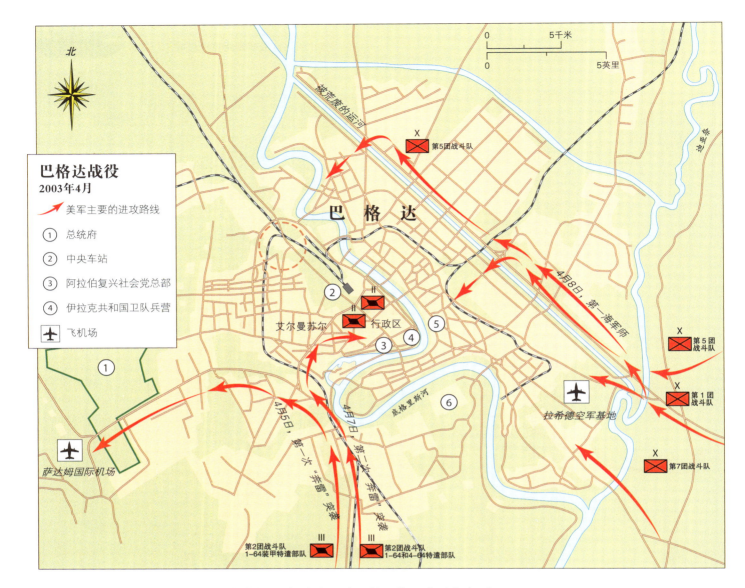

北

0   5千米
0   5英里

被疏废的运河

第5团战斗队

巴 格 达

迪亚泰

4月8日，第一海军师

艾尔曼苏尔

行政区

第5团
战斗队

⑤

第1团
战斗队

③

④

底格里斯河

⑥

拉希德空军基地

第7团战斗队

萨达姆国际机场

4月5日，第一次"苍雷"突袭

4月7日，第一次"苍雷"突袭

第2团战斗队
1-64装甲特遣部队

第2团战斗队
1-64和4-64特遣部队

▲

进军巴格达

在海军陆战队部队从东面攻入城市的同时，美国陆军部队发动了两次极为大胆的快速突击，深入巴格达市区。美军部队直接攻破了伊军防御，突入伊拉克的行政中心，直接对伊拉克的战争能力实施了"斩首"行动。

巷战过程中支援了步兵对于敌军的逐街逐巷清扫行动。

美军的挺进

在向巴格达进发的过程中，美军遭遇到了敌军抵抗，但也仅限于此。参战的美国海军陆战队地面部队的基本编成形式为"团战斗队"（Regimental Combat Teams，RCTs），基本上就是一个加强了装甲，炮兵和支援部队的陆战步兵团，支援力量的加强使得团战斗队能够作为一支兵种齐全的部队独立实施作战。美国陆军的部队编成与之相似，不过规模更大。在多种兵种的配合下，被围伊军和顽抗的伊军均被有效地消灭或击溃。

在许多地域，多国部队都是在与几乎没有重武器的伊拉克步兵或是非正规武装交火，在此类战斗中，能够得到充足支援的美军部队具有巨大的优势。美军一路攻破伊军的防御，且伊军基本没有实施反突击的机会，但随着部队的深入，美军的补给线开始越拖越长，因而导致前线部队虽然能够猛击伊拉克守军，但却无法将其彻底消灭。运输车队在运送补给过程中也会遭到伊军散兵游勇的袭扰。随着战争的持续，纳西里耶（An Nasiriyah）逐步成为伊拉克人抵抗活动的中心。

　　在开战最初的轻松时光后，伊军的有组织抵抗开始变得顽强起来，且相较于面对强大的敌人时更倾向于投降的伊拉克正规军，精锐的共和国卫队则不惜一战。为了保护进攻的侧翼，美军包围并肃清了那贾夫城（An Najaf），而其他的潜在抵抗活动中心则被直接绕过。

夺占巴格达

　　虽然伊拉克正规军因为士气低落且指挥通信体系被捣毁而基本崩溃，但伊军共和

◀

阿富汗装甲车辆

苏联曾在20世纪80年代入侵阿富汗期间在阿部署了大量的BTR轮式装甲人员输送车。在苏联军队撤退后，这些BTR中有一部分继续在阿富汗国民军中服役。

▼
T–72坦克

俄制T–72坦克是当时伊拉克军队所装备的最先进的坦克。虽然T–72型坦克在当时是一种优秀的装甲车辆，但根本无法抗衡多国部队所装备的更为先进的坦克。

国卫队依然顽强地防守着巴格达。并未撤入城市的街巷中实施巷战，共和国卫队在城市前方建立起阵地，打算拼死一搏，但这正中了美军指挥官的下怀。在多国部队的猛烈空袭下，共和国卫队的抵抗被很快粉碎，通往伊拉克首都的大门就此敞开。

美军并没有选择在巴格达进行一场缓慢的、逐街逐巷的进攻，而是直接向着市区内部发动了两次大胆的快速突袭。第一场突袭代号为"奔雷"行动（Operation Thunder Run），这场突袭原本是打算进行武力侦察，而非夺占市区，但美军部队在行动中成功攻入了萨达姆国际机场，并与其他部队成功会师。

第二次"奔雷"行动同样以装甲车辆作为矛头，美军部队直接冲入巴格达市中心的行政区。虽然伊军顽强抵抗，"奔雷"行动还是大获成功，在短短几个小时内就夺取了关键目标。虽然让其余城区恢复秩序花费了一些时间，但美军的装甲突击有效瘫痪了伊拉克的政府和军事指挥机关。从这场突击行动中可以知微见著，看到多国部队在此次战争中的一个关键特点，在整场战役期间，迅捷快速的推进都是多国部队实现低伤亡的一个重要因素。

伊拉克和阿富汗的治安战

巴格达的陷落成为了伊拉克战役结束的象征，但伊拉克人的抵抗却并未就此告一段落。伴随着将伊拉克重建为一个民主国家，美军需要实施一场长期的反叛乱作战，在这场长期战役中，装甲部队将提供支援，但仍无法取代步兵巡逻队和检查站的重要地位。

▲
M1A1

M1A1 "艾布拉姆斯" 主战坦克在实战中几乎 "免疫" 伊拉克军队的所有反坦克武器，但仍有几辆该型坦克在战斗中因各种原因瘫痪。先进的炮控系统使得 M1A1 即使在运动过程中也能先发制人，在远距离消灭敌方坦克和装甲车辆。

装甲部队在阿富汗的战斗中同样也无法发挥太大的作用。固然，如果叛乱分子的集结地能够被发现，且他们被迫与美军正面抗衡，那么装甲部队的确能够快速消灭他们，且一直以来都有 "坦克最适宜的地形就是所有缺少反坦克武器的地形" 的说法，西方国家的现代化坦克的装甲也足以抵御伊拉克和阿富汗叛乱武装所装备的所有武器。但对于在阿富汗战斗的装甲部队来说，最大的问题在于，此处不仅缺少反坦克武器，也缺乏值得让坦克攻击的目标。

未来装甲力量

THE FUTURE ARMOURED FORCE

现代装甲力量是经过一个世纪的漫长作战生涯演化而来的，而坦克也从一种只能短程执行步兵支援任务的车辆，进化为能够在旨在快速突破—发展胜利的运动战中发挥决定性作用的兵器。为了在未来继续存续下去，现代坦克需要继续接受改进以适应不断变化的现代战场空间。

重型装甲战斗车辆所面临的一大主要挑战便是如何发挥对得起其高昂开销的价值。在直升机和反坦克导弹已经能够猎杀敌军坦克，而轻装甲车辆已经足够在大多数场合下遂行步兵支援任务的今天，坦克还能在战场中占有一席之地吗？

装甲作战

轻型装甲车辆、无人机和直升机的作战效能令人惊叹，但坦克所具备的，能够向所需地点倾泻大量火力，以及在关键时刻为车组提供保护的能力目前依然是无可取代的。这也使得坦克部队依然能够成为其他防护相对较差的部队身前的突击矛头，且能在敌军的抗击下依然维持快速推进。

在许多关键领域，坦克依然是物有所值的。装甲部队能够快速冲破敌军部队，直取敌方指挥和后勤要点，从而避免将战斗拖入一场代价高昂的消耗战中，节省大量的金钱和生命。因此其他替代方案固然充满吸引力，但坦克仍具备出色的效费比。

现代化坦克部队的战斗力也在不断提升，除了对坦克本身进行的升级改进之外，包括计算机数据分享系统在内的各类"力量倍增器"的使用也使得坦克部队的战斗力今非昔比。战场信息系统可以让坦克接收包括侦察无人机在内的其他部队所收集到的信息，从而提升装甲突击部队与诸如炮兵和陆航部队在内的其他部队的协同效能。战场信息系统的存在使得坦克具备了"隔山索敌"的能力，并能以最有效的方式对敌发起进攻。

轻型装甲车辆的定位

目前的主战坦克已经不能胜任一些战场职能，但这些职能可以由更为便宜的装甲车辆所接替。在现代冲突中，装甲车辆被用于在治安整肃中支援步兵的概率要远远大于投入一场传统的"坦克战"。因此采用更加轻巧，但依然具备良好的乘员防护能力的车辆执行此类任务则更为合适。轻型车辆的购置和维护成本可能仅为一辆坦克的几分之一，而相比于一辆坦克，用同等资金采购的多辆轻型装甲车辆能够覆盖更广大的区域，且能够拥有更多发挥火力的机会。

因此，专为治安战和步兵支援任务所优化的轻型装甲车辆可以成为坦克部队的有益补充。目前，步兵战斗车（ACV/AFV）已经很大程度上取代了"战场巴士"（即装甲人员输送车）。作为配备有步兵支援武器的装甲车辆，步兵战车在常规战争和治安战中都相当有效。但在两种战斗形态中，都有可能出现步兵战车无法应对的棘手威胁，而这时，就需要步兵战车与坦克之间的协同配合。

未来装甲部队

未来装甲部队将作为合成战斗队的一员，与其他部队分享战术信息并相互配合作战。这对于巷战而言非常重要，因为传统坦克的视野有限，在城镇地形很可能遭到步兵反坦克小组的伏击。在未来的城镇作战中，如果敌军部队已经在城内做好准备，那么坦克部队应当在与步兵、空中力量以及轻型装甲车辆的密切配合下协同作战，向最需要的地方施加其所配备的强大火力。

▶
下一代装甲人员输送车
"犰狳"装甲人员输送车是CV-90车族的最新成员。该车的顶置武器站可以在车体内遥控操纵。

三维战场空间

未来冲突都将发生于更
加复杂的三维"战场环
境"内，空中力量将是
其中必须考虑的一环。

轻量化主战坦克
CV90-120是先进的CV-90装甲车族中的一员,该车安装有1门120毫米($4\frac{4}{5}$英寸)滑膛炮,该车采用的轻量化设计使得其炮架系统要显著轻于此前的主战坦克上的同类部件。

图书在版编目（CIP）数据

地图上的坦克大战：从第一次世界大战到"沙漠风暴"/（英）斯蒂芬·哈特主编；徐玉辉译. —上海：上海三联书店，2023.9
ISBN 978-7-5426-8119-5

Ⅰ. ①地… Ⅱ. ①斯… ②徐… Ⅲ. ①坦克—装甲兵部队—战争史—世界—地图集 Ⅳ. ①E19-64

中国国家版本馆CIP数据核字（2023）第100761号

版权登记号：09-2021-0319号
地图审图号：GS（2021）8333号

地图上的坦克大战：从第一次世界大战到"沙漠风暴"

主　　编 / ［英］斯蒂芬·哈特
译　　者 / 徐玉辉

责任编辑 / 李　英
装帧设计 / 千橡文化
监　　制 / 姚　军
责任校对 / 张大伟　三凌霄

出版发行 / 上海三联书店
　　　　　　（200030）中国上海市漕溪北路 331 号 A 座 6 楼
邮购电话 / 021-22895540
印　　刷 / 固安兰星琰彩色印刷有限公司

版　　次 / 2023 年 9 月第 1 版
印　　次 / 2023 年 9 月第 1 次印刷
开　　本 / 787×1092　1/16
字　　数 / 430 千字
印　　张 / 24.5
书　　号 / ISBN 978-7-5426-8119-5/E·25
定　　价 / 196.00 元

敬启读者，如发现本书有印装质量问题，请与印刷厂联系 0316-5925887

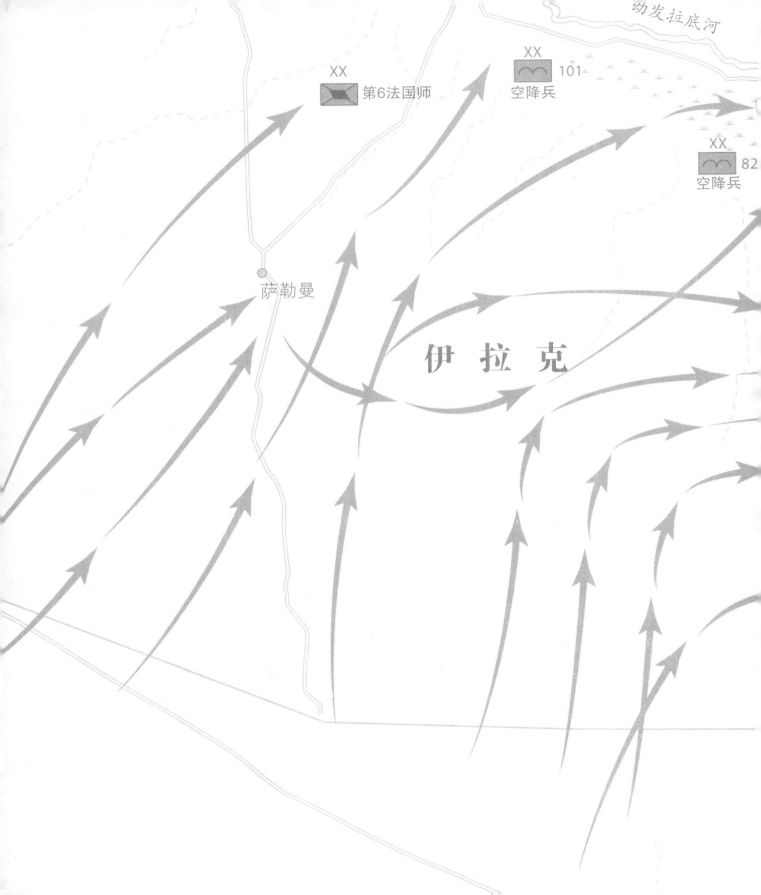